AUX PIANISTES

PARTIMENTI

ou Traité spécial de

l'Accompagnement pratique

AU PIANO.

PAR

H. R. COLET.

*Professeur d'Harmonie Écrite et Instrumentale au Conservatoire Royal de Musique,
Lauréat (Professeur Spécial et Honoraire), Intendaire de Solfège pour le Contre-cours et la Fugue,
Membre de la Réorganisation Musicale des Classes, etc.*

Prix : 50 f Net

*se distribue aussi dans les Classes du Conservatoire et se rapporte en même temps
de la Souscription Musicale de mon Ancien Amour*

à PARIS, chez CHABAL, Éditeur de Musique, Boulevart Montmartre 11

1846.

PRÉFACE.

L'élève trouvera dans ce livre les Basses, les Chants, les Cadences, et les Marches d'Harmonie qui lui sont nécessaires pour le complément de ses études musicales.

Lorsqu'il a travaillé avec soin les trois premières parties de la *Panharmonie Musicale*, et qu'il possède à fond les préceptes qui régissent l'Harmonie, il doit étudier ces *Partimenti* au Piano et les écrire aussi pour les voix. Les exercices au Piano rendent l'élève plus familier avec l'emploi des accords et avec toutes les formules Harmoniques; la réalisation de ces Basses avec les parties vocales lui apprend à écrire non seulement pour les voix, mais aussi pour l'Orchestre.

Quoique mon intention fût de placer en tête de ce livre un résumé rapide de la Panharmonie musicale, j'ai cru néanmoins devoir développer quelques chapitres, afin qu'un maître habile pût rigoureusement enseigner l'Harmonie avec ce seul ouvrage.

J'ai placé à la fin de ces Partimenti quelques unes des leçons d'Harmonie de ma classe qui ont été couronnées aux concours annuels du Conservatoire de Musique; elles sont précédées de quelques considérations sur le style sévère qu'il convient d'appliquer à la musique d'école. L'élève trouvera dans ces leçons un guide sûr pour celles qu'il devra composer avec les Basses renfermées dans cet ouvrage.

J'ai écrit un chapitre historique et complet sur la théorie et l'application des chiffres anciens. J'ai expliqué avec beaucoup de soin la manière de réaliser les Basses chiffrées au Piano. J'ai fait aussi une analyse très détaillée des intervalles, et des Progressions Harmoniques.

J'enseigne la manière la plus convenable de placer les accords sur une Basse ou sous un Chant.

J'ai emprunté souvent à Fénaroli, à *Sala*, enfin aux meilleurs auteurs classiques quelques unes des Basses que je donne; j'ai composé les autres.

J'ai écrit un chapitre sur la manière de chercher les imitations, et j'ai démontré par des exemples quelle différence il y avait entre le style des anciens Pianistes et celui des modernes.

On trouve toujours à côté de la règle les exemples pratiques, dont quelques uns sont empruntés à Albrechtsberger.

J'ai réalisé pour le Piano quelques Basses de Fénaroli, et quelques unes de celles que j'ai composées. La *règle de l'octave* est au vie des Basses qui en sont le développement naturel; je donne ensuite les Suspensions avec les Basses qui les renferment.

J'ai arrangé pour le Piano toutes les marches connues; je les ai placées avant les Basses, dans lesquelles on doit les pratiquer.

Ce livre qui est, pour ainsi parler, le résultat pratique de la Panharmonie musicale contient néanmoins plusieurs pages sur la théorie de la composition; il sera, j'ose l'espérer, de la plus grande utilité pour les Pianistes qui pourront apprendre facilement par eux-mêmes, l'art de composer non seulement des études de Piano, dans le style des grands maîtres, mais aussi toute espèce de musique.

Puisse le public faire à ces *Partimenti* un accueil aussi empressé et aussi soutenu qu'à ma *Panharmonie musicale*.

Paris, ce   Octobre 1845.

Hippolyte COLET.

[illegible]

[illegible]

[illegible]

[illegible]

PARTIMENTI,

ou

TRAITÉ SPÉCIAL DE L'ACCOMPAGNEMENT PRATIQUE AU PIANO

PAR

HIPPOLYTE RAYMOND COLET,

Professeur d'Harmonie Vocale et Instrumentale au Conservatoire Royal de Musique.

AVERTISSEMENT.

Cet ouvrage est un complément nécessaire de la Panharmonie musicale. Je conseille à l'élève d'étudier avec le plus grand soin toutes les Basses que je lui donne ici, et de les réaliser sur le papier pour les voix et le Piano, avant de les exécuter sur l'instrument. Cette méthode des *Partimenti*, la seule qui soit pratiquée par l'*école* ancienne, est plus utile à ceux qui ne veulent apprendre que l'accompagnement du Solfège ou de la Partition, qu'aux compositeurs dramatiques; cependant, lorsqu'elle est précédée comme ici de l'explication logique et complète de tout ce qui appartient à la science de l'harmonie, de la Fugue, de la Mélodie, et de l'Orchestre, elle est d'une utilité réelle pour tous. (A)

Parmi les *Partimenti* que je donne, quelques uns m'appartiennent, les autres sont empruntés aux maîtres les plus estimés de l'ancienne école, ainsi que je viens de le dire dans la Préface.

Il est donc bien essentiel, il est même indispensable que l'élève ait terminé la *Panharmonie musicale* avant de prendre cet ouvrage; je vais pourtant, pour lui venir en aide, tracer un résumé rapide des différentes matières dont la Panharmonie est formée.

RÉSUMÉ ANALYTIQUE DES RÈGLES ÉLÉMENTAIRES DE L'HARMONIE ET DE L'EMPLOI DES ACCORDS.

CHAPITRE 1ᵉʳ.

DES INTERVALLES. (1)

De *Ré* à *Fa*, il y a un intervalle de Tierce, de *Si* à *Mi*, on compte un intervalle de Quarte, un intervalle naît donc de la comparaison d'un son grave avec un son plus aigu, ou bien de celui-ci avec le son le plus bas.

L'intervalle le plus petit, d'après notre système musical, est le *demi-ton*. Les deux sons donnés par une touche blanche du Piano et la touche noire la plus voisine forment ce demi-ton, comme *Ut et Ré♭*, *Fa et Sol♭*, *La et Sol♯*, etc.

Les anciens Grecs admettaient les *Quarts de ton*: nous ne pourrons nous en servir aujourd'hui que pour donner de l'expression à une mélodie, mais il ne nous est pas possible de les admettre aux mêmes conditions harmoniques que les tons et les demi-tons; ils appartiennent à la seule mélodie.

Un intervalle, quel qu'il soit, est composé d'un ou plusieurs demi-tons; le Ton lui-même renferme deux demi-tons, d'où l'on doit conclure que le demi ton sert à former tous les autres intervalles.

---

(1) Voir la Panharmonie musicale, Page 6.

(A) On voit que je parle du *Contre-point*, de la *Fugue*, de la Mélodie et de l'Orchestre dans la *Panharmonie*, dont ces *Partimenti* sont le complément.

DU NOM
DES INTERVALLES.

La distance comprise entre les deux notes d'un intervalle s'exprime par des noms numériques. On appelle *Seconde* deux sons voisins, comme *Sol* et *La*; deux sons séparés par un troisième se nomment *Tierce*, c'est ainsi qu'on dit *Quarte, Quinte, Sixte, Septième, Octave, Neuvième, Onzième*, et *Treizième*, selon la distance comprise entre les deux sons de l'intervalle. Le nom de *Tierce, Quarte, Quinte*, etc. que reçoit un intervalle est déterminé non par les demi-tons compris entre les deux termes de cet intervalle, mais seulement par le nombre de notes qui se trouvent entre ces deux termes, pourvu qu'on fasse marcher ces notes comme dans une gamme Diatonique, sans avoir égard à aucun de ces signes accidentels le ♯, le ♭, ou le ♮. Ainsi, on dit qu'il y a une *Sixte* de *La* à *Fa*, parcequ'il faut six notes pour former cet intervalle, exemple: *La, Si, Ut, Ré, Mi, Fa*.

1   2   3   4   5   6.

DÉMONSTRATION.

MANIÈRE DE FORMER LES INTERVALLES.

On compte ordinairement les intervalles en allant du son grave à l'aigu. Lorsqu'on veut faire le contraire, on l'indique en joignant au nom numérique de l'intervalle qu'on cherche l'adjectif *inférieur*. Ainsi la Quinte d'*Ut* est *Sol*; mais sa Quinte inférieure est *Fa*. On est donc convenu de compter les intervalles en montant, lorsque le nom numérique de ces intervalles n'est suivi d'aucun adjectif.

DIFFÉRENTES QUALITÉS DES INTERVALLES.

Nous venons de voir que les intervalles se divisaient en *Seconde, Tierce, Quarte*, etc. mais chacun de ces intervalles peut se présenter sous plusieurs aspects, ainsi, *Ut Ré♭, Ut Ré♮, Ut Ré♯*, forment trois secondes, qui chacune pourtant donne un effet différent. On comprend bien que le nom de *Seconde* donné à ces trois intervalles n'est ici que pour l'esprit, car l'oreille, en les entendant, perçoit trois sons différents.

Pour désigner les différentes qualités de ces intervalles on y joint à leur nom les adjectifs *Diminué, Mineur, Majeur, Augmenté, Juste* ou *Parfait*.

DÉMONSTRATION.

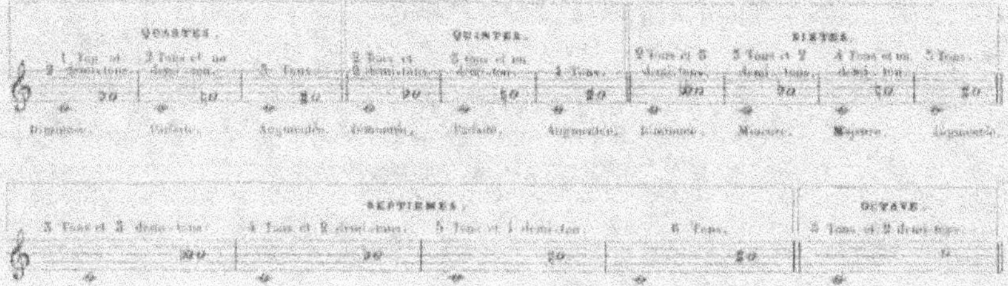

La *Tierce diminuée*, la *Tierce augmentée*, la *Sixte augmentée* et la *Sixte diminuée* ne peuvent se rencontrer dans aucun ton; ces intervalles sont produits par des altérations momentanées. Ainsi, on ne peut pas former avec les notes diatoniques d'une même gamme *Sol♯* et *Si♭*, *Sol♯* et *Si♯*, *Si♭* et *Sol♯*, *Si♯* et *Sol♭*.

Tous les autres intervalles peuvent être formés avec les notes naturelles d'une même gamme.

L'octave étant la répétition d'un même son ne se fait ordinairement que d'une manière; cependant, on peut altérer passagèrement par un ♯, un ♭, ou un ♮, une des deux notes qui forment l'octave; il en résulte des octaves diminuées, comme ou augmentées, comme . Ces cas sont fort rares et ne s'emploient généralement que sur une *Pédale*, ou enfin comme *notes de passage*, ou comme *Broderies*. On sait que dans ma Panharmonie, à la page 7, j'ai dit que ces octaves remplaçaient alors des *Secondes*, ou des *Neuvièmes*.

On peut, par la même fantaisie, faire des *unissons augmentés* ou *diminués*, c'est ce que j'ai appelé *intervalles chromatiques* à la même page de la Panharmonie.

MANIÈRE DE CHERCHER LES INTERVALLES.

RÈGLE GÉNÉRALE. *Tout intervalle majeur ou parfait se fait avec les notes naturelles d'une gamme majeure qui a pour tonique la note la plus basse de l'intervalle que l'on cherche.*

Preuve. En partant de *Ré* qu'elle est la Tierce majeure? C'est *Fa♯*, parcequ'en *Ré* majeur le *Fa* est naturellement dièse. Qu'elle est la Sixte majeure? C'est le *Si*, parcequ'en *Ré* majeur le *Si* est naturel. Qu'elle est sa Septième majeure? C'est l'*Ut♯*, parcequ'en *Ré* majeur l'*Ut* est naturellement dièse. Qu'elle est sa Quinte parfaite? C'est *La* naturel, parcequ'en *Ré* majeur le *La* se fait naturellement ainsi.

Il est facile, lorsqu'on a les intervalles majeurs ou parfaits, de trouver les autres: ainsi, la Tierce mineure étant plus petite d'un demi-ton que la Tierce majeure, on diminue celle-ci d'un demi-ton pour former la Tierce mineure; pour la Tierce diminuée, il faut baisser la Tierce majeure de deux demi-tons; pour la Tierce augmentée, il faut agrandir la Tierce majeure d'un demi-ton. Ces changemens se font au moyen des Dièses, des Bémols simples, doubles ou triples, ou des Bécarres. Dans la pratique on se sert rarement des Dièses et Bémols doubles ou triples. On remplace alors la note qui doit recevoir une double accident par une autre note qui lui corresponde enharmoniquement sur le clavier; ainsi au lieu de *Fa♮*, on écrirait en *Mi♭* ou en *Ré♯*, mais dans la théorie des accords un *Mi♭* ou un *Ré♯* ne peuvent être pris indifféremment ni l'un pour l'autre, ni pour un *Fa♮*.

Ce que nous venons de faire pour la Tierce s'applique à tous les autres intervalles.

Il est à remarquer que les Quartes et les Quintes sont naturellement parfaites entre toutes les notes d'un ton majeur, excepté pourtant entre celles du quatrième et du septième dégrés qui donnent une Quarte augmentée, ou une quinte diminuée, selon la place qu'occupe la note sensible par rapport à celle du quatrième dégré.

DÉMONSTRATION.

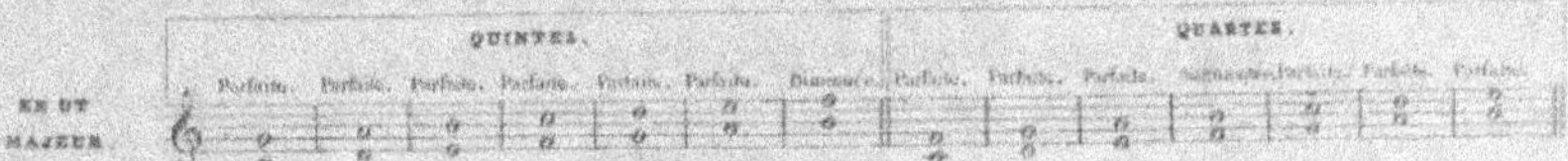

Dans les anciens traités la *Quinte diminuée* s'appelait FAUSSE QUINTE; on donnait le nom de TRITON (trois tons) à la *Quarte augmentée.*

On trouve dans le mode mineur une *Quinte diminuée* entre le second et le sixième dégrés, et le septième et le quatrième; il y a aussi une quinte augmentée entre le troisième et le septième dégrés, toutes les autres quintes sont parfaites. Il y a une quarte augmentée entre le quatrième et le septième dégrés, et entre le sixième et le second. On trouve une quarte diminuée entre le septième et le troisième dégrés:

DÉMONSTRATION.

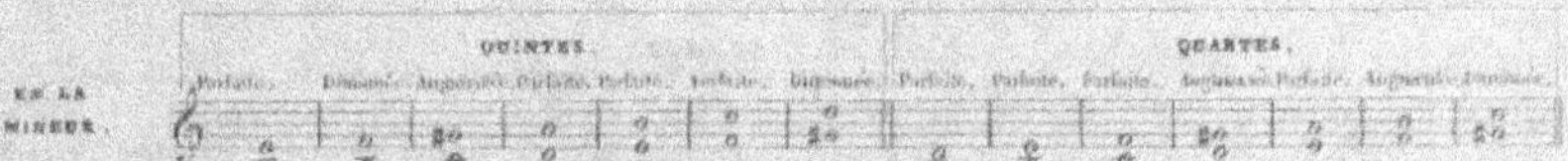

Dans cette gamme mineure, on trouve une seconde augmentée entre le sixième et le septième dégrés; cette seconde augmentée se convertit en *septième diminuée* si on compare le septième dégré au sixième:

DÉMONSTRATION.

Tous les autres intervalles formés par les notes naturelles des deux gammes sont majeurs, mineurs ou parfaits.

La *Seconde diminuée*, les *Tierces diminuées et augmentées*, la *Quarte diminuée*, la *Quinte augmentée*, et la *Septième augmentée* ne sont pas des intervalles Harmoniques; ils ne peuvent être employés que mélodiquement, en forme de notes accidentelles.

DE LA MANIÈRE DE MESURER LES INTERVALLES.

La manière la plus sûre de mesurer un intervalle c'est de compter combien de fois le plus petit intervalle, qu'on nomme *Seconde mineure*, et qui est formé par un demi ton, (*mi fa*, par exemple) est contenu dans celui dont on recherche la qualité. Ainsi, pour savoir de combien de demi-tons est composée la Tierce augmentée *ut mi*, il faut compter tous ceux qu'elle renferme, de cette manière.

Nous trouvons que la Tierce augmentée est formée de cinq demi-tons, ce qui fait deux tons et un demi-ton. On verra dans la Panharmonie pourquoi j'enseigne que cet intervalle *Ut Mi #*, par exemple, est composé de deux tons et d'un demi-ton, au lieu de dire qu'il a cinq demi-tons. Mais pour la pratique, il est mieux de mesurer les intervalles par les demi-tons; de cette manière, aucune erreur n'est possible. Le tableau suivant pourra servir de guide aux commençants:

TABLEAU DES INTERVALLES MESURÉS PAR LES DEMI-TONS.

SECONDES.

TIERCES.

QUARTES.

QUINTES.

SIXTES.

SEPTIÈMES.

On rencontre dans ce tableau des intervalles différemment nommés qui ont le même nombre de demi tons, tels sont la *Seconde majeure* et la *Tierce diminuée*, la *Seconde augmentée* et la *Tierce diminuée*, etc. Il existe pourtant une grande différence dans la constitution de ces intervalles; ainsi, la *Seconde mineure Fa Sol*, composée de deux demi-tons est très douce dans l'accord *Sol Si Ré Fa*, en *Ut*, tandis que la *Tierce diminuée*, *Mi ♯* et *Sol ♮*, composée aussi de deux demi-tons et qui se fait sur le Piano avec les mêmes touches que la seconde *Fa Sol*, est très dure dans le ton de *Si mineur*, où on l'emploie.

DÉMONSTRATION.

C'est qu'en effet la *Seconde majeure* est composée d'un ton qui ne se divise pas, tandis que la *Tierce diminuée* est formée par deux demi tons qui ne se confondent jamais en un seul ton. Cette division qui se fait dans notre organe auditif lorsqu'on frappe la *Seconde majeure* ou la *Tierce diminuée* communique à ces deux intervalles le caractère qu'ils ont chacun. On comprend que la tonalité seule, c'est-à-dire, la gamme dans laquelle on est, peut donner aux intervalles le caractère qui leur est propre; ainsi, dans la gamme d'*Ut* majeur les notes *Fa Sol*, écrites par *Mi ♯* et *Sol ♮*, rendraient le même effet, tandis que *Mi ♯* et *Sol ♮*, dans le ton de *Si mineur*, sont très durs; c'est donc seulement la tonalité qui donne à chaque intervalle son caractère.

J'ai dit dans la Panharmonie qu'un intervalle était toujours formé d'un dégré de moins que le nom qu'il portait, ainsi, il faut un seul dégré pour former la seconde majeure, tandis que la Tierce diminuée est composée de deux demi tons, c'est-à-dire, deux dégrés; voilà pourquoi il ne faut pas confondre une seconde majeure, par exemple, avec une Tierce diminuée.

DÉMONSTRATION.

On voit que *Fa Sol* et *Mi ♯ Sol ♮* ont la même étendue, mais dans *Fa Sol* cette étendue n'est pas interrompue, tandis que dans *Mi ♯ Sol ♮* elle est coupée par un *Fa ♯*; cette différence qui se fait naturellement, suivant le ton dans lequel on est, donne un caractère différent à des intervalles qui ont la même étendue, comme ici *Fa Sol* et *Mi ♯ Sol ♮*, et les force à suivre une marche contraire dans leur résolution.

DÉMONSTRATION.

Pour mieux comprendre ce que nous venons de dire, on peut comparer un intervalle de *Quinte*, par exemple, aux cinq doigts. On voit, en ouvrant la main, qu'il existe quatre ouvertures ou dégrés entre les cinq doigts; de même pour la *Quinte*, il faut quatre dégrés. Voilà pourquoi on forme la *Seconde* avec un seul dégré, tandis qu'il en faut deux pour la *Tierce*.

L'Élève peut conclure de tout ce que nous venons de dire qu'on ne doit jamais confondre deux intervalles qui portent un nom différent, quoiqu'ils aient la même étendue. Ainsi, une *Sixte majeure* ne doit jamais être prise pour une *Septième Diminuée*, quoique ces deux intervalles aient la même étendue, et puissent se faire avec les mêmes touches sur le Piano.

DE RENVERSEMENT DES INTERVALLES.

Nous avons dit plus haut que, pour éviter toute équivoque, on était convenu de compter les intervalles du son grave vers l'aigu; si l'on faisait le contraire, l'intervalle ainsi renversé prendrait un autre nom, la Quinte *Ut Sol*, par exemple, deviendrait une Quarte, *Sol Ut*;

On voit que de la position différente de deux notes naissent aussi deux intervalles différents, cette faculté de transporter la note supérieure au-dessous de celle qui était la plus grave, ou la plus basse au-dessus de la plus haute, s'appelle *renversement des intervalles.*

TABLEAU.

Intervalles non renversés.

Unisson.	Seconde.	Tierce.	Quarte.	Quinte.	Sixte.	Septième.	Octave.

Mêmes intervalles renversés.

Octave.	Septième.	Sixte.	Quinte.	Quarte.	Tierce.	Seconde.	Unisson.

On voit par ce tableau qu'en se renversant l'*Unisson* produit une *Octave*; la *Seconde*, une *Septième*; la *Tierce*, une *Sixte*; la *Quarte*, une *Quinte*; la *Quinte*, une *Quarte*; la *Sixte*, une *Tierce*; la *Septième*, une *Seconde*; et l'*Octave*, un *Unisson*; ce qu'on peut représenter par les chiffres suivants:

1, 2, 3, 4, 5, 6, 7, 8.

8, 7, 6, 5, 4, 3, 2, 1.

Cela veut dire que: 1, 2, 3, 4, 5, 6, 7, 8, renversés, donnent: 8, 7, 6, 5, 4, 3, 2, 1.

On pourra lire dans la *l'anharmonie musicale* qu'en se renversant les intervalles *majeurs* deviennent *mineurs*, que les *mineurs* se changent en intervalles *majeurs*, que les *diminués* deviennent *augmentés*, les *augmentés*, *diminués*; et qu'enfin les intervalles *parfaits* restent *parfaits*.

DES INTERVALLES SIMPLES,
ET DES INTERVALLES REDOUBLÉS, OU MULTIPLES.

Tous les intervalles usités en musique sont compris entre l'*Unisson* et son *Octave*, c'est parcequ'ils sont renfermés dans l'étendue d'une octave qu'on les appelle *intervalles simples*; ceux qui dépassent cette étendue d'octave s'appellent *intervalles redoublés* ou *multiples*; ils suivent les mêmes règles que les intervalles simples qu'ils redoublent, excepté dans certains cas particuliers, où la *Neuvième*, la *Onzième* et la *Treizième*, qui sont les redoublements de la *Seconde*, de la *Tierce* et de la *Quarte*, sont soumises à d'autres principes que nous ferons connaître plus loin.

TABLEAU.
INTERVALLES SIMPLES.

Seconde. Tierce. Quarte. Quinte. Sixte. Septième. Octave.

INTERVALLES REDOUBLÉS.

Neuvième. Dixième. Onzième. Douzième. Treizième. Quatorzième. Quinzième.

On pourrait encore tripler, quadrupler les intervalles, sans qu'il fût nécessaire de créer de nouvelles règles pour leur emploi.

DES INTERVALLES CONSONANTS, ET DES INTERVALLES DISSONANTS.

Les intervalles peuvent être rangés en plusieurs catégories, suivant les différentes manières dont ils affectent notre oreille; les uns plaisent par eux mêmes; d'autres sont moins agréables; d'autres enfin ne peuvent s'employer qu'au moyen de la *préparation*. Les intervalles agréables s'appellent *Consonnances*, et les autres, *Dissonances*.

Les intervalles Consonants ne le sont pas tous au même dégré; de même, parmi les intervalles dissonants les uns le sont encore plus que les autres. Ainsi:

Les Tierces et les Sixtes majeures et mineures sont les consonances les plus harmonieuses, et parconséquent les plus agréables.

L'Octave, la Quinte parfaite, et enfin la Quarte parfaite lorsqu'elle n'est pas à la Basse, ou lorsqu'elle y est bien employée, sont des consonances plus faibles qui complètent l'accord, et produisent bon effet avec les Tierces ou les Sixtes.

La Quinte diminuée, la Quarte augmentée, et la Septième mineure dans l'accord de Septième Dominante, sont des *Consonances mixtes*, qui participent aussi des Dissonances, et qui produisent l'effet le plus suave et le plus satisfaisant, parcequ'elles engendrent la Tonalité, la gamme enfin.

La Seconde, la Septième et la Neuvième sont des dissonances fort agréables quand elles appartiennent aux accords de Septième Dominante, ou de Neuvième Dominante. Ces intervalles, lorsqu'ils proviennent des suspensions, ou des accords de Septièmes dérivées, forment des Dissonances moins naturelles, et plus dures parconséquent.

Il existe encore des intervalles augmentés et diminués qu'on pourrait appeler *Discordances* à cause de l'effet étrange qu'ils produisent, tels sont les intervalles de *Tierce diminuée*, *Tierce augmentée*, *Quarte diminuée*, *Quinte augmentée*, *Sixte diminuée*, *Sixte augmentée*.

La *Seconde augmentée*, et la *Septième diminuée*, bien employées, sont des intervalles fort agréables et très dramatiques.

L'assemblage de ces divers intervalles forme les accords usités dans la composition.

Il est à remarquer que les intervalles, en se renversant, ne changent pas d'espèce, de sorte que les Consonances produisent des Consonances, tandis que les Dissonances engendrent des Dissonances:

DÉMONSTRATION.

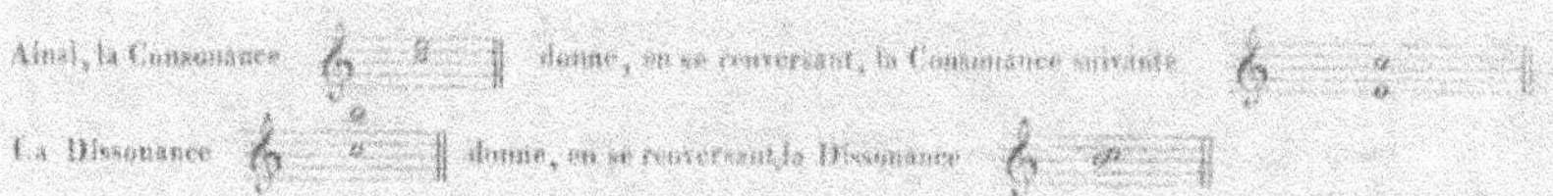

Ainsi, la Consonance ⟨exemple⟩ donne, en se renversant, la Consonance suivante ⟨exemple⟩

La Dissonance ⟨exemple⟩ donne, en se renversant la Dissonance ⟨exemple⟩

J'ai appris, par une observation sérieuse des effets musicaux, que plus les dissonances étaient rapprochées, et plus el les avaient de mordant, et qu'elles perdaient au contraire une grande partie de leur caractère dur et dissonant, à mesure qu'on éloignait les notes dont elles sont formées.

Il existe aussi des Dissonances dont l'effet un peu dur s'affaiblit par le renversement ; ainsi, la *Tierce Diminuée* est défendue, tandis qu'on permet la *Sixte augmentée* qui est son renversement. Dans les deux exemples suivants, ⟨exemple⟩ l'effet est bien moins dur au N.° 2 qu'au N.° 1, à cause de l'éloignement de l'*Ut ♯* et du *Mi ♭*.

La Dissonance de Seconde ⟨exemple⟩ a plus de force que celle de Septième, exemple : ⟨exemple⟩ mais enfin une Dissonance, en se renversant, ne devient jamais une Consonance ; par le même principe, une Consonance renversée ne peut pas devenir une Dissonance ; voilà pourquoi je ne comprends pas comment la Consonance *Ut Sol*, qui est une *Quinte parfaite*, est regardée par quelques auteurs comme Dissonance lorsqu'elle devient, en se renversant, une *Quarte parfaite*. La *Quarte parfaite* n'est *Dissonance* que lorsqu'elle est le produit d'une *suspension*, exemple : ⟨exemple⟩ mais elle est consonante dans le second renversement des accords, exemple : ⟨exemple⟩

Il s'agit seulement de l'employer convenablement.

Les consonances, lorsqu'elles sont renversées, paraissent perdre quelque chose de leur suavité ; ces Tierces et cette Quarte ⟨exemple⟩ sont moins harmonieuses lorsqu'on les convertit en Sixtes et en Quarte, exemple ⟨exemple⟩, parce qu'alors elles ont moins d'aplomb, et ne se font plus entendre dans l'ordre de leur génération, puisque les accords se formant de Tierce en Tierce en montant donnent des intervalles de Tierces et de Quintes, tandis que les Sixtes et les Quartes ne sont produites que par le renversement de ces premiers intervalles.

Il est facile de comprendre que la force attractive qui unit deux intervalles s'affaiblit à mesure que ces intervalles s'éloignent l'un de l'autre. Voilà pourquoi, sans doute, cette Tierce, ⟨exemple⟩ produit beaucoup plus d'effet ainsi disposée que dans l'exemple suivant. ⟨exemple⟩

Les intervalles, lorsqu'ils se succèdent avec trop de rapidité, sans appartenir à un même accord, engendrent souvent de la confusion. De même, rien n'est plus désagréable qu'une suite de Dissonances employées brièvement dans un mouvement rapide, tandis qu'elles sont d'un bel effet lentement exécutées dans un Adagio.

(I Puritani.)

DÉMONSTRATION.

(NOTA) Si on écrivait cet exemple spécialement pour le Piano, il serait mieux de disposer la main droite de la manière suivante, afin que la lecture en fût plus facile:

Ce morceau joué très lentement est du plus grand effet; joué dans un mouvement rapide, il n'est plus qu'une affreuse cacophonie.

On voit, d'après ce que nous venons de dire, combien il importe, lorsqu'on connaît l'Harmonie, d'étudier les différents effets consonants ou dissonants des intervalles harmoniques dans tous les mouvements.

DU CHIFFRAGE DES INTERVALLES.

Les intervalles se chiffrent par des signes *numériques* et *musicaux*. Les signes numériques qui sont 2, 3, 4, 5, 6, 7, 8, 9, et rarement 10, 11 et 13, indiquent l'intervalle, selon la distance que les deux notes ont entr'elles; ainsi:

signifie

Les signes musicaux, qui sont ♯, ♮, ♭, désignent la qualité des intervalles majeurs ou mineurs; ces signes s'emploient dans les modulations. La Quinte parfaite d'*Ut* s'indique par un 5, mais si elle devient augmentée par l'effet d'un ♯ accidentel, on place un ♯ devant le 5; si elle devient Diminuée par l'effet d'un ♭ accidentel, on écrit ce ♭ devant le 5;

ainsi,

signifient

On se sert encore de ces signes + —. La croix + désigne les intervalles augmentés, et la barre — marque ceux qui sont diminués; ainsi,

signifient

Je compléterai ces notions dans un chapitre spécial, que je place dans cet ouvrage, à la page 82.

L'accompagnement au Piano se fait au moyen d'une Basse au-dessus de laquelle on écrit les chiffres ou les signes par lesquels on désigne les intervalles qui doivent l'accompagner. La main Gauche joue ordinairement la Basse telle qu'elle est écrite, tandis que la main Droite réalise et fait entendre les intervalles indiqués par les signes numériques et musicaux. La partie surmontée de ces signes s'appelle *Partimento*, ou *Partimenti* en Italien, et *Basse chiffrée* dans notre langue. Il est certain que l'accompagnement de la *Basse chiffrée* au Piano est l'exercice le plus utile par lequel nous puissions développer en nous le sentiment des accords, et de l'harmonie, surtout lorsque nous n'avons encore qu'une faible connaissance de la musique et de la composition. Cette étude, en suppléant la pratique et l'expérience qui manquent encore au jeune élève, acquiert une grande importance; c'est un moyen d'aller plus vite. Les Basses chiffrées qu'on réalise ensuite pour les voix peuvent seules donner à l'élève la force par laquelle ses travaux harmoniques atteignent la perfection. C'est par là aussi qu'on imprime à ses compositions le cachet du maître.

Les traités anciens se sont peu occupés de la Basse sous le chant. Il est à remarquer en effet qu'on accompagne facilement une Mélodie, lorsqu'on sait bien réaliser une Basse chiffrée au Piano, ou sur le papier. Je partage entièrement cette conviction; cependant, j'ai cru devoir donner dans le cours de ma Panharmonie des leçons nombreuses sur la manière d'accompagner des Mélodies, de sorte que l'élève, en prenant ces Partimenti, doit savoir accompagner déjà tous les chants qu'il inventera, ou qui lui seront donnés. Néanmoins, comme j'ai voulu que ce traité fut plus spécialement consacré à l'accompagnement de la Basse chiffrée, je n'ai écrit que quelques chants, mon intention étant de composer un autre ouvrage entièrement consacré à la Mélodie.

Voici du reste un excellent travail que je propose à l'élève pour bien apprendre à accompagner un chant. Il prendra la partie supérieure des *Marches*, ou des Basses réalisées, qu'il transposera dans plusieurs tons, puis il cherchera des Basses chiffrées sous cette partie supérieure; il comparera ensuite ces Basses avec celles que nous lui avons données.

L'étude de la Basse chiffrée a deux buts; le premier, c'est de développer en nous le sentiment de l'harmonie, le second de nous apprendre à accompagner d'abord les ouvrages des anciens compositeurs, dont la Basse est presque toujours chiffrée, ensuite les Partitions modernes.

DE LA SUCCESSION DES INTERVALLES.

Les intervalles isolés ne font naître en nous qu'une sensation agréable ou pénible, mais tellement vague et fugitive qu'elle ne peut occuper un instant notre esprit. C'est un mot sonore, triste ou brillant qui n'exprime aucune pensée. Or, on ne s'intéresse qu'à ce qui présente une image dont on peut saisir la physionomie, ou bien une pensée un peu développée qu'il nous est permis de comprendre; voilà pourquoi la succession bien ordonnée et bien sentie des intervalles, dans l'harmonie ou la mélodie, produit ces beaux effets qui nous étonnent dans les partitions des grands maîtres. Il est donc bien important de soigner la succession des intervalles, car leur enchaînement, lorsqu'il est vicieux, produit toujours une sensation désagréable.

J'engage l'élève à bien étudier les intervalles séparément, en les frappant à plusieurs reprises sur le Piano, dans tous les tons; puis à les enchaîner de toutes les manières. La musique ne pouvant être jugée que par les sensations qu'elle vous donne, cette étude des intervalles est le plus sûr moyen d'apprendre à s'en servir dans la composition; nous avons tous des goûts différents, suivant notre nature; les uns préfèrent les doux accords aux âpres dissonances, ceux-ci veulent des modulations simples et larges, les autres plus hardis ou plus sauvages aiment les dissonances non préparées, les effets heurtés, les couleurs sombres et bizarres; de là ces querelles interminables des écoles. Il faut certainement commencer par l'étude des classiques célèbres en s'appuyant sur les préceptes donnés par les bons maîtres, puis, lorsqu'on a pénétré dans la science, on doit suivre son imagination, et songer plutôt à créer qu'à imiter.

Les intervalles les plus harmonieux sont les *Tierces* et les *Sixtes majeures* ou *mineures*; leur emploi, comme celui de tous les intervalles, dépend pourtant du ton dans lequel on est, et des intervalles qui les précèdent ou qui les suivent; ainsi la Tierce ${Mi \atop Ut}$ a un caractère différent dans chacune des gammes suivantes; *Ut* majeur, *La* mineur, *Fa* majeur, *Sol* majeur, et *Mi* mineur; ce qui prouve qu'on ne peut bien employer les accords, qu'en ayant égard à la Tonalité.

Ainsi, la *Quinte parfaite* isolée manque de grâce et de charme; unie à une *Tierce*, elle devient très harmonieuse. Deux ou plusieurs *Quintes parfaites* consécutives, et même une seule frappée par mouvement semblable produisent un effet désagréable; cependant le cas suivant dans lequel on ne frappe qu'une Quinte par mouvement semblable, est très harmonieux, tandis que celui-ci, est pénible à entendre; pourquoi cela; c'est que dans le premier exemple, la Quinte parfaite *Sol Ré* est un des meilleurs accords de la gamme d'*Ut*, celui qui a le plus de rapport avec sa *Tonalité*, tandis que dans le second la Quinte parfaite *La Mi* n'a aucun caractère de Tonalité dans la gamme d'*Ut*, et produit dès lors un effet vague et peu satisfaisant. Par la même raison toutes les Tierces consécutives qui appartiennent à une même gamme sont d'un effet charmant; deux Tierces majeures de suite sont bonnes quand elles sont faites avec les notes de la même gamme; elles sont mauvaises si elles appartiennent à deux gammes différentes.

DÉMONSTRATION:

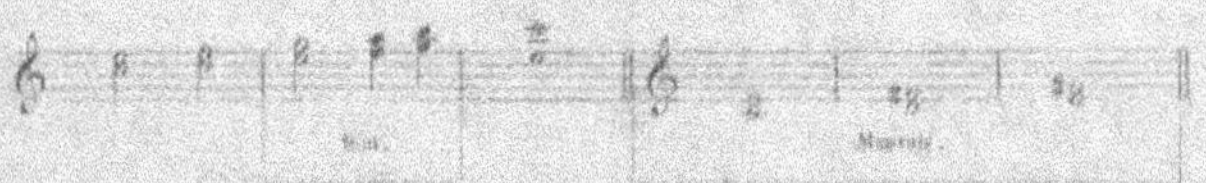

Le renversement de la Quinte parfaite *Sol Ré*, en *Ut*, produit la Quarte parfaite *Ré Sol*, dont l'effet n'est pas désagréable,  Toute autre Quarte, frappée ainsi isolée et par mouvement semblable, serait d'un très mauvais effet. En général la Quarte est une Consonance bien peu harmonieuse, il vaut mieux la frapper dans les parties intermédiaires qu'avec la Basse; il faut encore qu'elle soit accompagnée d'une Tierce ou d'une Sixte:

DÉMONSTRATION:

C'est à cause de son peu d'aplomb, et de sa faiblesse comme intervalle harmonique, qu'on prescrit de préparer la Quarte parfaite, lorsqu'elle est frappée entre la Basse et une autre partie; on excepte la Quarte parfaite *Sol Ut*, dans le Ton d'*Ut*, parceque cet intervalle est extrêmement *Tonal*; il devrait en être de même de la Quarte juste *Ré Sol*. (1)

On a remarqué que les Quintes parfaites frappées par mouvement direct produisaient un mauvais effet lors même qu'elles étaient accompagnées par des Tierces ou des Sixtes; voilà pourquoi on a défendu deux ou plusieurs Quintes parfaites de suite par mouvement semblable. Une Quinte cachée (2) est plus ou moins perceise, ainsi que nous l'avons dit dans la Panharmonie; c'est, du reste, ce que nous allons bientôt rappeler. En général, n'importe le mouvement, il faut éviter de frapper deux fois de suite dans deux mêmes parties deux Quintes parfaites.

L'harmonie naît de la variété des intervalles frappés simultanément, l'Octave, ne donnant aucune variété, est à cause de cela, le moins *harmonieux* de tous les intervalles. On ne s'en sert dans la musique que lorsque les accords sont déjà complets. Quelquefois le compositeur, voulant suspendre l'idée de l'Harmonie, fait marcher toutes les parties à l'*Unisson* ou à l'*Octave*. Ces contrastes produisent toujours les plus grands effets, parcequ'ils font ressortir ensuite avec plus de force les accords qu'on emploie.

La Quarte augmentée et la Quinte Diminuée qu'on forme avec le Quatrième et le Septième dégrés d'une gamme sont les plus expressifs de tous les intervalles, à cause de leur force Tonale.

Les intervalles dissonants jouent presque le plus beau rôle dans la composition; pour les employer, il faut être un excellent harmoniste, tandisque les consonances et même les dissonances qu'on trouve dans les accords de Septième Dominante exigent pour leur emploi une faible étude des accords. Toutes les autres Dissonances sont dures en général, et plus difficiles à traiter. Elles plaisent beaucoup aux âmes musiciennes, et représentent pour ainsi dire dans la composition cette mélancolie douloureuse que le véritable artiste semble préférer à la joie du bonheur.

---

(1) L'accord de *Dominante* ayant un caractère de Tonalité aussi puissant que celui de la *Tonique*, doit aussi jouer à peu près des mêmes privilèges; voilà pourquoi je dirais que le Quatre-trois, produit du second renversement de l'accord de Dominante, peut se passer de préparation comme dans l'accord de l'octave.

(2) Voyez la Panharmonie, page 17.

CHAPITRE 2.d
DES TEMPS FORTS ET DES TEMPS FAIBLES. (1)

Les temps forts et les temps faibles jouent un grand rôle dans la composition musicale; il est très important de savoir qu'elle place ils occupent dans une mesure; c'est ce que démontrera le tableau suivant:

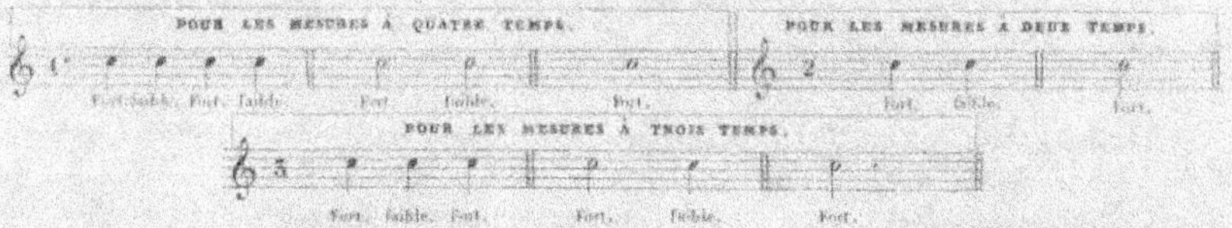

Les seconds temps forts le sont un peu moins que les premiers.

L'observance des temps forts et des temps faibles donne plus de force au rhythme musical.

CHAPITRE 3.me
DES VOIX. (2)

On ne se sert ordinairement dans les écoles que des quatre clefs suivantes:

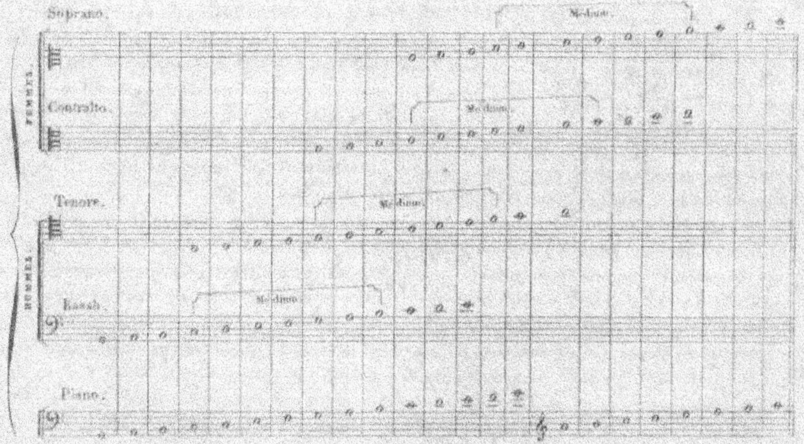

Les notes qui sont comprises dans une même colonne sont toutes à l'*unisson*. Lorsque l'élève voudra réduire pour le Piano des Fugues vocales, il consultera ce tableau.

---

(1) Voyez la l'enharmonie, page 4.

(2) Voyez la l'enharmonie, page 24.

CHAPITRE 5.ᵉ

DES NOMS QUE PORTENT LES NOTES DE LA GAMME. (1)

Tonique.	Sus-Tonique.	Médiante.	Sous-Dominante.	Dominante.	Sus-Dominante.	Note Sensible.	Octave.
EN UT — 1.ᵉʳ degré, ou 1.ʳᵉ note de la Gamme.	2.ᵉ degré, ou 2.ᵉ note de la Gamme.	3.ᵉ degré, ou 3.ᵉ note de la Gamme.	4.ᵉ degré, ou 4.ᵉ note de la Gamme.	5.ᵉ degré, ou 5.ᵉ note de la Gamme.	6.ᵉ degré, ou 6.ᵉ note de la Gamme.	7.ᵉ degré, ou 7.ᵉ note de la Gamme.	8.ᵉ degré, ou la répétition de la Tonique.

Ces notes portent le même nom dans les gammes majeure et mineure. L'*Octave* n'est que la répétition de la *Tonique*. La *Dominante* est ainsi appelée parcequ'elle est placée au milieu de la gamme, sur laquelle elle domine; la note *Sensible* fait sentir le Ton, et engendre la Tonalité, en faisant naître le besoin d'entendre la Tonique après elle. C'est parceque le *Mi* occupe le milieu entre la Tonique et la Dominante qu'on l'appelle *Médiante*. On nomme la seconde note *sus-tonique*, ou *sûtonique*, parcequ'elle est placée immédiatement au-dessus de la Tonique; on comprend pourquoi la quatrième et la sixième notes s'appellent *Sous-Dominante* et *Sus-Dominante*. On a donné le nom de *Tonique* à la première note, parcequ'elle est toujours la première du *Ton*, dans le système adopté par les modernes.

Il était nécessaire de choisir un nom qui caractérisât chaque note suivant la place qu'elle occupe dans une gamme; ainsi, un *Sol*, est Dominante dans le ton d'*Ut*, Tonique dans le ton de *Sol*, Sous-Dominante dans le ton de *Ré*, Sus-Dominante dans le ton de *Si♭* majeur, et de *Si♮* mineur, c'est ce que le nom seul de *Sol* n'aurait pu indiquer.

DES CONSONANCES ET DES DISSONANCES. (2)

Les Consonances sont l'*Unisson*, l'*Octave*, la *Quinte parfaite*, (3) la *Quarte parfaite*, la *Tierce majeure et mineure*, et la *Sixte majeure et mineure*.

L'*Unisson*, l'*Octave* et la *Quinte parfaite* sont appelés *Consonances parfaites*, et les Tierces et les Sixtes majeures et mineures *Consonances imparfaites*. Je range la Quarte parfaite parmi les Consonances parfaites.

Tous les autres intervalles sont plus ou moins *Dissonants*.

Les *intervalles Mélodiques* sont ceux qui se jouent successivement, ils forment le *Chant*; les *intervalles Harmoniques* se frappent simultanément, ils composent l'*Harmonie* et les *accords*.

CHAPITRE 6.ᵉ

DES GENRES (4)

Il y a trois genres en musique, le *Diatonique*, qui se fait avec les notes naturelles de la gamme, le *Chromatique* qui se fait en altérant une même note au moyen d'un accident étranger à la gamme, et l'*Enharmonique* qui a lieu lorsque deux notes différemment écrites rendent le même son à l'oreille, exemple:

GENRE DIATONIQUE.	GENRE CHROMATIQUE.	GENRE ENHARMONIQUE.

---

(1) Voyez la Philharmonie, Page 11.

(2) Voyez la Philharmonie, Page 9, et la page 45 pour la Quarte à la Basse.

(3) On dit aussi *Quinte juste*, mais je préfère le mot *Parfait*, parceque rien ne doit être *Juste* en musique.

(4) Voyez la Philharmonie, Page 9.

CHAPITRE 7me.

DES ACCORDS (1)

Les accords sont formés par les intervalles harmoniques *réalisés* d'après les règles de l'art.

L'accord le plus petit est de trois sons, comme *Ut Mi Sol*; le plus grand est de cinq sons, comme *Sol*, *Si*, *Ré*, *Fa*, *La*.

Les accords se forment de Tierce en Tierce en montant; les notes qui les composent prennent leur nom de leur distance de la fondamentale, exemple:

Tous les accords, excepté ceux qui sont *altérés*, appartiennent au genre Diatonique. Lorsqu'ils sont formés par des consonances, ils sont *Consonants*; ils deviennent *Dissonants*, dès qu'ils reçoivent une Dissonance.

CHAPITRE 8me.

RENVERSEMENTS DES ACCORDS (2)

Un accord est renversé lorsqu'on place à la Basse sa *Tierce*, sa *Quinte*, ou sa *Septième*; il est dans son état direct, quand on y laisse sa *Fondamentale*. Tous les accords de trois sons ont deux renversements; tous les accords de quatre sons ont trois renversements; les accords de cinq sons n'ont que trois renversements. Lorsqu'on altère quelques uns de ces accords, il se présente alors des renversements qui deviennent impossibles, parcequ'ils donnent quelquefois un intervalle de Tierce Diminuée qu'on n'admet jamais dans la musique sévère, et rarement dans la musique libre, à cause de sa dureté.

Il y a six *accords primitifs*, et douze *accords dérivés*; j'en donnerai bientôt le tableau.

CHAPITRE 9me.

CHIFFRAGE DES ACCORDS (3)

Les *Chiffres* posés sur une Basse doivent faire reconnaître l'accord; ou en augmente ou on en diminue le nombre, suivant le cas. Lorsque les notes d'un accord reçoivent des accidents étrangers à leur gamme, il faut écrire ces accidents devant les chiffres qui représentent ces notes altérées.

C'est en comparant avec la Basse les notes qu'on veut représenter par des chiffres qu'on peut mesurer leur étendue; ainsi un 3 posé sur un *Ut* désigne la Tierce supérieure de cet *Ut*, qui est ici le *Mi*.

La *Barre* qui traverse un chiffre indique un intervalle diminué. La Croix (+) désigne un intervalle augmenté. Nous verrons bientôt dans un article spécial sur les chiffres que la Barre ne marque pas toujours un intervalle diminué, et que la + désigne souvent un intervalle majeur.

---

(1)   Voyez dans la Fondamentale la page 10.
(2)   Voyez dans la Fondamentale la page 40.
(3)   Voyez dans la Fondamentale la page 38.

Outre les chiffres usités, on indique souvent par de nouveaux chiffres des notes qu'on veut faire entendre à l'aigu, en forme de mélodie; quelquefois les compositeurs chiffrent seulement les notes d'un chant qu'ils veulent faire entendre au-dessus d'une Basse, sans compléter les accords.

Voici un tableau des accords avec leurs renversements et leurs chiffres usités.

TABLEAU.

ACCORDS PRIMITIFS. (1)

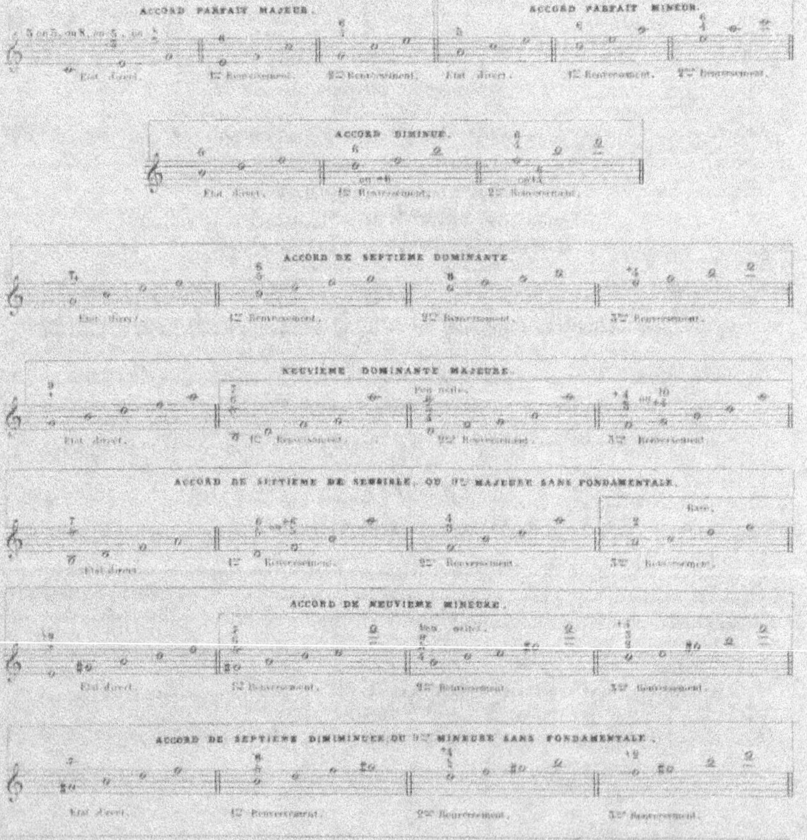

(1) Voyez dans l'harmonie la page 40.

ACCORDS DÉRIVÉS. (1)

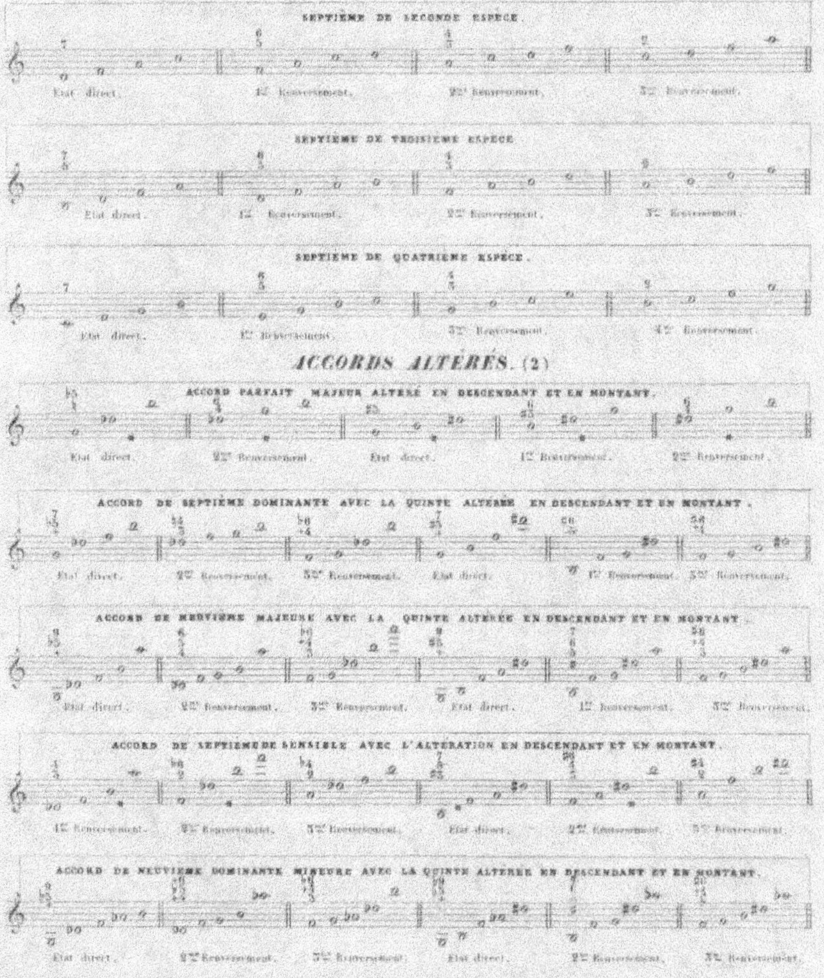

ACCORDS ALTÉRÉS. (2)

(1) Voyez dans la Panharmonie la page 67.
(2) Voyez dans la Panharmonie la page 91.

Les accords altérés sont peu usités dans l'ancienne école. Aujourd'hui on n'emploie que ceux que j'ai désignés par un astérisque *. On peut voir dans la Panharmonie, à la page 51, comment on les traite. La plupart de ces accords sont appelés *accords de Sixte augmentée*, parcequ'ils renferment cet intervalle.

CHAPITRE 10me.

PLACE DES ACCORDS DE TROIS SONS SUR LES NOTES DE LA GAMME MAJEURE ET MINEURE. (1)

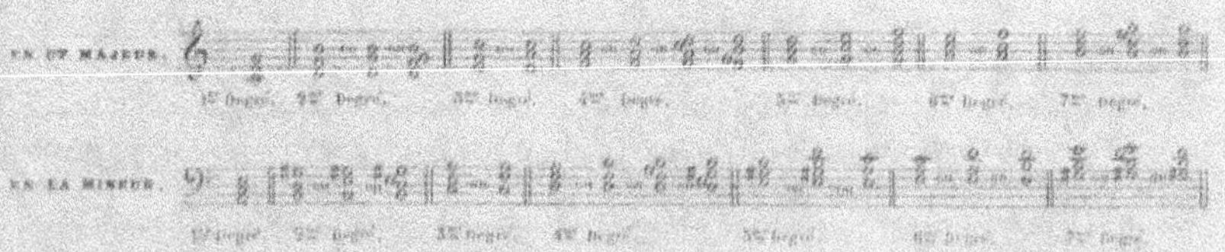

On se rappelle que le 3me degré en mineur n'a pas d'accord, voyez la Panharmonie, à la page 12.

Lorsqu'on renverse les accords, et qu'on emploie ceux de quatre sons, il vaut mieux donner au second et au troisième degrés des deux gammes les accords suivants:

On verra du reste dans le cours de cet ouvrage de combien de manières l'on peut accompagner la gamme.

---

(1) Voyez la Panharmonie, page 11.

CHAPITRE 11e.
DES MOUVEMENTS.(1)

Il y a trois mouvements, le *Contraire*, l'*Oblique* et le *Semblable*. Les mouvements contraire et oblique sont les meilleurs; on peut leur ajouter le mouvement *Parallèle*, exemple:

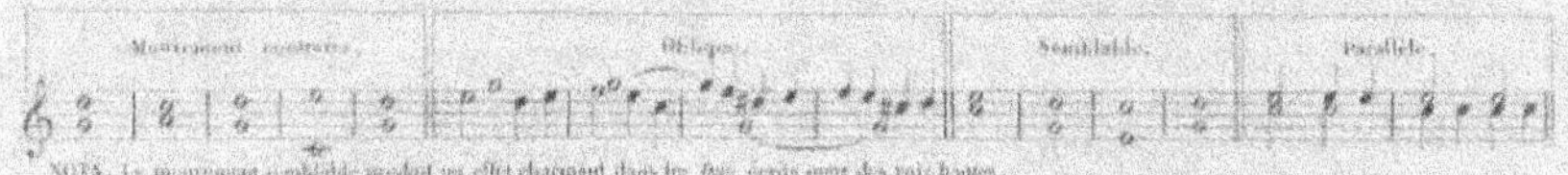

NOTA. Le mouvement semblable produit un effet charmant dans les duos écrits pour des voix hautes.

DES QUINTES PARFAITES, ET DES OCTAVES
DÉFENDUES ET PERMISES.(2)

On défend toujours deux Quintes parfaites par mouvement semblable; trois, quatre et plusieurs Quintes de suite sont parconséquent prohibées. Exemple.

Il est permis d'arriver sur une Quinte parfaite par mouvement semblable, lorsque l'intervalle que l'on quitte n'est point une autre Quinte parfaite. Ce cas est bon surtout lorsque la partie supérieure marche par dégré conjoint, et la partie inférieure par dégrés disjoints; ....

Pour le Piano, on ne défend que les *Quintes réelles*, mais l'on permet toutes les *Quintes cachées*. (3)

Ces Quintes   sont *réelles*, parcequ'elles se suivent; celles-ci,

sont *cachées*, parcequ'il n'y en a pas deux qui se suivent.

Dans la musique sévère les Octaves sont soumises aux mêmes règles que les Quintes parfaites. Pour le Piano, elles doivent être évitées entre la Basse et le Chant, mais elles sont employées souvent dans les parties intermédiaires, pourvu qu'elles n'appauvrissent pas trop l'Harmonie.

On sait qu'on peut faire marcher plusieurs parties, ou toutes les parties à l'Octave. (4)

Une demi-pause, un demi-soupir, une noire, une croche suffisent pour sauver les fautes de *Quintes* dans l'accompagnement au Piano.

CHAPITRE 12me.
DES NOTES À DOUBLER ET À SUPPRIMER.(5)

On peut doubler toutes les notes des accords; la *Tierce* moins souvent que la *Fondamentale* et la *Quinte*. Si on double la *Septième*, c'est parcequ'on veut faire alors des Octaves pour la double résolution de cette Septième; mais en général on ne double pas les Dissonances de 2de, 7me, 9me, et de la Quinte altérée en montant et en descendant. Il ne faudrait pas doubler constamment la note sensible. Dans la musique sévère on double la Tierce moins souvent que dans la musique libre.

---

(1) Voyez la Panharmonie, page 14.
(2) Voyez la Panharmonie, page 15.
(3) Voyez la Panharmonie, page 17.

(4) Voyez la Panharmonie, page 115.
(5) Voyez la Panharmonie, page 28.

On se passe rarement de la Tierce ; on ne supprime pas les Septièmes. Toutes les autres notes peuvent être retranchées. Dans l'accompagnement de la Basse chiffrée on double à-peu-près indistinctement toutes les notes des accords.

CHAPITRE 13ᵐᵉ
DES INTERVALLES MÉLODIQUES.(1)

Tous les intervalles mélodiques sont permis pour le Piano. J'engage encore l'élève à étudier sur son instrument le caractère des intervalles, en les écoutant avec soin lorsqu'il les frappe. On sait que la note sensible demande à monter ; elle peut avoir cependant d'autres résolutions. On n'a pas égard aux *Liaisons Boiteuses* pour le Piano.

CHAPITRE 14ᵐᵉ
POSITION DES DEUX MAINS SUR LE PIANO.

Il ne faut pas trop éloigner les mains, ni les tenir constamment trop rapprochées. L'Harmonie au Piano produit un bon effet lorsque les mains sont à une distance convenable l'une de l'autre, c'est-à-dire, ni trop loin, ni trop près.

CHAPITRE 15ᵐᵉ
DE L'ENCHAÎNEMENT DES ACCORDS(2)

L'enchaînement des accords se fait au Piano au moyen de la *règle d'octave* et des *marches harmoniques*. On peut suivre cependant ce que nous avons dit dans la l'enharmonie, au chapitre troisième, page 31 ; en voici le résumé.

RÈGLE. Tous les accords peuvent s'enchaîner lorsque leurs fondamentales marchent par dégrés disjoints. (3)

DÉMONSTRATION.

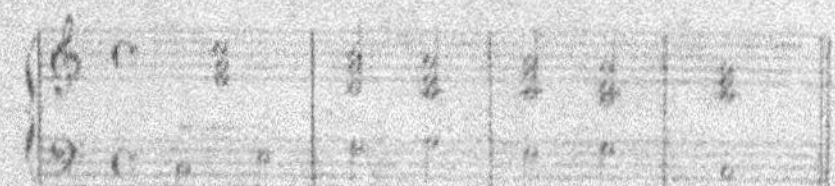

NOTA. Dans la musique sévère on commence toujours par l'accord de Tonique non renversé, et l'on finit par les accords de Dominante et de Tonique, non renversés ; dans la musique libre, on commence comme on veut.

EXCEPTIONS. Tous les accords peuvent encore s'enchaîner quand leurs fondamentales marchent par dégrés conjoints, surtout du 4ᵐᵉ au 5ᵐᵉ dégré de la gamme, du 5ᵐᵉ au 6ᵐᵉ, et *vice versâ*.

DÉMONSTRATION.

NOTA. L'enchaînement des accords se fait toujours par leur fondamentale.

---

(1) Voyez la Fondamentale, page 28.
(2) Voyez la Fondamentale, page 31.
(3) L'enchaînement par tierce supérieure est bon lorsqu'on va d'un accord majeur sur un accord majeur ; le contraire est faible.

Nous avons dit que dans une gamme les accords des 1er, 4me et 5me dégrés étaient les meilleurs et devaient être préférés aux autres.

CHAPITRE 16me.

DU PREMIER RENVERSEMENT DES ACCORDS DE TROIS SONS. (1)

Le 1er renversement des accords de trois sons se fait en plaçant leur Tierce à la Basse, on le chiffre par 6 ou $\frac{6}{3}$. Ce renversement est très usité. Il peut s'employer sans qu'on soit obligé de prendre des précautions extraordinaires exemple : ....

CHAPITRE 17me.

DU DEUXIÈME RENVERSEMENT DES ACCORDS. (2)

Il se fait en plaçant la Quinte de l'accord à la Basse, on le chiffre par $\frac{6}{4}$ pour les accords parfaits, et par $\frac{6}{+4}$ pour l'accord diminué en mineur, ...

Il faut préparer et résoudre la Quinte parfaite, lorsqu'on la place à la Basse, voici comment.

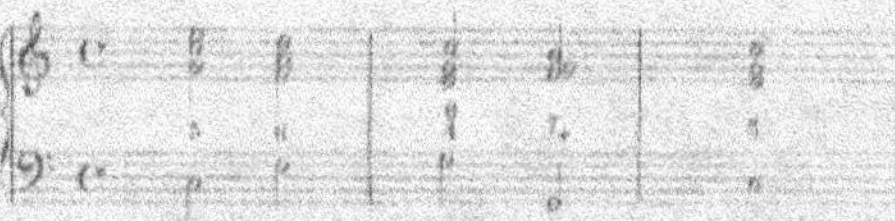

La Quarte parfaite peut se passer de préparation dans cette formule de Cadence.

Excepté dans cette formule de Cadence, les anciens maîtres ne veulent pas qu'on frappe ce second renversement au temps fort de la mesure. On ne frappe jamais la Quinte de l'accord à la Basse dans la Fugue ancienne.

Lorsque la Basse ne fait ni la préparation, ni la résolution, il est bien qu'elle marche par dégrés conjoints.

Cette règle de la Prépation et de la Résolution de la Quarte n'est pas toujours observée dans la musique de Piano.

CHAPITRE 18me.

ACCORD DE SEPTIÈME DOMINANTE. (3)

Il se place toujours sur la Dominante de la gamme majeure et mineure, il se fait de la même manière dans les deux modes. C'est le plus naturel de tous les accords dissonants. Sa résolution se fait de la manière suivante. ....

Il s'emploie sans préparation et se frappe à tous les temps de la mesure. On peut le traiter comme il suit, lorsqu'on l'écrit sans sa fondamentale, exemple : ....

C'est surtout avec l'accord de 7me Dominante qu'on fait les modulations.

CHAPITRE 19me..

ACCORD DE NEUVIÈME MAJEURE. (1).

Il se place sur la Dominante de la gamme, et ne s'emploie en général que dans son état direct; voici sa réalisation ....

La Neuvième, qui peut se passer de préparation, doit toujours se placer au moins à distance de 7me. au-dessus de la Tierce, et de 9me. au-dessus de la fondamentale. Cet accord est peu usité avec sa Fondamentale.

CHAPITRE 20me.

DE LA SEPTIÈME DE SENSIBLE. (2).

C'est l'accord de Neuvième majeure, pris sans sa note fondamentale; on ne l'emploie en général que dans son état direct, en suivant les règles de l'accord dont il dérive; voici sa réalisation, exemple: ....

CHAPITRE 21me.

ACCORD DE NEUVIÈME MINEURE. (3)

Il se fait et se traite comme l'accord de Neuvième majeure; la seule différence entre ces deux accords c'est qu'on peut placer la 9me. mineure au-dessous de la Tierce; voici sa réalisation.

CHAPITRE 22me..

SEPTIÈME DIMINUÉE. (4)

C'est l'accord de Neuvième mineure dont on supprime la fondamentale. L'accord de *Septième diminuée* a tous ses renversements; il est très usité, et s'emploie sans préparation. C'est au moyen de cet accord qu'on fait les modulations les plus extraordinaires; (Consultez la page 79 dans la Panharmonie). Voici la réalisation naturelle de la Septième Diminuée.

Nous allons analyser maintenant les accords dérivés.

(1) Voyez la Panharmonie, Page 39.
(2) Voyez la Panharmonie, Page 80.
(3) Voyez la Panharmonie, Page 81.
(4) Voyez la Panharmonie, Page 81.

CHAPITRE 23me.

ACCORD DE SEPTIÈME DE DEUXIÈME ESPÈCE. (1)

Il se compose d'un accord parfait mineur, et d'une Septième mineure, et se place surtout sur le second dégré d'une gamme majeure. Sa Septième doit être préparée; elle est pourtant frappée quelquefois sans préparation, mais bien rarement. Voici sa réalisation.

Cet accord est très usité dans son 1er renversement, avec cette formule.

Dans les *Marches Harmoniques*, (2) on le place sur les 3me, et 6me dégrés de la gamme majeure, et sur le 4me dégé de la gamme mineure, de cette manière: ....

CHAPITRE 24me.

ACCORD DE SEPTIÈME DE TROISIÈME ESPÈCE.(3)

Il se compose d'un accord diminué, d'une Septième mineure, et se place sur le second dégré d'une gamme mineure; il ne faut pas le confondre avec la *Septième de sensible*; voici la réalisation de ces deux accords.

NOTA. La Septième de 3me espèce est très usitée; la Septième de Sensible s'emploie rarement.

(1) Voyez la Panharmonie, Page 87.
(2) Voyez la Panharmonie, Page 103.
(3) Voyez la Panharmonie, Page 89.

La Septième de Sensible peut s'employer sans préparation; dans la Septième de troisième espèce il faut préparer la Septième, quelquefois cependant, on la frappe sans préparation. Comme la Septième de seconde espèce, la 7ᵐᵉ de 3ᵐᵉ espèce s'emploie surtout dans son 1ᵉʳ renversement, avec cette formule.

CHAPITRE 25ᵐᵉ.

ACCORD DE SEPTIÈME DE QUATRIÈME ESPÈCE. (1)

Il est formé d'un accord majeur, et d'une Septième majeure; il se place en majeur sur le 1ᵉʳ et le 4ᵐᵉ dégrés, et en mineur sur le 6ᵐᵉ. Il faut toujours préparer sa Septième, il se réalise comme les autres Septièmes, et ne s'emploie ordinairement que dans une suite de Septièmes, exemple:

État direct.   1ᵉʳ renversement.   2ᵐᵉ renversement.   3ᵐᵉ renversement.

CHAPITRE 26ᵐᵉ.

DE L'EMPLOI DES DISSONANCES.

PRÉPARATION. (2)

On prépare une Dissonance en faisant entendre dans l'accord précédent l'intervalle qui va faire cette Dissonance,

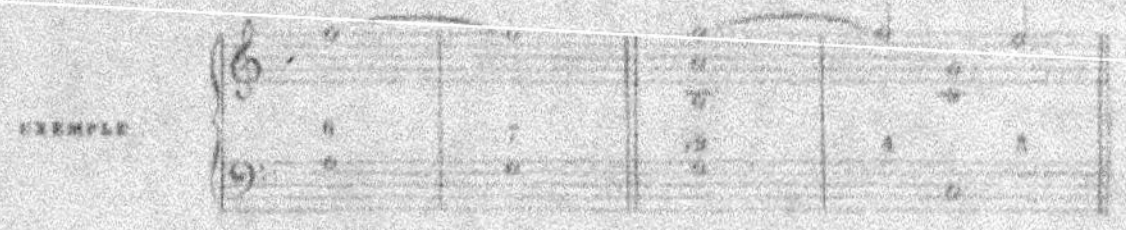

(1) Voyez la Pedagogie, Page 30.
(2) Voyez la Pedagogie, Page 19 et 51.

Dans la Musique Sévère, la préparation doit toujours égaler en valeur la durée de la Dissonance ; ainsi, lorsque la Dissonance a la durée d'une *Blanche*, la note qui la prépare doit avoir la durée d'une Blanche. La préparation au contraire peut avoir une durée plus grande que celle de la Dissonance. Cette règle est négligée dans la mesure à *trois tems* et à *six-huit*.

Lorsque la durée de la préparation est plus courte que celle de la Dissonance, on dit qu'on fait une *valeur* ou *liaison boiteuse*. (1)

DÉMONSTRATION.

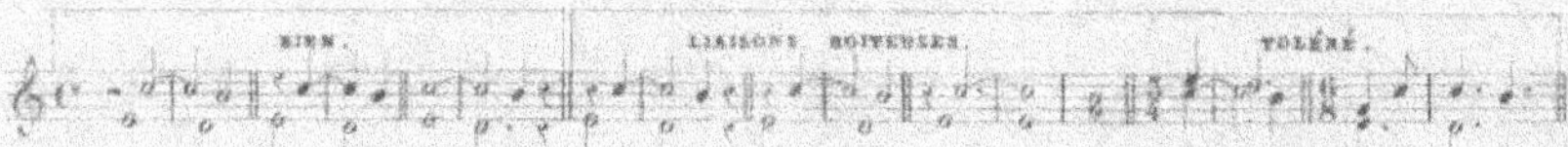

On peut donner n'importe quelle valeur à la note sur laquelle se fait la *résolution*. On ne tient aucun compte de cette règle sur les *liaisons boiteuses* dans la musique de Piano.

Dans l'Harmonie Sévère, on défend de frapper les accords Dissonants aux temps faibles.

DÉMONSTRATION.

Cet exemple est bon ; mais le suivant est défectueux, parceque les Dissonances sont placées aux temps faibles. (2)

On ne permet de frapper des Dissonances aux temps faibles de la mesure que lorsqu'on en place aux temps forts ; mais il faut alors que la première Dissonance frappée soit placée au temps fort :

DÉMONSTRATION.

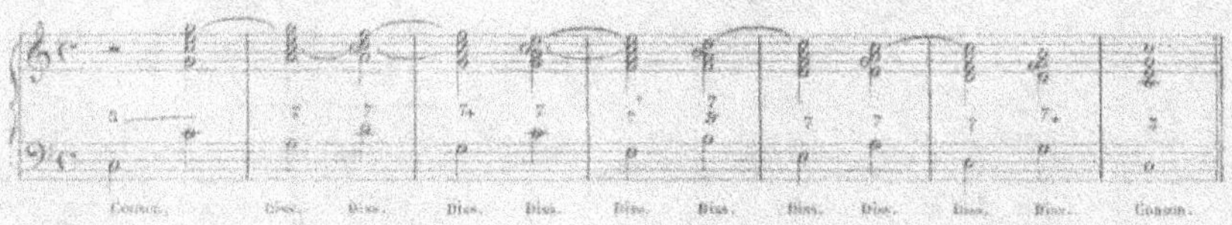

<hr>

(1) Voyez la Panharmonie, Page 28. (SS 22.)

(2) Voyez la Panharmonie, Page 31.

Il n'est question ici que des accords de Septièmes dérivées, et des suspensions de *Secondes*, *Septièmes*, *Neuvièmes*, etc.

Les *Notes de passage*, les *Broderies* et les *Appogiatures* peuvent se frapper indifféremment sur tous les temps, lors même qu'elles sont dissonantes.

Cette règle qui prescrit de placer les Dissonances sur les temps forts de la mesure n'a jamais été rigoureusement observée dans la musique écrite pour le Piano. On doit cependant en tenir compte le plus possible.

On peut faire entendre sur les temps faibles les dissonances qui dérivent des accords primitifs, c'est-à-dire, de la *Septième Dominante*, avec ou sans fondamentale, de la *Neuvième majeure*, de la *Septième de Sensible*, de la *Neuvième mineure*, et de la *Septième diminuée*, sans qu'il soit nécessaire de frapper aussi une Dissonance aux temps forts:

DÉMONSTRATION:

On permet pourtant de placer sur le temps faible de la mesure les accords de Septième de seconde et de troisième espèce, surtout lorsqu'ils sont employés dans leur premier renversement, avec la formule de cadence parfaite, ou de demi-cadence,

DÉMONSTRATION:

La Septième sur la Dominante s'emploie sans préparation, la Neuvième majeure et mineure sur la Dominante s'emploient sans préparation. La Quinte des accords diminués s'emploie sans préparation. La Septième dans les accords de *Septième de Sensible* et de *Septième diminuée* s'emploie sans préparation.

Toutes les autres Septièmes doivent être préparées. On sait que la Dissonance dans les accords de Septième de 2.de et 3.me espèce peut se passer quelquefois de préparation, surtout lorsqu'elle est frappée comme une *note de passage*.

Les Consonances n'ont pas besoin d'être préparées.

Les Dissonances peuvent quelquefois se passer de Préparation, mais il faut toujours soigner leur résolution.

RÉSOLUTION. (1)

RÈGLE:

Toute Septième doit se résoudre en descendant d'un degré.

Toute fondamentale d'un accord dissonant doit se résoudre par Quarte supérieure ou par Quinte inférieure sur la fondamentale d'un nouvel accord, Consonant ou Dissonant. Exemple,

(1) Voyez la consonance à la page 37.

Toutes les autres notes qui ont une *marche forcée* doivent se résoudre ainsi qu'il soit: la *note sensible* en montant d'un dégré, la *Quinte altérée* en montant d'un dégré, si l'altération a été faite en montant, et en descendant d'un dégré, si l'altération a été faite en descendant, exemple:

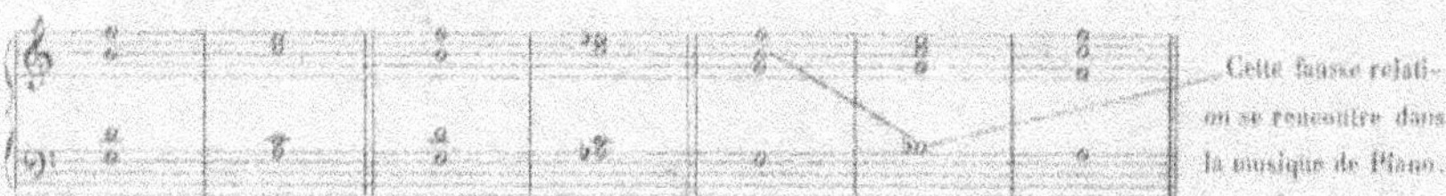

On dit que les notes qui n'ont qu'une manière de se résoudre selon la règle, (comme la note sensible, les notes altérées, les Dissonances,) ont une *marche forcée*.

EXCEPTIONS.

1° Pourvu que les notes qui ont une *marche forcée* fassent leur résolution naturelle, la fondamentale d'un accord dissonant peut se résoudre sur la fondamentale d'un nouvel accord par tout autre intervalle que celui de Quarte supérieure, ou de Quinte inférieure, exemple:

2° Les notes qui ont une marche forcée peuvent rester en place, au lieu de faire leur résolution naturelle, la fondamentale d'un accord dissonant peut marcher alors au gré du compositeur, exemple:

On peut dans ce cas, doubler les Dissonances, en les faisant toutes rester en place, ou marcher de différentes manières.

3° Toute Septième peut monter de Seconde, pourvu que sa fondamentale descende de Tierce; c'est ce qu'on appelle *parties échangées*, exemple:

Nous reviendrons sur cette exception au Chapitre 27.

4.° Toute note qui a une *marche forcée* peut changer *chromatiquement ou enharmoniquement* tant en montant qu'en descendant, exemple:

Dans toutes ces exceptions comme dans la règle on peut faire suivre deux ou plusieurs accords dissonants. Mais, en général, un accord dissonant ne produit un bon effet que lorsqu'il se résout sur un accord consonant. Il ne faut pas trop multiplier les exceptions.

Excepté dans les *Marches Harmoniques*, on ne se sert le plus souvent que des accords pris sur la Tonique, la Dominante, et le Quatrième degré. Dans la musique ancienne, on emploie beaucoup ces accords avec les suspensions; dans la musique libre, on se sert très rarement des *Suspensions*.

Les anciens regardaient les accords de *Septièmes dérivées* comme le produit des Suspensions.

On ne peut trouver des motifs chantants qu'avec les accords de Tonique et de Dominante, qui sont:

EN UT MAJEUR.
Avec leurs renversements.

EN UT MINEUR.
Avec leurs renversements.

On peut ajouter à l'accord marqué d'un astérisque un *Mi♭*, ou un *Ré*.

Au moyen des *notes accidentelles*, des *dessins mélodiques*, des *Tremolo*, des *Forte*, de quelques instruments d'orchestre, des modulations et de rares suspensions, on peut produire avec ces seuls accords tous les effets, depuis le doux jusqu'au terrible.

CHAPITRE 27.

DE LA PARTIE ECHANGEE,

OU DISSONANCE DE SEPTIÈME RÉSOLUE EN MONTANT D'UN DEGRÉ. (1)

Lorsque la Basse d'une Septième descend de Tierce, la Dissonance peut monter de Seconde. On évite ainsi non seulement les fautes d'Octaves cachées qui se feraient entre la Basse et la partie dans laquelle on aurait placé la Dissonance, mais encore la pauvreté d'Harmonie qui existerait entre ces deux parties:

DÉMONSTRATION.

Cette règle s'applique aux quatre accords de Septième, exemple:

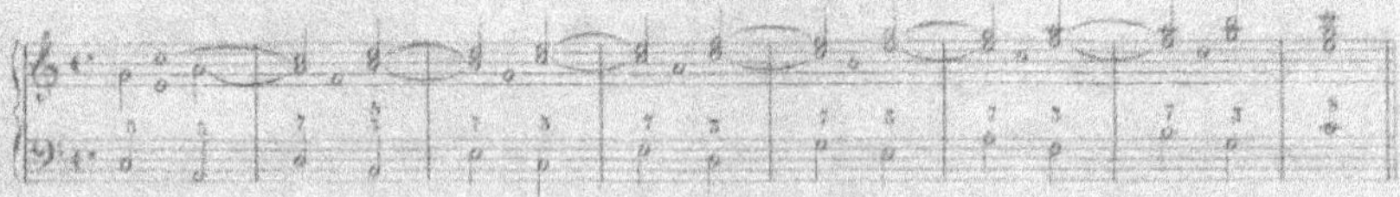

(1) Voyez dans la Panharmonie la page 34.

La Dissonance peut en effet monter ici d'un dégré, puisqu'elle est sauvée par la Basse.

Lorsqu'on frappe une suite de *Septièmes diminuées* ou d'accords de *Quintes diminuées*, on peut faire *monter* toutes les parties en même temps, pourvu qu'elles marchent par demi-tons:

DÉMONSTRATION:

On peut encore les faire descendre toutes ensemble, pourvu qu'elles procèdent aussi par demi-tons.

Les compositeurs modernes font quelquefois résoudre les Dissonances par dégrés disjoints, surtout dans les accords de la Dominante: je suis loin d'approuver cette licence, qu'on rencontre pourtant dans quelques auteurs renommés:

DÉMONSTRATION:

CHAPITRE 28.

DES DISSONANCES ARTIFICIELLES, (1) ET DES DISSONANCES NATURELLES.

Les *Dissonances naturelles* sont celles qui appartiennent aux accords primitifs. Les Suspensions et les Septièmes dérivées forment les *Dissonances artificielles*. Les notes de passage, les Broderies et les Appogiatures sont considérées aussi comme *Dissonances artificielles*.

On peut frapper sur le temps faible de la mesure une dissonance de *Seconde*, *Septième*, ou *Neuvième*, pourvu que cette Dissonance passagère monte ou descende par dégrés conjoints. Il est bien alors que toutes les notes qui accompagnent la Dissonance restent en place, mais le contraire n'est pas inadmissible. Ces Dissonances s'appellent *notes passagères* ou *notes glissées* dans le *Contre-point rigoureux* et dans l'*Harmonie*:

DÉMONSTRATION.

On sait que les notes accidentelles ne comptent pas dans l'Harmonie;(2) en supprimant ici les notes marquées d'une +, l'Harmonie reste correcte.

---

(1) Voyez dans la Panharmonie la Note de la Page 88.
(2) Voyez dans la Panharmonie la Page 128.

30

Les *Dissonances naturelles*, c'est-à-dire, celles qui dérivent des *accords primitifs*, peuvent changer de place pendant la durée de l'accord auquel elles appartiennent, pourvu qu'elles fassent une bonne résolution au moment où l'on change d'accord:

DÉMONSTRATION.

Les *Dissonances artificielles*, c'est-à-dire, celles qui naissent des *accords dérivés*, ou des *suspensions*, ne doivent pas changer de place, elles sont donc obligées de faire leur résolution dans la partie même où elles ont été entendues: elles peuvent être *brodées.*

DÉMONSTRATION.

CHAPITRE 29.

DE L'ACCORD DE SIXTE-QUARTE,

REGARDÉ COMME ACCORD DISSONANT PAR LES ANCIENS.

Les anciens regardaient le second renversement, appelé *Sixte-Quarte*, comme un accord Dissonant; les modernes au contraire l'emploient dans la pratique comme un accord Consonant. Je dis dans la pratique, parceque dans la théorie, ils le traitent encore comme un accord Dissonant. Ce renversement bien employé selon les règles de la *préparation* et de la *résolution* produit un bon effet; il est très usité dans la formule de Cadence, ainsi que je l'ai déjà dit, sans qu'il soit nécessaire de le préparer, lorsqu'il se fait avec l'accord de Tonique, pris dans son second renversement, et placé à un temps fort de la mesure. On peut alors le frapper arbitrairement; cependant le N.° 2 de l'exemple suivant est préférable au N.° 1. Le N.° 3 est pourtant très usité pour le Piano. La meilleure réalisation est celle où l'accord de *Sixte-Quarte* est frappé par mouvement contraire avec la Basse, et par dégrés conjoints. »

(*) On rencontre quelquefois ces exemples où la Dissonance difficile change de place, mais on doit s'en servir rarement.

CHAPITRE 30.

ACCORDS ALTÉRÉS. (1)

RÈGLE GÉNÉRALE. *Altérer* un accord veut dire *hausser* ou *baisser* accidentellement une de ses notes d'un demi-ton. On n'altère que la Quinte des accords dont la Tierce est majeure, et la Quinte, parfaite; voici le tableau des accords dont on peut seulement altérer la Quinte:

Ces accords, lorsqu'ils sont altérés, produisent souvent le plus grand effet:

Je vais donner quelques exemples pour familiariser l'élève avec les accords altérés.

ALTÉRATIONS ASCENDANTES:

ALTÉRATIONS DESCENDANTES:

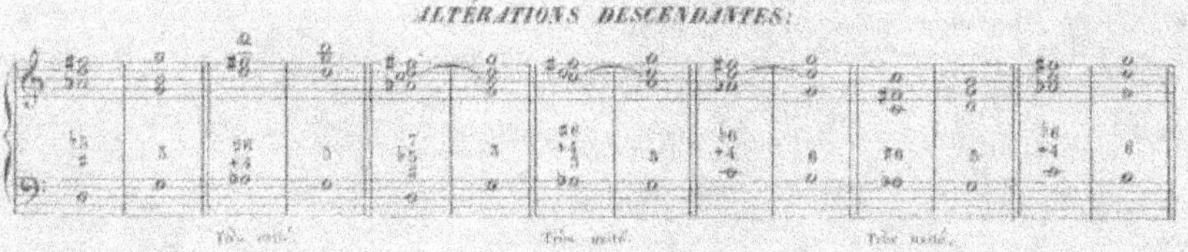

(1) Voyez dans la Cacharmonie le Chapitre 4me Page 34, et dans cet ouvrage, page

On prépare ordinairement les accords qui reçoivent l'altération ascendante, tandis que ceux qui s'altèrent en descendant peuvent se passer de préparation. J'engage l'élève à lire attentivement tout ce que je dis sur l'*altération* dans la l'Harmonie, et ce qu'il trouvera à ce sujet dans cet ouvrage, aux pages 44, 45, 46, et 47.

CHAPITRE 31.

QUINTES PAR LICENCE DANS LES ACCORDS ALTÉRÉS.

On permet deux Quintes parfaites de suite, lorsque toutes les parties descendent par demi-ton, moins la note sensible qui doit monter.

DÉMONSTRATION:

Cette licence n'est tolérée que dans les accords qui reçoivent l'altération descendante, ainsi que nous venons de le voir. Il vaut mieux pourtant l'éviter. La fondamentale de ces accords, si on s'en servait, ne serait pas tenue de se résoudre par demi-tons.

CHAPITRE 32.

DES CADENCES. [1]

Chaque repos qu'on fait au milieu ou à la fin d'une phrase est une *Cadence*.

Il y a six espèces de Cadences, qui sont:

1° La *Cadence parfaite*, en Ut majeur   en *La* mineur:

2° La *Cadence imparfaite*, en Ut majeur: en *La* mineur:

3° La *Demi-cadence*, en Ut majeur: en *La* mineur:

4° La *Cadence interrompue*, en Ut majeur: en *La* mineur:

(1) Voyez la Fondamentale, Page 48.

5°. La *Cadence Plagale*, en *Ut* majeur

en *La* mineur;

6°. Le *quart de Cadence*, tout repos qui n'est pas une des cinq Cadences précédentes est un *quart de Cadence*.

Les Cadences se modifient à l'infini, par les accords qui les précèdent. Il suffit de savoir que la *Cadence parfaite* est formée par l'accord de Dominante non renversé, suivi de celui de Tonique non renversé; que la *Cadence imparfaite* n'est que la Cadence parfaite dont on renverse l'accord de Dominante; que la *Demi-Cadence* n'est que la moitié de la *Cadence parfaite*, et qu'au lieu de s'arrêter sur l'accord de Tonique comme dans la Cadence parfaite, on fait le repos sur celui de Dominante non renversé; que la *Cadence interrompue* n'est que la *Cadence parfaite* dont on renverse ou dont on change l'accord de Tonique; que la *Cadence plagale* ne se fait qu'après la Cadence parfaite, à la fin d'un morceau, en allant de l'accord du quatrième degré renversé ou non renversé sur celui de Tonique; quelquefois cependant, au lieu de cet accord parfait du quatrième degré on prend la Septième de seconde espèce dans son premier renversement, exemple:

C'est ce qu'on appelle *Tierce de Picardie*. Chaque phrase, composée ordinairement de quatre mesures finit par une Cadence.

CHAPITRE 33.
DE LA MODULATION. (1)

Moduler veut dire passer d'une gamme dans une autre au moyen des accidents par lesquels ces deux gammes diffèrent. *Moduler* signifie encore passer d'un *mode majeur dans un mode mineur*, et d'un *mode mineur dans un mode majeur*, soit qu'on reste dans une même gamme, comme d'*Ut* majeur en *Ut* mineur, soit qu'on passe d'une gamme dans une autre, comme d'*Ut* majeur en *La* mineur.

Pour *Moduler*, il faut donc, ou *changer de gamme* comme d'*Ut* en *Sol*, ou *changer de mode en restant dans le même ton* comme d'*Ut* majeur en *Ut* mineur, ou *changer de gamme et de mode en même temps* comme d'*Ut* majeur en *La* mineur.

Ces modulations se font dans les *tons relatifs*, ou dans les *tons éloignés*; un ton est relatif d'un autre, lorsqu'il n'en diffère que par un accident à la *Clé*, comme *Ut* majeur et *Sol* majeur; tous les autres qui diffèrent par deux accidents, ou par un plus grand nombre, sont des tons éloignés.

Les Modulations dans les tons relatifs sont les plus faciles et les plus naturelles; mais celles qui se font dans les tons éloignés produisent de plus grands effets.

Un morceau de musique doit commencer et finir dans un même ton (2). Les Classiques préfèrent les modulations dans les tons relatifs; ils n'en admettent pas d'autres dans la Fugue. Il est bien cependant d'employer quelquefois les modulations dans les tons éloignés, mais il ne faut pas en abuser, ce sont des moyens extraordinaires dont il ne faut se servir qu'avec précaution, et ménagement.

---

(1) Voyez la *Vocabulaire*, page 68.

(2) On pourrait cependant déroger à ce principe dans une *Fantaisie musicale* ou dans les compositions qui appartiennent au genre libre.

54

Lorsqu'une note reçoit un accident étranger à sa gamme, il faut que le changement chromatique qui s'opère alors, se fasse dans la même partie et à la même place; le contraire s'appelle *fausse relation d'Octave*, exemple:

Dans la musique vocale, les fausses relations doivent être évitées avec soin; elles se rencontrent quelquefois dans la musique instrumentale. Voyez ce que j'en dis à la page 74 de la Panharmonie.

Les *Demi-Modulations* sont celles qui ne changent point la gamme et le mode établis.

Les *Modulations* entières font passer la Mélodie et l'Harmonie dans une nouvelle gamme.

La Modulation est entière lorsqu'elle se fait en même temps qu'une *Cadence parfaite*, ou une *demi-Cadence*, ou bien une *Cadence interrompue*. Elle est *passagère*, ou *demi-modulation*, lorsqu'elle est employée dans le milieu d'une phrase qui finit dans le ton par lequel elle a commencé; exemple:

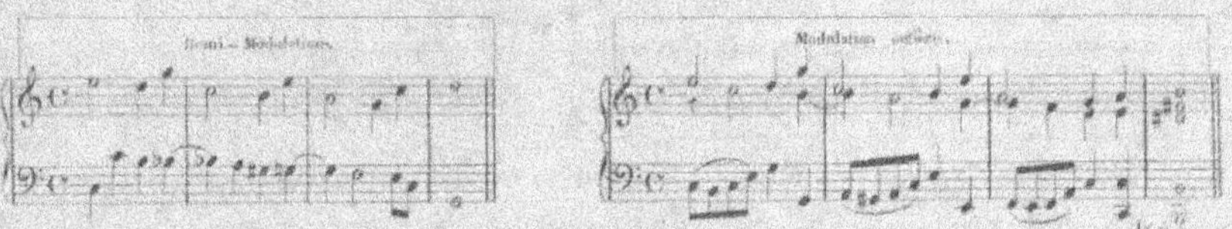

En général les Modulations se font avec les accords de Septième Dominante, de Septième Diminuée, et moins souvent avec ceux de Neuvièmes Majeure et Mineure, et de Septième de Sensible.

On peut avec l'accord de *Septième Dominante* ou celui de *Septième Diminuée* passer dans toutes les gammes.

Les changements enharmoniques offrent des moyens extraordinaires de Modulations; c'est ainsi qu'on peut passer d'*Ut♭*, ou d'*Ut♮* en *Si♮*, exemple:

Les modulations qui se font *ex abrupto* au commencement d'une phrase produisent plus d'effet que les autres, parce qu'elles frappent l'oreille sans l'avoir préparée, exemple:

Ce sont les Modulations que j'ai définies dans ma Panharmonie sous la dénomination de *changement de ton* (1).

(1) Voyez dans la Panharmonie la page 76.

RÉSUMÉ. Toute Modulation est bonne si l'oreille l'adopte facilement ; elle est mauvaise si on ne peut saisir le rapport qui doit exister entre le ton quitté et le ton nouveau.

On peut unir deux tons différents de plusieurs manières ; 1°. en changeant de mode sans changer de ton, comme d'*Ut* majeur en *Ut* mineur, ou d'*Ut* mineur en *Ut* majeur ; 2°. en choisissant un accord qui appartienne en même temps aux deux gammes qu'on veut unir, comme d'*Ut* mineur en *Sol* majeur, par l'accord *Sol*, *Si* ♮, *Ré*, qui se rencontre dans les deux gammes d'*Ut* mineur et de *Sol* majeur. 3°. En faisant des traits à l'*Unisson*, et à l'*Octave* ; 4°. En attaquant n'importe quel ton après un point d'orgue. 5°. Par les cadences rompues ; 6°. en faisant taire toutes les parties, tandis qu'une seule joue ou chante une Mélodie, après laquelle on frappe un accord pris souvent dans un ton éloigné ; 7°. au moyen du genre enharmonique qui change, par exemple, un *Ut* ♯ en un *Ré* ♭ ; 8°. avec les accords de *Septième Diminuée* qui peuvent subir une infinité de transformations par le genre enharmonique. (Voyez la page 79 dans la Panharmonie.)

On module aussi en passant d'un ton majeur dans son premier relatif mineur, comme d'*Ut* majeur en *La* mineur, ou d'un ton mineur dans son premier relatif majeur, comme de *La* mineur en *Ut* majeur, ou d'un ton mineur dans son homonyme majeur, comme d'*Ut* mineur en *Ut* majeur, et de celui-ci en *Ut* mineur.

On sait qu'un ton a cinq relatifs. Nous avons posé pour règle dans la Panharmonie musicale qu'un ton avait pour relatifs tous ceux qui ne différaient à la Clé que d'un seul accident, en plus ou en moins, ou qui en avaient le même nombre. Dans la musique Classique on ne modulait qu'avec les cinq tons relatifs.

Pour bien reconnaître les Modulations dans une Basse non chiffrée, il faut pouvoir lire à la fois plusieurs mesures.

En général, on peut considérer toute note affectée d'un ♯ nouveau, ou d'un ♮ effaçant un ♭, comme une note sensible ; l'on sait qu'une note sensible est toujours la Tierce d'un accord de Septième Dominante, ou de Neuvième, qu'on prend avec ou sans Fondamentale ; dans ce dernier cas elle devient la note la plus basse de l'accord.

Toute note accompagnée d'un ♭ nouveau, ou d'un ♮ effaçant un ♯, doit être considérée comme la quatrième dégré d'une nouvelle gamme ; elle est alors la quatrième note d'une Septième Dominante dont la Fondamentale occupe le cinquième dégré de cette nouvelle gamme ; exemple: *Fa* ♯ ; *Fa* ♮ ; ce *Fa* ♮ est la quatrième note de l'accord *Sol*, *Si*, *Ré*, *Fa*, ou bien des accords *Sol*, *Si*, *Ré*, *Fa*, *La* ; *Si*, *Ré*, *Fa*, *La* ; *Sol*, *Si*, *Ré*, *Fa*, *La* ♭ ; et *Si*, *Ré*, *Fa*, *La* ♭.

DÉMONSTRATION

Il ne faut pas croire que les Modulations se fassent toujours reconnaître par elles-mêmes ; le plus souvent le compositeur les amène là où elles n'existaient point. Ce travail dépend autant du caprice que du sentiment ; c'est ainsi qu'on peut accompagner une même phrase de plusieurs manières, pourvu que les notes dissonantes qu'on introduit fassent une bonne résolution, qu'on évite les fausses relations, et toutes les fautes d'Harmonie.

Il ne faut pas confondre les notes altérées dans les accords altérés, avec les notes sensibles, et les quatrièmes dégrés dont nous venons de parler.

CHAPITRE 34,

DES NOTES ACCIDENTELLES,

APPELÉES AUSSI NOTES ARTIFICIELLES OU PASSAGÈRES, ET NOTES DE GOÛT. (1)

Lorsque pendant la durée d'un accord on frappe une note qui ne lui appartient pas, on fait une *note accidentelle*; les notes véritables de l'accord se nomment *notes réelles*.

RÈGLE GÉNÉRALE.

Lorsqu'une harmonie en note réelle est bonne, on peut la couper arbitrairement par toute note accidentelle; il faut alors consulter son oreille, car ici les règles sont à peu près impuissantes.

Voyez dans la *Panharmonie* la 5.me partie où j'ai fait l'analyse la plus complète de ces notes accidentelles.

DES NOTES DE PASSAGE.

Les notes accidentelles qu'on place entre deux notes réelles différentes, s'appellent *notes de passage*, exemple:

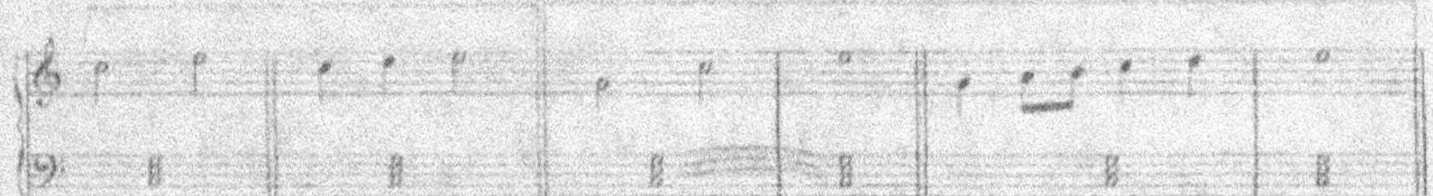

DES BRODERIES.

Lorsqu'on place autour d'une même note réelle d'autres notes accidentelles, on fait des *Broderies*, exemple:

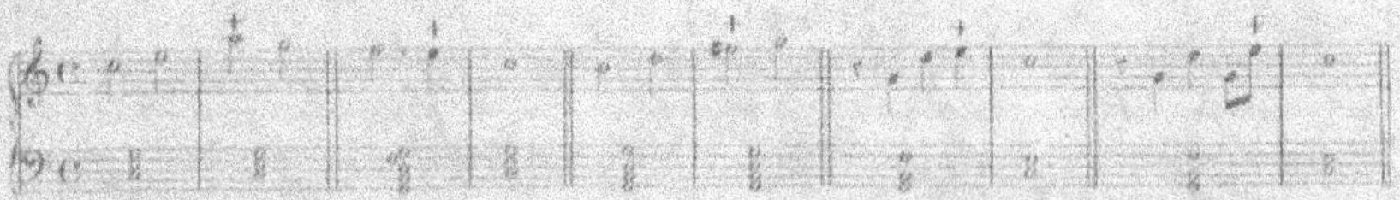

APPOGIATURES.

Lorsqu'on fait précéder ou suivre une note réelle d'une note accidentelle, en arrivant par dégrés disjoints sur cette note accidentelle, si elle précède la note réelle, ou en la quittant aussi par dégrés disjoints, si elle la suit, on fait une *Appogiature*, exemple:

(1) Voyez dans la Panharmonie la page 128.

Les *Quintes* et les *fausses relations* qu'on fait avec les notes accidentelles sont permises ; mais il ne faut pas en abuser.

Les notes accidentelles servent à *Broder* les notes réelles ; il ne faut pas les employer au hasard. Elles doivent concourir au bon effet de la marche mélodique de chaque partie.

CHAPITRE 35.

DES RETARDS. (1)

Lorsqu'un accord vient se résoudre sur un nouvel accord, on peut *retarder* arbitrairement une de ses notes, en la faisant marcher ensuite vers la note sur laquelle elle viendrait se résoudre sans ce retard. On doit observer seulement que l'Harmonie réelle, abstraction faite des retards, soit correcte ;

Les *retards* ne sont jamais employés dans l'ancienne école ; il ne faut pas les confondre avec les *Suspensions*.

CHAPITRE 36.

DES ANTICIPATIONS.

L'*Anticipation* est le contraire du *retard* ; c'est une des notes du second accord qui se fait entendre pendant la durée de l'accord précédent ; les observations que nous avons faites pour les *retards* s'appliquent aux *Anticipations*, Ex:

L'Anticipation s'emploie surtout dans le Chant, n'importe la partie où il est placé.

CHAPITRE 37.

DE LA PÉDALE (2).

La *Pédale* est une tenue de la note Tonique ou de la note Dominante qu'on prolonge pendant quelques mesures. On peut placer sur la Pédale tous les accords pris dans les tons relatifs ou éloignés, mais il faut que chaque fois que l'on fait un repos, la Pédale soit note réelle de l'accord, et principalement sa note fondamentale; d'où il résulte qu'on ne peut faire sur une Pédale que des Modulations passagères.

---

(1) Voyez la Psalharmonie, Page 146.   (2) Voyez la Psalharmonie, Page 159.

La Pédale doit être note réelle de l'accord lorsqu'elle commence et quand elle finit.

Quelques auteurs admettent une Pédale intermédiaire appelée aussi *Pédale intérieure*; il faut éviter, si on l'emploie, de frapper des demi-tons avec cette *note Pédale*, à moins qu'on ne parcoure une gamme qui monte ou qui descend, exemple:

On peut doubler la Pédale à plusieurs Octaves supérieures, pourvu qu'on ne fasse pas des demi-tons contre cette Pédale, partout où elle se trouve placée. Il est toujours permis de la doubler par des Octaves qui lui sont inférieures.

Les anciens maîtres ne frappent comme étrangers sur la Pédale que les accords de Dominante, exemple:

Ils appellent ces accords de Dominante étrangers à la Pédale, des accords de *Neuvième Tonique*, *Onzième Tonique*, et *Treizième Tonique*, à cause de la distance que la dernière note de l'accord étranger fait avec la Pédale. C'est la Tonique Pédale qui leur donne le nom de Tonique.

Les accords qu'on place sur une Pédale doivent se réaliser comme si la Pédale n'existait pas. (1)

Dans la composition libre on frappe sur la Pédale des accords pris passagèrement dans des tons éloignés, mais on les fait marcher ordinairement par Tons ou Demi-Tons.

Dans la musique ancienne, outre les accords de *Neuvième Tonique*, *Onzième Tonique*, et *Treizième Tonique*, on peut placer sur la Pédale des Marches Harmoniques qui montent ou qui descendent, exemple:

La Pédale a pour but de maintenir la *Tonalité*; voilà pourquoi on la fait ordinairement à la fin d'un morceau, parce que, là, il faut bien faire entendre le Ton dans lequel ce morceau est écrit. C'est même ce caractère si nécessaire de la Tonalité attachée à la Pédale qui lui donne tant de force.

On sait que la Pédale se fait aussi avec la Dominante, qui joue dans la gamme un rôle aussi important que la Tonique. On pourrait dire que les accords étrangers frappés dans le style libre sur une Pédale sont composés des notes *Diatonico-Chromatiques* qui ne cessent pas d'appartenir à la gamme de cette Pédale, malgré les accidents étrangers qu'elles reçoivent; car enfin on peut faire une gamme chromatique sans moduler, exemple:

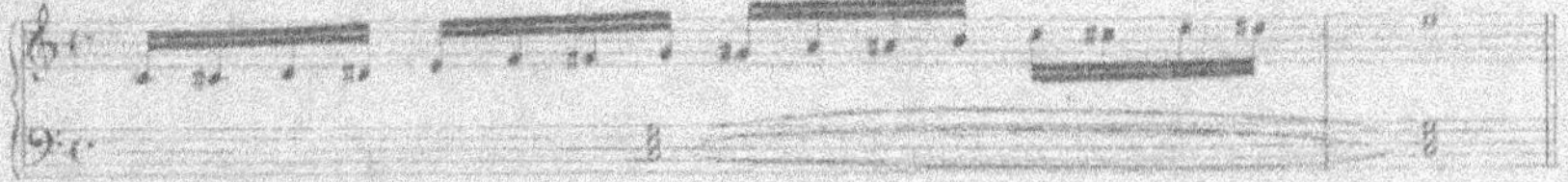

(1) La partie qui se trouve placée immédiatement au-dessous de la Pédale doit faire bonne basse, chaque fois que la Pédale est note étrangère à l'accord.

Il ne faut pas confondre une note qui se prolonge sur plusieurs accords différents dont elle est note réelle avec une Pédale, exemple... 

CHAPITRE 38.

DES SUSPENSIONS.(1)

Si, lorsqu'un accord succède à un autre, on prolonge sur le second accord une ou plusieurs notes du premier, on fait des *Suspensions*. On appelle ces notes prolongées *Suspensions* au moment où elles deviennent *notes accidentelles*, exemple:

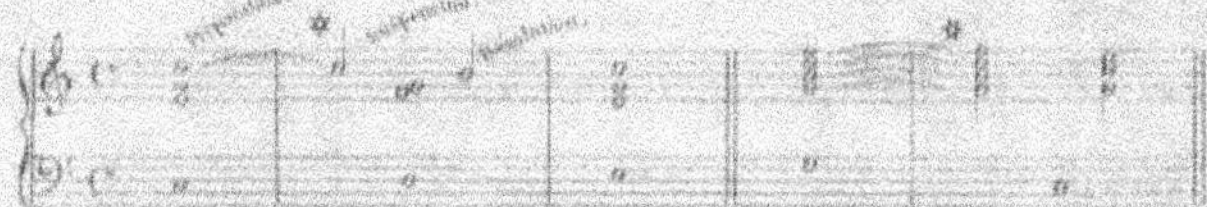

Comme on le voit dans cet exemple, la note qu'on va prolonger s'appelle *Préparation*; elle devient *Suspension* au moment où elle est note accidentelle sur l'accord suivant; la note réelle du second accord qui la reçoit s'appelle la *résolution*.

La *Suspension* doit toujours tomber sur le temps fort; elle peut occuper une mesure, une demi mesure, ou un seul temps de la mesure.

La *Préparation* peut commencer à tous les temps, la *Résolution* peut tomber au temps fort ou au temps faible.

Toute note réelle qui descend d'un dégré sur l'accord suivant peut être suspendue, pourvu que la note réelle qu'elle remplace et qui lui servira de résolution soit placée au moins à l'Octave inférieure, lorsqu'on la double, et dans la Basse seulement, selon les principes de l'ancienne école, exemple:

C'est ce qu'on appelle la Suspension de 9-8.

Il vaut mieux ne frapper les Suspensions qu'avec les accords *primitifs*, en exceptant toutefois ceux de Neuvièmes Dominantes employés avec leurs fondamentales.

Lorsqu'un accord est déjà assez dissonant par lui-même, il ne faut pas augmenter par de nouvelles Dissonances l'effet de celles qu'il renferme.

Une Suspension, pour être bien sentie, doit former un intervalle de 2de, de 7me, ou de 9me avec une note quelconque de l'accord; sans cette condition elle perdrait son caractère, et n'apparaîtrait plus comme une Suspension.

On peut frapper les notes de *Passage*, et les *Broderies* sous ou sur les Suspensions.

Les *Suspensions* se font aussi sur la Pédale. Dans l'école, les Suspensions doivent toujours descendre d'un dégré, dans la musique libre, elles peuvent quelquefois monter d'un dégré. Ce que nous avons dit à la page 28 sur la *partie échangée* s'applique aux Suspensions de 7me.

On peut frapper en même temps deux, trois et quatre Suspensions, et les faire résoudre ensemble, ou les uns après les autres.

(1) Voir la Préface, page 151.

Toutes les exceptions que j'ai données à la page 26 pour la résolution des Dissonances s'appliquent à la *Suspension* elle-même; de sorte que toute Suspension peut, au lieu de descendre d'un dégré, *rester en place*, ou *monter conjointement*, ou bien *changer chromatiquement et enharmoniquement* tant en montant qu'en descendant. Cependant, ces exceptions ne sont pas adoptées dans la musique d'école.

Les Suspensions sont fréquemment employées dans les *Partimenti* que nous verrons bientôt; elles donnent à la musique un caractère de force et de grandeur, auquel les compositeurs inhabiles ne peuvent jamais atteindre; elles distinguent ordinairement les oeuvres des grands maîtres des autres, surtout lorsqu'elles sont traitées avec talent.

On trouvera dans le Chapitre des *Chiffres*, à la page 108 toutes les Suspensions usitées, avec les différentes manières de les chiffrer. Si on étudie avec soin les *Marches Harmoniques* que je donne, on se familiarisera tellement avec les *Suspensions*, qu'on pourra les écrire rapidement, chaque fois qu'elles seront possibles ou nécessaires.

EXEMPLES DE SUSPENSIONS.

CHAPITRE 39.

DES ACCORDS PLAQUÉS ET DES ACCORDS BRISÉS. (1)

Les exemples précédents font mieux comprendre que toutes les définitions ce qu'on entend par *accords plaqués* et *accords brisés*.

Les accords Brisés sont bien écrits si, quand ils sont plaqués, ils restent exempts de fautes; il suffit même, lorsqu'ils sont brisés, qu'il n'y ait pas de fautes de Quintes ou d'Octaves entre la dernière note d'un accord, fût-elle une *double croche*, et la première de l'accord suivant, pour que l'Harmonie soit suffisamment correcte; exemple:

Cet exemple, malgré les *Quintes* et *Octaves* que nous avons indiquées, et qui sont rejetées dans la musique sévère, peut s'employer dans le genre libre, et surtout dans la musique écrite pour le Piano.

Lorsqu'on *brise* les accords, il se présente presque toujours des fautes que les yeux condamnent, mais que l'oreille absout, c'est parceque, sans doute, ces accords sont bien écrits lorsqu'on *plaque* l'Harmonie; exemple:

Je ne dis pas que cet exemple soit d'une harmonie suave, mais aussi il n'est pas à présumer qu'on multiplie comme je l'ai fait à dessein ici les imperfections harmoniques; cependant, tel qu'il est, il ne renferme aucune faute réelle, ainsi qu'on peut s'en convaincre en plaquant les accords de la main gauche, exemple:

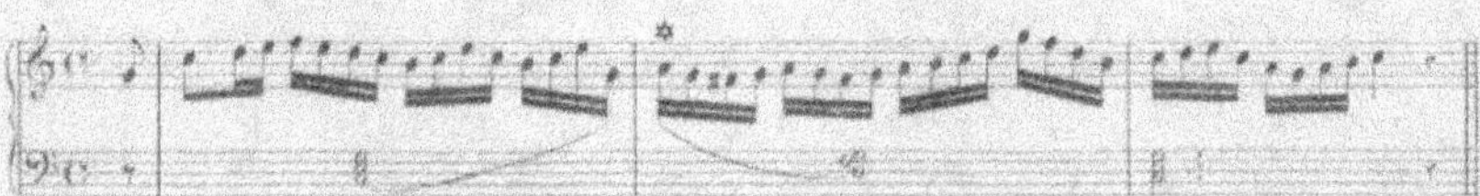

* Le *La* étant ici une note accidentelle ne peut pas donner à l'oreille le sentiment d'une Quinte fautive, parceque les fautes de Quintes ou d'Octaves qu'on fait avec les notes accidentelles sont nulles.

---

(1) Voyez la Panharmonie, page 116.

Ces fautes apparentes de Quintes et d'Octaves et de fausses relations sont très nombreuses dans la musique libre, lorsqu'on brise les accords, ou quand on emploie les notes accidentelles; on aurait tort de se vouer à la torture pour les éviter; elles ne choquent point l'oreille, et de plus elles permettent de conserver des mélodies, et des dessins d'accompagnement qui seraient impossibles, si on voulait s'en tenir scrupuleusement à la sévérité purement scolastique.

On peut briser les accords dans la Mélodie comme dans les parties accompagnantes; les observations que nous venons de faire s'appliquent à l'un et l'autre cas.

Je préviens l'élève qu'en écrivant ainsi que je viens de le dire, il s'exposera à la critique de tous ceux qui étudient le Contre-point ou l'Harmonie scolastique, et qui font tout rapporter à ce style rigoureux. Ils ne savent pas encore que la musique moderne n'a que de la répulsion pour le Contre-point; c'est donc à tort qu'ils blâment tout ce qui ne se conforme pas aux règles de cette composition antique et sévère. Il est à regretter que les maîtres ne nous expliquent point les raisons pour lesquelles il est bien, quand on est jeune, de travailler la musique sévère; l'élève saurait alors qu'il peut comparer ce genre d'étude aux exercices et aux morceaux fugués par lesquels le Pianiste apprend à jouer avec talent de son instrument; il saurait qu'on étudie ce genre de musique comme on étudie les auteurs anciens, il saurait encore que dans une école, on doit conserver les préceptes les plus rigoureux, les plus purs. Puis, on lui dirait que dans la musique idéale les règles doivent perdre nécessairement beaucoup de leur rigueur, parcequ'alors le but principal est de plaire; on lui dirait qu'avant toute chose il faut savoir inventer de belles Mélodies, de beaux accompagnements, de belles modulations; il comprendrait qu'il doit enfin un peu négliger ce qu'il a appris dans certaines écoles, pour ne plus demander sa musique qu'à son imagination, épurée par le goût et un vrai sentiment des convenances. De cette manière les écoles ne seraient pas toujours en contradiction avec les chefs-d'œuvres dont s'honore l'art musical.

Dans les *Partimenti*, ou Basses chiffrées, il est bien que la Basse ait du mouvement; dans ce cas, la main Droite peut plaquer les accords, ou les briser d'une manière paraible, ou en *arpèges*, ou bien ne faire entendre qu'une partie qui s'*Harmonise* bien avec les dessins de la Basse, exemple:

On peut encore, pour sauver des fautes de Quintes ou d'Octaves ajouter ou supprimer des notes de l'accord, ou bien réaliser une harmonie à deux parties, exemple:

On doit, en un mot, lorsqu'on réalise au Piano des Basses chiffrées, agir comme si on voulait composer un morceau.

Il faut éviter ce qui suit dans la succession des accords de Dominante et de Tonique.

Quoique l'exemple précédent soit très souvent employé, il vaut mieux faire comme il suit:

CHAPITRE 40.

FAUTES DE QUINTES PAR RETARDEMENT.

On dit que le passage suivant est fautif, parceque, réduit à sa plus simple expression, il présente des fautes de quintes retardées seulement par des sixtes;

DÉMONSTRATION:

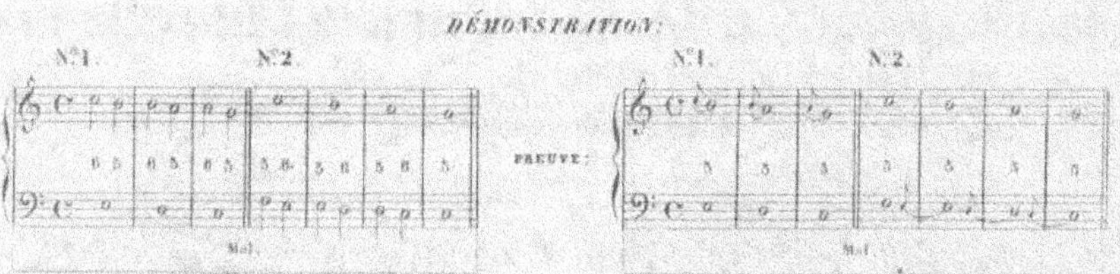

Dans l'exemple suivant, au contraire, ce sont les Quintes qui retardent les Sixtes, de sorte que les Quintes sont préparées par ce moyen, et se conforment à la règle,

DÉMONSTRATION:

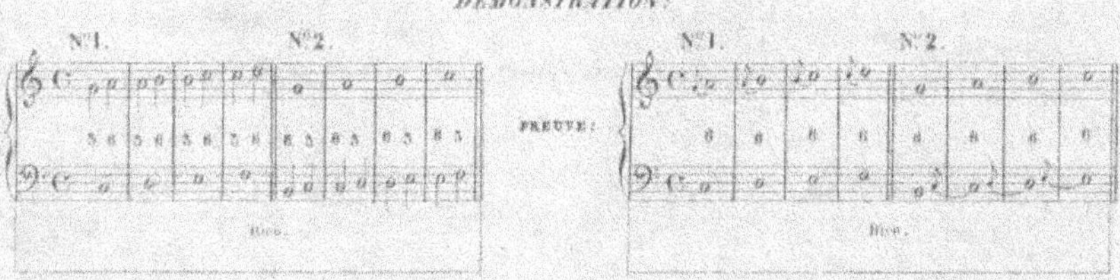

Je ne partage pas tout-à-fait l'opinion des anciens maitres pour ces prétendues fautes de *Quintes*, tous les intervalles qu'on frappe ici étant consonnants, nous ne pouvons pas les supprimer pour faire naître des fautes qui n'existaient pas lorsque ces intervalles étaient entendus. Il me semble d'ailleurs que le N.º I du premier exemple, qui est défendu, est préférable au N.º I du second exemple, qui est pourtant permis ; dans celui-ci on frappe les Quintes aux temps forts, tandisqu'on les entend aux temps faibles dans l'autre.

CHAPITRE 41.

DES FAUTES D'OCTAVES PAR RETARDEMENT.

Il ne faut jamais frapper la suspension 9–8 comme il suit : ....

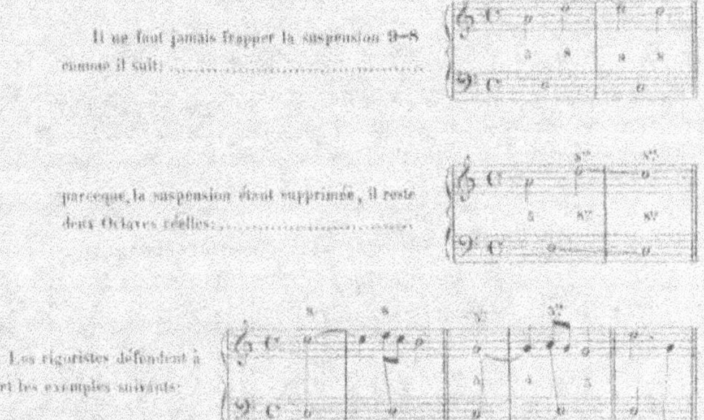

parceque, la suspension étant supprimée, il reste deux Octaves réelles : ....

Les rigoristes défendent à tort les exemples suivants :

C'est ce qu'ils appellent courir sur la Quinte ou sur l'Octave.

CHAPITRE 42.

DES FAUSSES RELATIONS AVEC LES NOTES ACCIDENTELLES.

Les *fausses relations* qu'on fait avec les notes accidentelles sont permises , exemple :

CHAPITRE 43.

DES ALTÉRATIONS RÉELLES ET ARTIFICIELLES.

Toutes les altérations se faisant au moyen d'une note altérée accidentellement doivent être mises au rang des notes accidentelles , cependant celles qui se font en altérant la Quinte des accords parfaits majeurs , comme nous l'avons démontré à la page 91 de la Panharmonie , et à la page 31 de ces *Partimenti*, ne peuvent pas être confondues avec d'autres altérations qui ne sont qu'accidentelles ; voilà pourquoi je divise ici ces altérations en *réelles* et *artificielles*.

ALTÉRATIONS RÉELLES. (1)

L'altération Réelle ne peut se faire qu'en haussant ou qu'en baissant au moyen d'un accident la Quinte d'un accord parfait majeur, d'une Septième Dominante, d'une Neuvième Dominante majeure et mineure, et quelquefois en haussant d'un demi ton la Quinte d'une Septième de Quatrième espèce, exemple:

ALTÉRATIONS ACCIDENTELLES.

On peut hausser ou baisser d'un demi-ton au moyen des ♯, des ♭, ou des ♮, toute note qui est séparée par un ton de celle sur laquelle elle va se résoudre. Cette note peut être la Fondamentale, la Tierce, ou la Quinte de tous les accords. On produit quelquefois ainsi des effets nouveaux, surtout si on unit ces altérations accidentelles à celles dont nous venons de parler.

EXEMPLES D'ALTÉRATIONS ACCIDENTELLES:

On peut prolonger la note altérée; exemples:

(1) Voyez dans la Fondamentale les pages 91, 92, 93, 94, jusqu'à 102.

DOUBLES ALTÉRATIONS,

ou

ALTÉRATIONS RÉELLES ET ACCIDENTELLES SIMULTANÉES.

En réunissant ces deux espèces d'altérations on peut produire des effets neufs et piquants ;

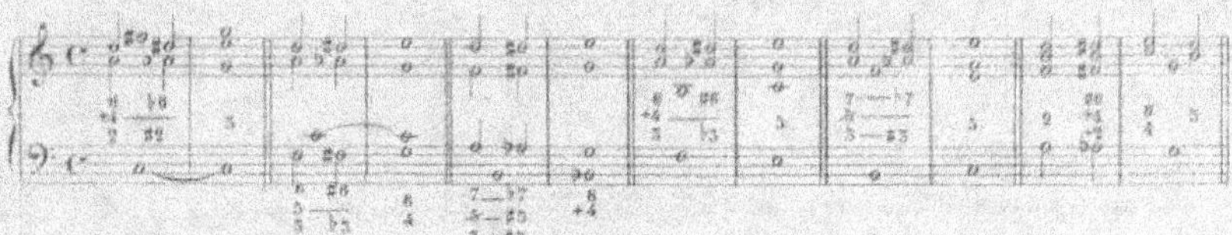

En un mot, toute note qui se résout en montant d'un ton peut être altérée par un *Dièse* ou par un *Bécarre* supprimant un *Bémol* ; elle doit se résoudre en montant, parceque l'altération ascendante a une certaine analogie avec la note sensible. Toute note qui se résout en descendant d'un ton, peut être altérée par un *Bémol* ou par un *Bécarre* supprimant un *Dièse* ; cette note acquiert alors une certaine analogie avec le quatrième dégré de la gamme, lorsqu'il est frappé dans un accord de Septième Dominante. On peut prolonger les Altérations réelles et accidentelles en même temps, ou séparément ; exemple :

Les altérations ascendantes se font surtout avec l'accord parfait de la Tonique en majeur et les accords pris sur la Dominante des deux gammes ; ex :

Les altérations descendantes les plus usitées se font toujours sur la Dominante de la Dominante d'un ton mineur ; exemple :

On place ordinairement alors la note altérée à la Basse; cette note altérée est la Quinte d'un accord de Dominante, et le fait un intervalle de *Sixte augmentée* avec la *note sensible*, placée dans une partie supérieure. La résolution naturelle d'un accord ainsi altéré se fait sur la Dominante de la gamme où l'on est; elle peut se faire encore au moyen des modulations sur la Tonique de cette gamme majeure ou mineure; exemple: (1)

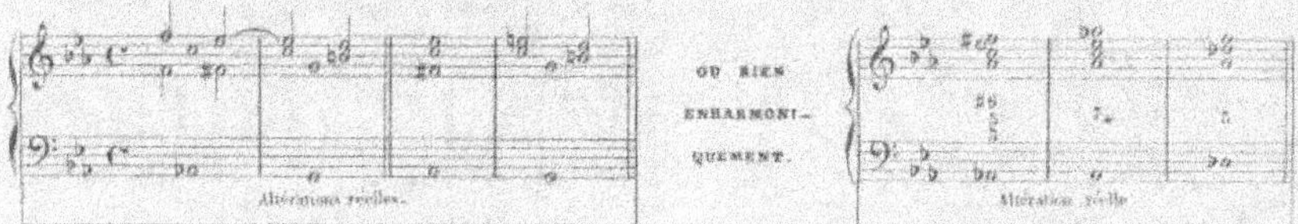

Il est bien important dans tout ceci de consulter le chapitre des accords altérés dans la l'enharmonie.

Il existe dans ces accords ainsi altérés des intervalles qui subissent une double augmentation,  ou une double diminution, exemple: ....

Ces intervalles comme ceux d'Octaves augmentées ou diminuées ne peuvent se faire qu'avec les notes accidentelles; on comprend pourquoi on peut les appeler *Suraugmentés* ou *Sous-Diminués.*

CHAPITRE 44.

EXEMPLES DE NOTES ACCIDENTELLES

BRODERIES.

APPOGIATURES.

NOTES DE PASSAGE.

___
(1) Il est bien entendu que nous parlons ici de l'altération descendante.

CHAPITRE 45.

DES IMITATIONS, (1)
ET DES CANONS. (2)

Imiter, c'est vouloir reproduire ce qu'on vient de voir ou d'entendre. En musique, lorsqu'on reproduit un motif de chant quelconque soit dans un autre ton, soit dans un autre mode, ou sur d'autres dégrés, ou bien par mouvement semblable, contraire, ou rétrograde, on fait des *imitations*. Ces imitations se pratiquent à *l'Unisson*, ou à distance de Seconde, de Tierce, de Quarte; elles reproduisent un dessin exactement, ou seulement par la quantité des notes. Les imitations qui ont le plus d'effet ne sont pas toujours celles qui sont faites le plus savamment; on sait que les *Fugues*, si remplies d'imitations, sont en général très ennuyeuses, tandis que les imitations qu'on écrit pour le théâtre, quoique moins régulières que celles dont nous venons de parler, sont ordinairement d'un meilleur effet. On peut voir dans ma Panharmonie comment je définis toutes ces imitations.

Les *Canons* sont des imitations régulières et continues. Mais comme les exemples valent souvent plus que les définitions les mieux faites, je vais en donner qui aient rapport à ce que je viens de dire. Il ne faut pas oublier que je ne fais ici qu'un résumé de la Panharmonie musicale.

(1) Voyez la Panharmonie, Pages 108 et 205.
(2) Voyez le même ouvrage, Page 215.

PIANO.
CANON.

CHAPITRE 46.

DE LA MANIÈRE DE PLACER LES ACCORDS SUR LES NOTES D'UNE BASSE, ET SOUS LES NOTES DE CHANT.(1)

Toute l'Harmonie dérive des accords consonans, et de ceux de la Septième Dominante, et des deux Neuvièmes Dominantes; cependant ces accords de Septième et de Neuvième n'étant qu'une simple modification de l'accord de trois sons, nous ne parlerons ici que de ce dernier pris dans son état direct et dans son premier renversement, le second renversement n'étant presque usité que dans les terminaisons, à l'endroit où se font les Cadences.

Il importe donc de savoir quand il convient d'employer l'accord de trois sons dans son état direct, ou dans son premier renversement. Voici à peu près la marche qu'on a suivie:

RÈGLE GÉNÉRALE. *Toute Tonique ou Dominante doit être prise comme Fondamentale*, et porter parconséquent un accord non renversé; en *UT*, ce serait *UT MI SOL*, et *SOL SI RÉ*. Toute autre note doit porter un accord de *Sixte*; ainsi en *ut*, on ferait

Cependant, on peut placer sur toutes les notes de la gamme des accords pris dans leur état direct, ou dans leur premier renversement, ou enfin, dans leur second renversement. Le quatrième dégré peut recevoir un accord non renversé; en Ut, *Fa La Ut*; il en est de même du sixième dégré, en *Ut, La Ut Mi*. On place plus rarement un accord non renversé sur le deuxième dégré, et surtout sur le troisième. Dans les progressions Harmoniques, ou dans certaines marches de Basses qu'en dérivent, on place souvent des accords non renversés de trois sons, ou de Septièmes, sur tous les dégrés de la gamme. Cependant, il vaut mieux s'en tenir le plus souvent à la règle générale que nous venons de donner, en variant les accords de trois sons par les Suspensions.

Lorsqu'on accompagne la gamme, on place généralement des accords de trois sons non renversés sur la première, la quatrième et la cinquième notes de l'échelle, parcequ'elles sont ordinairement des notes de repos; la deuxième et la sixième portent l'accord non renversé, lorsqu'elles servent à faire un repos; mais elles reçoivent un accord de *Sixte*, lorsqu'elles passent sans s'arrêter; en général la troisième et la sixième notes de la gamme ne portent que des *accords de Sixte*, parcequ'elles servent rarement à faire des repos. Il est facile ensuite d'employer les suspensions, et les accords de Septièmes. On peut frapper l'accord de *Sixte Quarte* dans les formules de Cadences, ou bien sur les première, quatrième et cinquième notes de la gamme, lorsqu'elles ne reçoivent pas de repos, et qu'elles ne sont que transitives; on fait cependant une *Cadence rompue* avec le second renversement de *l'accord de Tonique*.

On risque de produire un mauvais effet en plaçant mal à propos un accord non renversé sur la troisième note de la gamme, on ne peut pas se tromper en lui donnant un accord de Sixte.

Malgré l'opinion contraire des anciens, j'affirme que la seconde note de la gamme portant un accord de *Sixte Quarte* est d'un très bon effet, exemple:

---

(1) Voyez ce que nous avons dit de l'enchaînement des accords à la page 40 de cet ouvrage; voyez aussi dans la Fondamentale aux pages 33, 37, 39. Ce que nous disons est la manière d'enchaîner les accords et d'accompagner la Basse.

Lorsqu'on fait un repos sur cette seconde note, portant un accord de *Ré* non renversé, il est bien de la préparer par un accord de *La* majeur pris en demi-modulation, exemple:

Ce *Ré* devient alors une Tonique passagère de la gamme de *Ré* mineur.

En général, les notes de la gamme portent des accords non renversés lorsqu'elles marchent par dégrés disjoints. Lorsque deux notes marchent par dégrés conjoints, la première porte ordinairement un accord de *Sixte* ou de *Sixte-Quarte*, et la seconde un accord non renversé.

Les mouvements d'une Basse sont, comme on sait, au nombre de Sept, exemple:

Voici à peu près comment on doit accompagner les notes de la gamme selon les mouvements de la Basse, chaque note pourra recevoir un accord différent, suivant qu'elle sera *transitive*, ou *note de repos*; nous appellerons cette dernière *Tonique passagère*, ou simplement *Tonique*.

1° Sur le mouvement parallèle, ou d'unisson, l'accord reste le même, ou bien l'on passe de l'accord de *Quinte* (1) à l'accord de *Sixte*, ou réciproquement de celui-ci à l'accord de *Quinte*, on peut aussi placer l'accord de *Sixte-Quarte* au milieu de deux accords de *Quinte*, exemple:

On fait encore ce qui suit.

Je ne veux point parler ici de tous les accords dissonants qu'on peut frapper sur une *Tonique* au moyen des modulations; je ne donne que les règles les plus simples.

2° Sur le mouvement de seconde ascendante, si la première note est *Tonique*, et la seconde *transitive* (2) on frappera d'abord un accord de *Quinte*, puis un accord de *Sixte*, ou de *Sixte-Quarte*, exemple: . . . .

Si, au contraire, la première est *transitive* et l'autre *tonique*, ce qui arrive presque toujours lorsqu'elles marchent par saut de Seconde mineure, on prend alors un accord de *Sixte* et puis de *Quinte*, exemple: . . . .

Dans les Cadences interrompues, les deux notes étant ordinairement *Toniques* reçoivent des accords de *Quinte*, exemple: . . . .

(1) Par les mots *Accord de Quinte* je veux désigner un accord de trois sons non renversé.

(2) J'appelle *Tonique* la note sur laquelle se fait le *Repos*, et *Transitive* celle qui ne fait que passer, sans faire naître l'idée de repos. Reicha et Cherubini ont employé les mêmes expressions.

On peut sans doute avec les modulations modifier beaucoup ces règles élémentaires; c'est facile à comprendre.

3°. Sur le mouvement de Seconde descendante, si la première note est *Tonique*, et l'autre *Transitive*, on prendra l'accord de *Quinte*, puis celui de *Sixte*, exemple: .... 

Si au contraire la première note est *transitive* et la seconde *Tonique*, on prend l'accord de *Sixte*, puis celui de *Quinte*, exemple: .... 

Si les deux notes sont *transitives* on prend deux accords de *Sixtes*, ou bien un accord de *Sixte*, puis un autre de *Sixte-Quarte*, exemple: ....

4°. et 5°. Sur le saut de Tierce ascendante ou descendante, on suit les mêmes règles suivant que les deux notes sont *Toniques ou Transitives*, exemple:

6°. et 7°. Sur les mouvements de Quarte ascendante ou descendante, on agira de la même manière; cependant, les deux notes étant le plus souvent *Toniques*, elles devront porter accords de *Quinte*.

Le plus important, lorsqu'on veut mettre l'Harmonie sur une Basse, c'est de bien observer quels sont les repos, afin de donner à chaque note les accords qu'elle doit porter, suivant qu'elle est *note de repos ou note transitive*. Dans les cas douteux, il faut préférer les accords de Tonique, Dominante, ou sous-Dominante, en *Ut, Ut Mi Sol; Sol Si Ré*, et *Fa La Ut*, qui sont les trois accords principaux de toute gamme. (1)

La Tonique, le Quatrième degré et la Dominante donnent l'idée du repos plus que les autres notes de la gamme, et forment pour ainsi dire la Tonalité. Cela est tellement vrai que si on prend des accords de Sixte sur la première et la cinquième notes de la gamme, le sentiment du ton s'affaiblit, et l'accord produit alors en nous une sensation presque pénible.

On peut déduire facilement des principes que nous venons de poser ce qui concerne l'accompagnemt du chant par une Basse chiffrée. Voici la règle la plus générale que nous puissions donner: *Il faut que la Basse qu'on a formée sous le chant soit conforme à tout ce que nous venons de dire, si on l'analyse en faisant pour un moment abstraction de la Mélodie qu'on a voulu accompagner.*

---

(1) En général toute musique se compose avec les accords de la Tonique et de la Dominante, auxquels on ajoute parfois ceux de la sous-Dominante et de 6.e degré. On se sert très rarement des accords pris sur le 2.e et le 7.e degrés. On sait que l'accord du 7.e degré dérivé de celui de Septième dominante, dont on a supprimé la fondamentale.

En effet, il s'agit de placer sur cette Basse des accords selon les règles données précédemment; or la Basse, l'Harmonie, et le Chant d'après ce que nous avons dit dans la Panharmonie aux pages 37 et 84, doivent avoir les mêmes repos, et les mêmes modulations; les notes principales du Chant doivent faire partie de l'Harmonie qui les accompagne. Dans les Cadences parfaites, les notes de la Mélodie, sur lesquelles se fait le repos final, doivent avoir leur Octave pour Basse; toutes les autres peuvent porter des accords de *Quinte*, de *Sixte* et plus rarement de *Sixte Quarte*.

Ceux qui ont étudié avec soin la Troisième partie de la Panharmonie savent qu'il existe un nombre infini de notes qui sont étrangères à l'Harmonie, et qu'il est inutile, ou plutôt qu'il est mieux de ne pas accompagner par des accords; ces notes accidentelles, dont les modernes tirent un si grand parti dans leurs compositions, ne sont que les ornements des notes réelles qu'il faut savoir discerner au milieu de cet entourage, afin de donner aux notes réelles les accords qui leur conviennent le mieux.

Il dépend du compositeur de faire *réelles* ou *accidentelles* telles notes que ce soit du Chant ou de la Basse, pourvu que les unes et les autres se conforment aux règles établies dans la Panharmonie pour les *accords* et les *notes accidentelles*. Celui qui est doué d'une bonne organisation musicale, qui a beaucoup étudié, discerne avec promptitude et presque naturellement les notes qui doivent *porter accord*. Le principe général à suivre, c'est que la Mélodie, placée dans les parties supérieures ou dans la Basse, doit représenter le plus exactement possible l'âme du Chant qu'on invente, lorsqu'elle est dépouillée de ses notes accidentelles; cette phrase  réduite à ses notes essentielles, donne ce chant 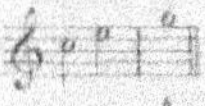 *Ut*, *Mi*, *Sol* sont donc les notes qu'il faut accompagner; si on prenait au contraire comme notes réelles les suivantes  la Mélodie aurait une autre expression; tout cela prouve que le choix des notes réelles et de celles qui sont accidentelles dépend presque entièrement de la fantaisie du compositeur; c'est à lui de bien étudier le caractère des *notes de Passage*, des *Broderies*, des *Appogiatures*, des *Retards*, des *Anticipations*, des *Suspensions*, de la *Pédale*, et de les placer convenablement et selon sa pensée.

On invente d'abord sa Basse; l'on règle la coupe du morceau qu'on veut composer, l'ordre des modulations, l'emploi des cadences, la succession des accords, et l'on cherche au-dessus de cette Basse, une mélodie qu'on peut rendre originale par les ornements des notes accidentelles. Le goût, la passion, le caprice, l'habitude, sont alors les meilleurs guides.

Les Compositeurs exercés créent toujours leur harmonie en même temps que la mélodie qu'elle doit accompagner; comme ils savent d'avance par l'expérience la coupe, la conduite des idées, l'ordre des modulations, et la place des cadences, ils donnent aux accords qu'ils choisissent les formes mélodiques qui doivent le plus impressionner l'auditeur.

Les Musiciens moins habiles ne composent en général que par souvenir, ils cherchent à reproduire ce qu'ils ont entendu; ils sont toujours guidés par le Hasard; tandis que celui qui sait beaucoup peut donner à sa mélodie des formes neuves, d'un effet d'autant plus puissant, qu'il était encore inconnu; en multipliant les accords, les Dissonances, il augmente la force de sa mélodie, sans l'altérer.

Les notes accidentelles deviennent essentiellement nécessaires lorsque les formes de la mélodie sont rapides; il ne conviendrait pas alors d'accompagner d'un accord chaque note du Chant.

En résumé, il faut savoir que l'Harmonie du *Chant simple* convient généralement au *Chant varié par les notes accidentelles*, si toute fois la simplification a été bien faite.

Souvent, par analogie, la Basse et les parties supérieures qui font l'accompagnement reçoivent des notes accidentelles, qu'on distingue au moyen des mêmes principes énoncés précédemment. La bonté de l'accompagnement dépend de la précision de l'examen et de la justesse du dépouillement des notes accidentelles.

On appelle *accompagnement figuré* celui dont les notes réelles sont coupées par des notes accidentelles, pour le distinguer de l'*accompagnement plaqué* qui se fait en accords purs. L'*accompagnement divisé* a lieu lorsqu'on place des accords dans la main Gauche et la main Droite, en même temps, ou successivement.

Avant de chiffrer une BASSE DONNÉE, *ou qu'on a faite soi-même, on la dépouille de ses notes acci- dentelles, et l'on donne aux notes réelles qu'on a conservées les accords qui conviennent à chacune d'el- les, d'après les principes que j'ai exposés dans les deux premières parties de ma Panharmonie.*

Le professeur exigera rigoureusement de l'élève qu'il fasse ce travail pour toutes les Basses qui lui seront données; il se présente alors une foule de modifications qu'il est de la plus grande utilité de connaître.

Voici le fragment d'une Basse donnée au concours de l'année 1844.

Avant de chercher l'Harmonie qui convient à cette Basse, il faut la réduire à sa plus simple expression, c'est-à-di- re, la dépouiller de ses notes accidentelles, en ne lui laissant que ses notes essentielles, qu'on chiffre alors d'après tout ce que j'ai prescrit dans les deux premières parties de la Panharmonie. Cette réduction de la Basse à ses seules notes ré- elles peut se faire de plusieurs manières; on donne la préférence à celles qui se rapprochent le plus de la vérité. Voici la Basse précédente simplifiée, et chiffrée de plusieurs manières:

N° 1.

N° 2.

N° 3.

Lorsque la Basse est ainsi simplifiée et chiffrée, on la réalise simplement, avec les seules notes des accords, exemple:

L'Harmonie principale étant réglée, on rétablit la Basse telle qu'elle était primitivement, en lui donnant l'Harmonie que nous venons d'écrire; puis on brode les parties supérieures, en y introduisant quelques prolongations et quelques imitations, si on le peut, exemple:

L'élève fera immédiatement pour les numéros 2 et 3 le même travail, puis il pourra comparer sa réalisation avec la suivante:

On doit procéder de la même manière lorsqu'on veut accompagner un Chant; prenons pour exemple la mélodie suivante.

On réduit d'abord cette mélodie à ses notes réelles;

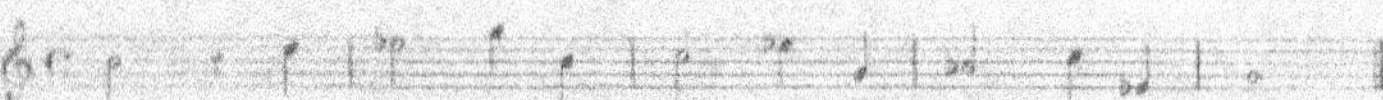

puis, on l'accompagne d'une Basse chiffrée en ayant égard aux modulations, aux cadences, et à la bonne succession des accords; exemple:

cela fait, l'on complète les accords,

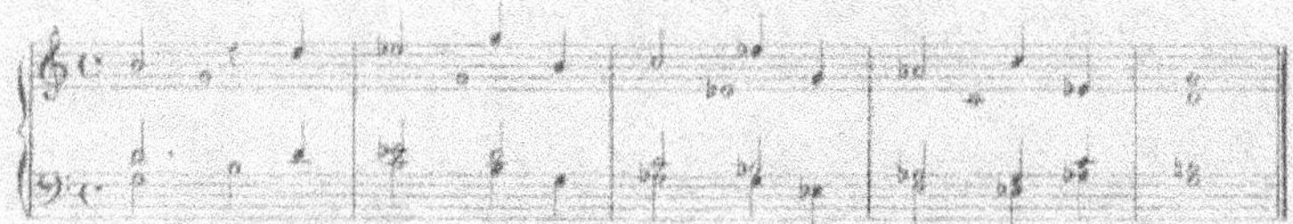

L'on rétablit ensuite le Chant tel qu'il était d'abord, et l'on mêle quelques Broderies aux parties qui font l'accompagnement: on reconnaîtra facilement dans l'exemple suivant que le fond de l'harmonie est resté le même, exemple:

L'élève, avant d'accompagner un chant, devra le réduire à sa mélodie la plus simple, ainsi que nous venons de le faire: ce premier travail est de la plus grande importance. Il ne faut pas oublier qu'avant de composer la Basse, l'on doit chercher la place des cadences, et bien indiquer les véritables modulations afin que l'Harmonie s'accorde parfaitement avec la Mélodie. Relisez les pages 84 et 85 de la Panharmonie.

CHAPITRE 47.
DES PROGRESSIONS HARMONIQUES,
OU MARCHES D'HARMONIE. (1)

On appelle *Progressions* ou *Marches d'Harmonie* une Basse dont le mouvement se fait d'une manière régulière, soit en montant, soit en descendant, et sur laquelle les parties supérieures marchent aussi d'une manière régulière, en montant lorsque la Basse monte, et en descendant lorsqu'elle descend.

Ces Progressions sont représentées dans les écoles par des gammes descendantes ou ascendantes, qui marchent par degrés conjoints, ou disjoints, exemple:

---

(1) Voyez la Panharmonie, Page 105.

Il faut que les parties supérieures procèdent aussi d'une manière régulière, en reproduisant le *Dessin* ou *modèle* de la première mesure faite par la Progression; il n'est pas nécessaire que ce Dessin soit le même dans toutes les parties, il est mieux au contraire qu'il diffère autant de fois qu'il y a de parties, exemple:

On voit que chaque partie marche d'une manière différente:

La 2de et la 4me parties ont des notes de même valeur; il vaudrait mieux encore qu'elles fissent des Dessins différents, comme la 1re et la 3me.

Lorsqu'on accompagne un Chant qui fait une progression régulière, on suit les mêmes principes.

Il y a deux sortes de Progressions, celles qui ne modulent pas et que je nommerai *Unitoniques* ou non modulantes, et celles qui modulent, et que j'appellerai *Pluritoniques* ou *modulantes*.

Les *Progressions unitoniques* sont plus fréquemment employées dans les écoles que les autres; elles suspendent l'idée du ton, qui ne se manifeste qu'à la cadence parfaite, ou à la demi-cadence; c'est dans ces progressions surtout qu'on peut placer les accords de trois sons, de Septièmes, et les Suspensions de Neuvièmes sur tous les dégrés de la gamme, et qu'on traite l'accord Diminué du Septième dégré, en *Ut, Si Ré Fa*, comme les accords parfaits majeurs ou mineurs. Voici quelques exemples de *Progressions Unitoniques*:

Les Progressions Modulantes ou *Pluritoniques* sont plus difficiles que les précédentes, mais elles produisent toujours un effet plus satisfaisant. Ces Modulations se font au moyen de la *Septième Dominante*, de la *Septième Diminuée*, enfin de tous les accords qui se posent sur la Dominante de la gamme. (1) Nous avons dit que dans les modulations la note qui recevait un accident représentait la *note sensible*, ou Tierce d'un accord de Dominante, lorsqu'elle devait se résoudre en montant, et que celle qui devait descendre était la quatrième note d'un accord pris sur la Dominante, exemple:

Voici quelques exemples de Progressions modulantes:

(1) Voici quels sont ces accords:

Les Marches Harmoniques avec la gamme mineure ne peuvent être que *Modulantes*; exemple:

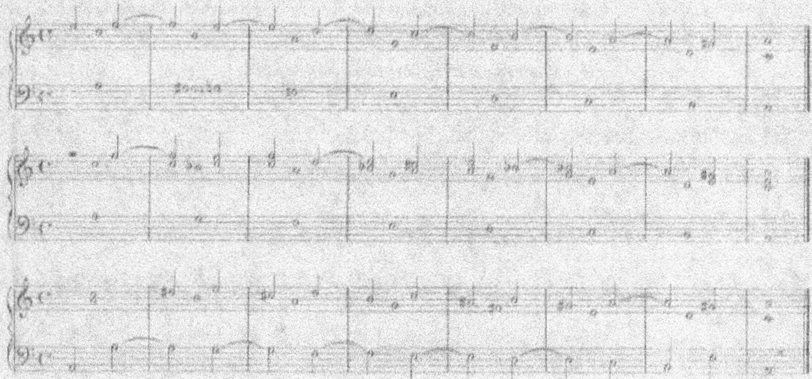

Quelquefois les parties supérieures marchent en sens inverse de la Basse, de sorte qu'elles montent, si la Basse descend, tandis qu'elles descendent, si la Basse monte. Dans ce cas, il n'est pas nécessaire que ces parties supérieures fassent des dessins réguliers; on accompagne alors la Marche Harmonique comme une Basse ordinaire, et l'on ne cherche qu'à réaliser l'Harmonie partout; exemple:

On voit que l'accompagnement fait par la main Droite marche souvent en mouvement contraire, et même en mouvement oblique avec la Basse.

Il existe des *Marches Simples* et des *Marches Composées*; dans les Marches Simples chaque partie n'a qu'un seul dessin; dans les Basses Composées, elle en renferme davantage.

EXEMPLE D'UNE MARCHE SIMPLE.

EXEMPLE D'UNE MARCHE COMPOSÉE.

On trouvera dans le courant de cet ouvrage un grand nombre de *Marches* que j'ai recueillies souvent dans les ouvrages classiques les plus estimés; j'engage l'élève, pour bien se familiariser avec ce genre de composition, à étudier les *Solféges d'Italie*, où l'on a réuni les œuvres des meilleurs maîtres anciens. On aura soin, en commençant la réalisation d'une *marche*, d'écrire les parties assez haut ou assez bas, afin qu'elles ne croisent pas avec la Basse; il faut éviter avec le plus grand soin de déplacer l'Harmonie dans le cours de la Progression, parcequ'il est rare qu'il n'en résulte pas quelques fautes.

On trouve dans la réalisation des *marches* une infinité d'*imitations Canoniques*. J'ai déjà dit que les anciens compositeurs tenaient leur harmonie de la *régle d'Octave* et des *Progressions*; tel était aussi le système du célèbre Chérubini, celui du moins qu'il me conseillait d'adopter pour l'enseignement de ma classe.

CHAPITRE 48.

PRINCIPES GÉNÉRAUX POUR TROUVER ET CHIFFRER FACILEMENT SOI-MÊME LES MARCHES HARMONIQUES ET LES SUSPENSIONS QUI LES ACCOMPAGNENT.

DES SUSPENSIONS.

Rien n'est plus difficile à apprendre que les Marches Harmoniques et la manière de les chiffrer d'après les traités des anciens. Je vais donner quelques principes généraux aussi concis que possible, afin de faciliter l'étude des Marches et de leur chiffrage.

1re RÈGLE. Toute note d'un accord qui dans la réalisation descend par dégré conjoint, c'est-à-dire, par seconde Mineure ou Majeure sur l'accord suivant, peut être prolongée.

DÉMONSTRATION.

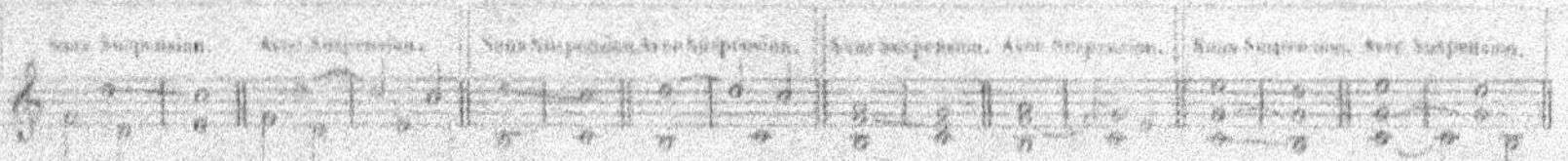

J'ai déjà dit dans la *Panharmonie*, à la page 152, qu'il était défendu, pendant la Prolongation, de doubler à l'octave supérieure, ou à l'unisson, la note réelle remplacée momentanément par la suspension.

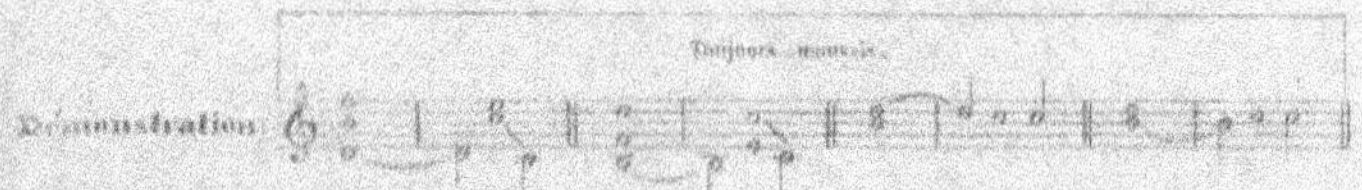

Dans les écoles anciennes, on ne peut doubler cette note réelle retardée qu'à l'octave inférieure et dans la Basse; cependant les compositeurs même les plus sévères la doublent dans une partie quelconque, pourvu que ce soit au moins à une octave inférieure:

DÉMONSTRATION.

* La Suspension qui monte est rarement employée.

Les mots *Suspensions*, *Prolongations* et *Retards* sont synonymes dans l'ancienne école.

La *Suspension* peut se frapper à toutes les parties et recevoir toute sorte de valeurs; elle doit être toujours Dissonante, elle peut faire en même temps avec les autres parties des intervalles de 2de, 7mes et 9^{nes}.

Il faut éviter de doubler la *Tierce*, surtout lorsqu'elle est suspendue ; ce cas se rencontre pourtant quelquefois.

2ᵐᵉ RÈGLE : *On peut suspendre en même temps deux, trois, et quatre notes, c'est ce que j'ai appelé* SUSPENSIONS DOUBLES, TRIPLES ET QUADRUPLES ; *il faut alors qu'il y ait double, triple et quadruple préparation, et l'on observe pour chacune de ces suspensions les mêmes règles que pour la suspension simple.*

Exemples.

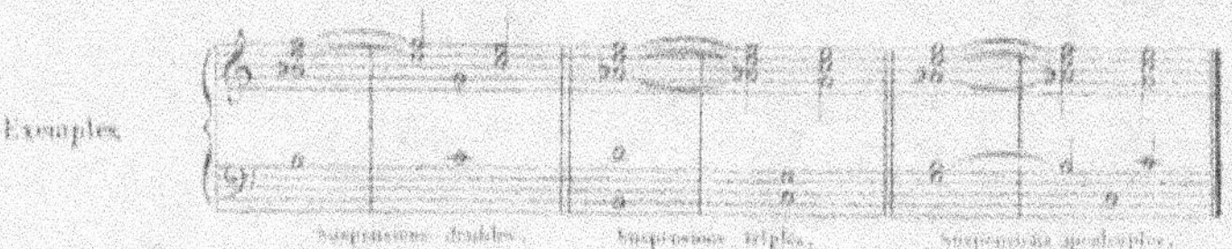

Ces derniers accords prennent le nom de *Onzième tonique* et *Treizième tonique*. On peut résoudre ces Suspensions les unes après les autres, en évitant de doubler à l'Unisson ou à l'octave supérieure la note suspendue ; on peut les résoudre aussi simultanément.

3ᵐᵉ RÈGLE : *On ne suspend que la Fondamentale, la Tierce et plus rarement la Quinte.*

On ne peut pas retarder la Quinte de l'accord à la Basse, puisqu'elle a besoin de préparation ; on ne retarde pas non plus les Dissonances lorsqu'elles ont besoin de préparation.

IL NE FAUT PAS CONFONDRE LA NOTE QU'ON PROLONGE AVEC CELLE QU'ON RETARDE.

DÉMONSTRATION.

Toutes les notes Consonantes ou Dissonantes peuvent être *prolongées* ; il n'y a que les notes qui n'ont pas besoin de préparation qui puissent être *retardées*, comme la Fondamentale, la Tierce, et la Quinte lorsqu'elle n'est pas à la Basse.

4ᵐᵉ RÈGLE : *On chiffre toujours l'intervalle ou les intervalles que les Suspensions font avec la Basse ; mais il faut que ces chiffres ôtés, on reconnaisse l'accord réel, c'est ordinairement le chiffre placé sur la note servant de résolution qui indique la nature de l'accord retardé.*

DÉMONSTRATION.

(A) Supprimez le chiffre 9, il reste un 8 qui désigne un accord de trois sons non renversé, ici celui d'*Ut Mi Sol*.

(B) Supprimez le 9, il reste 6, ou 6/3, qui désignent un accord de trois sons dans son premier renversement, ici celui de *La Ut Mi*, ainsi renversé *Ut Mi La*.

(C) Supprimez le 7, il reste un 6 qui désigne un accord de trois sons dans son premier renversement.

(D) Supprimez le 4, il reste un 3 qui désigne un accord de trois sons non renversé. On n'écrit ordinairement que les chiffres strictement nécessaires pour faire reconnaître l'accord ; nous aurions pu ajouter ici un 5 au-dessus du 4, mais l'accord était facile à reconnaître avec le 3 seul, nous n'avons pas voulu multiplier les chiffres inutilement.

Ainsi, quand sur une note de Basse on chiffre une note suspendue, dont la résolution se fait sans que la Basse change, c'est le chiffre écrit sur ou sous la résolution qui désigne l'accord sur lequel on a fait une Prolongation, exemple:

Dans le N°. 1 le 8 indique que l'accord frappé sur le 9 est celui d'*Ut Mi Sol*. Dans le N°. 2, le 6 veut dire que l'accord frappé sous le 7 est un accord de Sixte, celui de *Mi Sol Ut*.

Lorsque la Basse change de note au moment de la résolution, on chiffre cette nouvelle note d'après l'accord qu'on veut lui donner; mais alors on écrit sous le chiffre qui désigne la Suspension les autres chiffres qui sont nécessaires pour faire reconnaître l'accord, lorsqu'on supprime le chiffre de la Suspension; il faut en un mot, ainsi que je l'ai déjà dit, que les chiffres qui désignent les Suspensions, et les Suspensions étant supprimés, on reconnaisse l'accord qu'on a voulu faire, exemple:

DES PROGRESSIONS HARMONIQUES.

Une Progression est toujours ou ascendante, ou descendante, c'est une gamme simple ou variée qui descend ou qui monte par degrés conjoints ou disjoints.

GAMMES SIMPLES PAR DEGRÉS CONJOINTS:

GAMMES SIMPLES PAR DEGRÉS DISJOINTS:

Toutes ces variations se font au moyen des notes accidentelles, ou en brisant les accords pour en former des Dessins, soit dans la Basse, soit dans les parties hautes. Il n'est donc pas difficile de trouver des Progressions, puisqu' elles représentent toujours des gammes simples ou variées. Voici comment il faut les chiffrer:

MARCHES SANS SUSPENSIONS:

1re RÈGLE: *Toute marche sans Suspensions peut se chiffrer par 5, ou par 6, ou par 5 et 6 alternativement, ou par 6 et 5 alternativement, et très rarement par 5 et $\frac{4}{4}$, ou 6 et $\frac{4}{4}$. Les marches qui se conforment le plus exactement à l'enchaînement des accords, (Voyez dans la Panharmonie le Chapitre 3,) sont aussi les meilleures. (1)*

(1) Les meilleurs enchaînements sont ceux qui se font par Tierce, Quarte, Quinte Inférieures, Quartes, Quintes et Sixtes Supérieures.

Puis on réalise l'Harmonie, et l'on suspend les notes qui peuvent être suspendues, et qu'on veut suspendre; c'est ainsi qu'on obtient les Suspensions 9-8, 7-6, 4-3, 4-3, 9-8, enfin toutes celles dont je donne les exemples dans le cours de cet ouvrage. Ce travail fait, on brode l'Harmonie au moyen des notes accidentelles, et l'on cherche les imitations qui sont fréquentes dans les marches.

Toute Suspension de 7me pouvant se changer en accord de Septième, il nous sera facile d'employer ces derniers accords, quand nous aurons des Suspensions de Septième.

Lorsqu'on veut accompagner une Progression mélodique, on cherche à placer sous le Chant une des gammes dont nous venons de parler. Ordinairement les Marches Mélodiques sont formées par des parties supérieures qui accompagnent une Basse en Progression. Il sera donc facile d'accompagner une marche Mélodique lorsqu'on se sera exercé pendant longtemps à réaliser les Progressions placées dans la Basse; on reconnaîtra promptement alors les Basses qui conviennent à ces Progressions Mélodiques.

CHAPITRE 49.

DE L'HARMONIE À PLUSIEURS PARTIES POUR LE PIANO,
ET DE LA MANIÈRE D'ÉCRIRE DANS LE STYLE DES ANCIENS COMPOSITEURS.

On peut écrire à plusieurs parties pour le Piano comme pour les voix, ou les instruments qui composent un Orchestre. Les anciens Compositeurs qui ont fait des *Fugues* et des *Préludes* pour le Clavecin réalisaient ordinairement leur Harmonie à trois, quatre, cinq ou six parties, puis ils réduisaient cette composition pour le Piano; voilà pourquoi cette musique est si difficile à exécuter.

Prenons le commencement d'une Basse dont je me suis servi précédemment.

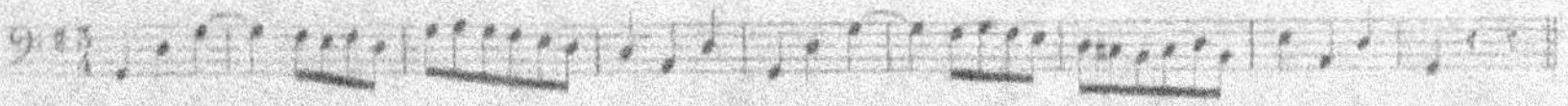

Je l'accompagnerai d'abord avec des accords plaqués.

J'ai déjà donné plusieurs réalisations de cette Basse aux pages 55 et 56, qu'on peut consulter déjà; je vais néanmoins en présenter une nouvelle. J'écrirai d'abord l'Harmonie pour quatre voix.

Cet exemple, arrangé pour le Piano, ne cessera pas d'être écrit à quatre parties réelles.

On doit se rappeler qu'il y a souvent dans cette *musique fuguée* des passages trop larges pour que les doigts les puissent exécuter; quelquefois le Compositeur modifie les passages trop difficiles pour l'exécution, soit en supprimant les notes que les doigts ne peuvent plus frapper, soit en changeant la réalisation vocale. Il y a dans le dernier exemple que je viens de donner deux ou trois notes qu'il faudrait changer à cause du doigté.

Dans la musique moderne, le style est bien différent. On répète ordinairement plusieurs fois un même accord dans la main Gauche, tandis que la main Droite joue la Mélodie seule; cependant on frappe souvent aussi des accords dans la main Droite, pendant qu'elle continue à jouer la Mélodie; et même l'on unit quelquefois le *genre fugué* des anciens au style moderne. C'est une manière de composer fort belle, que l'on ne saurait trop pratiquer. Les deux exemples suivants expliqueront ce que je viens de dire.

CHAPITRE 50.

DES IMITATIONS CANONIQUES AU MOYEN DES MARCHES D'HARMONIE.

On peut diviser les Progressions en quatre espèces:

Toutes ces Progressions peuvent être *Doubles* ou *Simples*, *Modulantes* ou *Cadentielles*, *Descendantes* ou bien *Ascendantes*.

Les *Progressions Canoniques* sont les plus intéressantes, le travail et l'expérience peuvent seuls rendre l'élève habile dans cette étude. Je n'ai trouvé dans aucun ouvrage des règles pour nous apprendre à faire ces imitations d'une manière à peu près certaine. Reicha dit qu'une grande partie des Progressions Mélodiques peut se changer en Progressions par imitations, puis il donne simplement des exemples, il ajoute plus bas que pour faire une Progression en imitation double il faut inventer *deux traits de chant* à la fois, et que pour créer cette double imitation il faut d'abord inventer les deux traits de chant à imiter, et chercher ensuite la double imitation, mais dans le fait il ne nous dit pas comment il faut procéder pour arriver à ce but. Je vais m'efforcer de remplir cette lacune.

IMITATIONS SIMPLES.

MANIÈRE DE LES TROUVER.

Nous avons dans la partie supérieure une gamme qui descend uniformément ; si nous plaçons une mesure de cette gamme dans une partie, et la mesure suivante dans une autre partie, et si nous continuons à prendre successivement une mesure de cette gamme tantôt dans une partie, tantôt dans une autre, nous obtiendrons infailliblement une imitation entre ces deux parties, exemple:

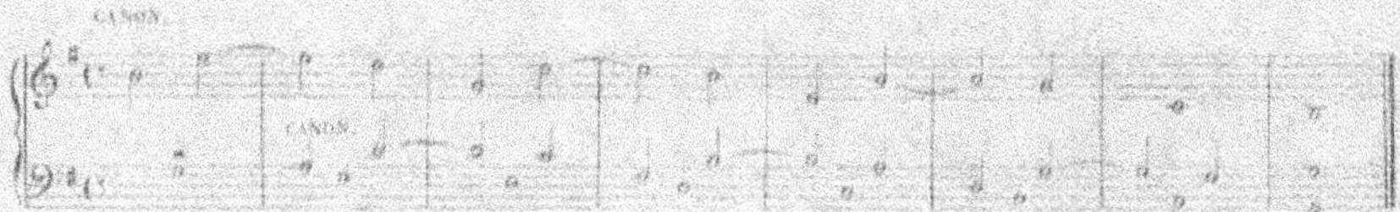

On forme alors un Dessin Mélodique qu'on reconnaît facilement dans les deux parties ; on ne peut pas prévoir d'avance la forme exacte que prendra ce Dessin, puisqu'elle dépend des exigences de la réalisation ; mais en procédant ainsi que je viens de le dire, on est certain de trouver l'imitation canonique que l'on cherche. On *brode* ensuite, si on le veut, les deux parties qui s'imitent, afin de leur donner plus de caractère, exemple:

Le Dessin Primitif que nous avons trouvé est celui-ci  ; en le brodant, nous avons formé les deux dessins qui suivent:

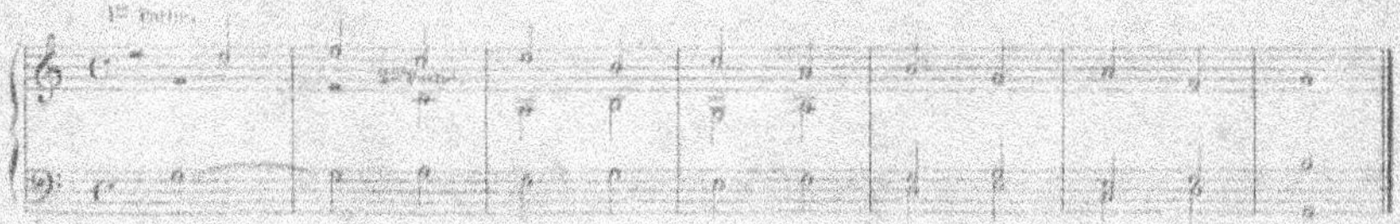

Pour inventer une double imitation canonique il faut procéder de la même manière, et faire pour deux parties ce que nous venons de faire pour une ; on cherche d'abord l'imitation entre deux parties supérieures,

Exemple

Nous trouvons ici deux Dessins différents, c'est d'abord ..... dans la partie supérieure,

et dans la partie intermédiaire ; ces deux Dessins ne diffèrent que par le mouvement

En faisant passer alternativement un dessin de la première partie dans l'autre, et en le remplaçant chaque fois par le Dessin de cette partie intermédiaire, on obtiendra l'imitation suivante, exemple:

On forme de cette manière un *Dessin composé*; il faut toujours que l'Harmonie reste correcte; on peut broder ensuite chacun de ces Dessins, exemple:

Si la Basse est donnée, il faut chercher une autre partie qui fasse imitation avec elle; il n'y a rien de particulier à dire ici. Celui qui a composé la Basse doit avoir prévu ce Canon, et avoir donné la possibilité de le faire; il faut alors de l'habitude et de la patience. Si l'on invente soi-même la Basse, il se présente deux cas; ou la Basse peut recevoir facilement une imitation; on est alors dans les mêmes conditions dont nous venons de parler; ou bien, l'on est obligé, pour créer une imitation entre cette Basse et une autre partie, de procéder comme nous l'avons fait plus haut pour l'imitation simple; je suppose qu'on ait donné la Basse suivante.

On trouvera facilement le Canon (1) exemple:

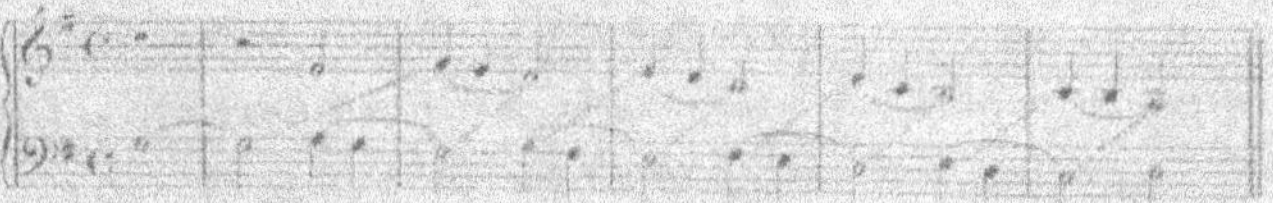

En réunissant ensuite les quatre parties, comme nous l'avons fait ci-dessus, au milieu de la page 68, on a une imitation double.

---

(1) Une *Imitation* suivie ou peu prolongée est un *Canon*. Ainsi *Canon*, ou *Imitation Canonique* sont synonymes.

Il est facile, lorsqu'on a une Progression Mélodique, de la convertir en progression par imitation, tant les *marches* se prêtent à ces combinaisons. Ainsi, un trait de chant peut servir de *modèle* à une Progression, parcequ'il est presque toujours possible de l'imiter par une autre partie, en changeant l'ordre dans lequel on a essayé de répéter le modèle, si l'imitation devenait impossible avec une pareille disposition.

Prenons ce modèle,  si nous le reproduisons ainsi qu'il suit:

Nous aurons beaucoup de peine à trouver une autre partie qui imite cette première progression; tandis qu'en reproduisant le modèle à un autre intervalle, on obtient facilement l'imitation, exemple:

Cela fait, on cherche une Basse qui accompagne convenablement cette Progression canonique. L'élève pourra réaliser ce travail s'il a étudié avec soin la *Panharmonie*, ces *Partimenti*, et le *Contre-point renversable* à deux parties; voici la Basse de cette Progression avec une quatrième partie,

On comprend que pour faire un semblable travail sur le Piano, il faut savoir le réaliser sur le papier; c'est en procédant de la sorte qu'on s'habitue à l'improvisation; c'est évidemment par ces moyens que les anciens apprenaient le *chant sur le livre*, c'est-à-dire, une improvisation par trois ou quatre chanteurs qui, sur un *Plain-chant* écrit, composaient un Contre-point à plusieurs voix différentes.

CHAPITRE 51.

COUPES ET ORDRE DES MODULATIONS POUR LES BASSES D'ÉCOLE. (1)

Dans le Mode majeur les Basses doivent suivre à peu près la marche suivante pour les Modulations:

UT majeur _ SOL majeur ou MI mineur _ retour en UT _ LA mineur _ FA majeur _ RÉ mineur _ Modulations dans les tons éloignés _ UT majeur _ et Conclusion.

---

(1) Voyez dans la Panharmonie, à la page 255, ce qu'on entend par le mot Coupe. Lisez aussi le tableau que je donne à la page 74 du même ouvrage.

Cette *Coupe* est la plus usitée et la meilleure.

Le ton principal doit toujours prédominer.

Souvent les modulations dans les tons relatifs ne sont que passagères; quelquefois aussi on ne suit pas entièrement l'ordre que nous venons d'indiquer. Tout cela dépend beaucoup du caprice du compositeur.

Voici une Basse ayant à peu près la Coupe et l'ordre des modulations dont j'ai parlé.

Les Modulations ne suivent pas toujours la même marche; dans la Basse que je vais donner, Cherubini a adopté ce motif qu'il a fait passer dans plusieurs tons; il s'est arrêté ensuite sur le *Ré* qui est Dominante de *Sol*. Ces motifs reproduits les uns à la suite des autres dans plusieurs tons forment pour ainsi dire une Période, (1). C'est la *première partie* du morceau de musique (2). Il vient ensuite une nouvelle Période qui commence par la Dominante, et finit sur cette même Dominante; c'est la *seconde partie*. Après ces deux Périodes, Cherubini a écrit une *Coda* qui commence et finit en *Ut*, exemple:

<hr>

(1) Voyez dans la rythmonomie, à la page 255. (2) Voyez la rudimancie Pages 256 à 72.

La Basse suivante, donnée par M.ʳ Auber au Concours d'Harmonie de 1843, est un modèle dans ce genre. Les Modulations ont une marche régulière, et suivent parfaitement tout ce que nous avons dit sur les modulations de la Fugue (voyez notre Panharmonie, page 232). C'est ainsi qu'il convient de traiter les morceaux de musique sévère, pour lesquels on doit se conformer le plus possible à l'ordre de la Fugue. L'élève consultera toutes les Basses que je donne dans cet ouvrage; il les analysera sous le rapport des Cadences et des Modulations, avant de les réaliser.

Voilà l'analyse qu'on doit faire avant de chiffrer une Basse, puis on cherche les Cadences; ce travail fini, on chiffre les accords, et l'on réalise l'Harmonie.

La Basse suivante est sans contredit l'une des plus belles qu'on ait faites en ce genre; elle a été donnée par Chérubini au concours de 1841.

La meilleure manière d'étudier la Coupe et l'ordre des modulations des Basses, c'est d'analyser comme je viens de le faire toutes les Basses que je donne dans cet ouvrage.

Les modulations pour les Basses composées dans le mode mineur doivent suivre à peu près l'ordre suivant:

En LA Mineur . La Mineur – Ut Majeur – Mi Mineur – Fa Majeur – Ré Mineur – Sol Majeur – La Mineur, et conclusion.

Dans le mode mineur, la marche des modulations est souvent irrégulière. Quelquefois on module d'abord à la dominante mineure, puis à la médiante majeure; le plus souvent on mélange arbitrairement tous les tons relatifs. Les exemples suivants feront bien comprendre à l'élève la marche qu'il devra suivre, lorsqu'il composera les basses dans le mode mineur.

Modulation en Sol mineur. Retour en Mi mineur. Modulation en Ré majeur
Modulation en Sol majeur. Modulation en Fa majeur. En La mineur
En La majeur. En Sol min. En Fa maj. En La min.
En Ré maj. Fa dièse min. En Si b maj. Retour dans le ton primitif.
Cadences
1re Phrase en Mi mineur. 2me Phrase.
BASSE
1/2 Cadence.
sont le même caractère, et aboutissant en Sol majeur. Retour en Mi mineur.
Cadence parfaite évitée.
En Mi mineur.
1/2 Cad.
en Ré majeur. Episode en Sol majeur finissant en Mi mineur.
Nouvel Episode en Mi mineur et en Sol majeur finissant en Mi mineur.
1/2 Cad.
Autre Episode finissant en Sol majeur et aboutit en Mi mineur.
1/2 Cad.

Ces Basses, qui ont été données pour les concours du Conservatoire, sont très belles. Les épisodes y sont faits ordinairement avec des fragments empruntés à la première phrase. On ne sort presque jamais des tons relatifs. J'engage l'élève à réaliser ces Basses avec le plus grand soin sur le papier et au piano.

CHAPITRE 52.

MANIÈRE DE CRÉER UNE BASSE OU UN CHANT AVEC DES IMITATIONS:

Lorsqu'on veut introduire beaucoup d'imitations canoniques dans une Basse ou dans un chant, on invente d'abord un *sujet* de 4 à 8 mesures.

Puis on crée un nouveau sujet qui s'harmonise bien avec le premier, à peu près selon les règles du contrepoint renversable, exemple:

Quelquefois le sujet, s'il est écrit dans le mode mineur par exemple, ne peut pas se transposer dans le mode majeur sans donner une mélodie bizarre, et *vice versâ*. On invente alors un nouveau *sujet* dans le mode majeur, si le premier est en mineur:

EXEMPLE:

On invente encore sur ce sujet un contre-sujet dont on se servira ensuite dans la Basse qu'on doit composer.

EXEMPLE:

Ce travail étant fait on prend successivement chacun de ces sujets qu'on écrit dans les tons relatifs et l'on compose ainsi un morceau de musique qui ait 60 ou 80 mesures. Exemple:

On indique ensuite les modulations et les cadences.

Lorsque la Basse a été créée ainsi, on peut faire une réalisation riche d'imitations, en plaçant ensemble comme que je viens de l'indiquer, les sujets et les contre-sujets qui s'accordent. On intercalle quelques épisodes qu'on peut former avec des fragments des sujets; on complète ensuite l'harmonie en donnant le plus d'intérêt possible aux autres parties.

On doit suivre la même marche pour créer un chant. Au lieu de deux sujets, on peut en inventer trois ou un seul; j'en ai pris trois pour composer le chant que je vais donner: (1)

(1) Il y a dans le Chant qui suit trois sujets et trois contre-sujets.

On cherchera ensuite les modulations, et les cadences. Ces imitations continues donnent en général beaucoup de force à ce genre de composition. C'est du reste un travail très utile pour les élèves.

Voici une Basse et un chant que j'ai composés de la même façon. L'élève les analysera, en imitant ce que j'ai fait pour la Basse et le chant qui précèdent. Cette manière de faire les basses et les chants m'appartient entière-ment; on n'en trouve pas d'exemples dans les traités qui ont été publiés jusqu'à ce jour.

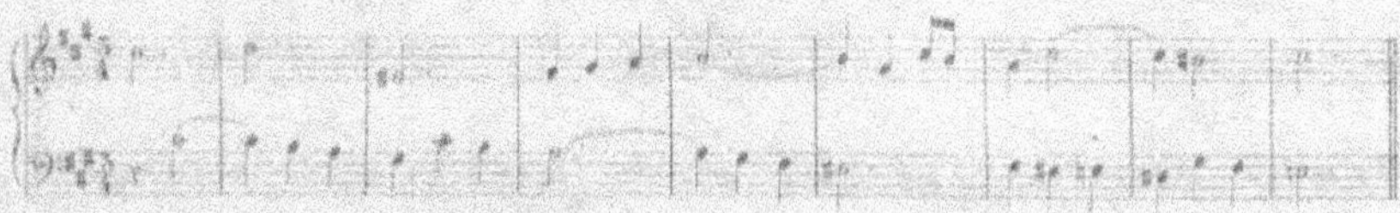

BASSE. Allegro.

L'élève composera des chants et des Basses avec les motifs suivants, il se conformera à tout ce que nous venons de lui dire dans ce chapitre.

Tous ces sujets peuvent également servir à faire des chants et des Basses.

CHAPITRE 55.

MARCHE DES CONSONANCES.

On peut arriver par tous les mouvemens sur les consonances imparfaites, qui sont la tierce majeure et mineure, et la sixte majeure et mineure.

Il est défendu de faire entendre de suite deux quintes parfaites ou deux octaves, celles-ci, parcequ'elles n'ont point d'effet harmonique, celles-là, parcequ'elles en produisent un qui est désagréable à l'oreille.

On sait qu'en écrivant à plusieurs parties des instrumens différents, soit aigus, soit graves, peuvent marcher par forme de redoublement à l'octave ou à l'unisson entr'eux, ou avec les voix.

Les quintes et octaves cachées par mouvement semblable, sont plus ou moins permises, ainsi que nous l'avons déjà dit.

MARCHE DES DISSONANCES.

Les Dissonances peuvent s'employer de Six manières.

Quelques maîtres pensent à tort qu'une dissonance qu'on fait rester en place par exception doit enfin se résoudre régulièrement suivant sa nature; ce principe est faux. Dans Sol♯, Si, Ré, Fa, le FA conservera son caractère dissonant tant que l'accord auquel il appartient ici durera; mais si en tenant toujours le *Fa* on prend un nouvel accord qui soit consonnant, celui de *la, ut, fa*, par exemple, le *FA* cessant alors d'être une dissonance, puisque dans l'accord *la, ut, fa*, il n'y a que des consonances, doit être traité comme une consonance qui appartient à l'accord *la, ut, fa*, et non à celui de sol♯, si, ré, fa, dont l'oreille n'entend plus le frémissement sonore. En un mot, deux accords différents ne peuvent pas exister en même temps, sans blesser l'organe auditif; l'accord qui n'existe plus, qui est mort pour ainsi parler, ne peut pas neutraliser la vertu de l'accord nouveau qui résonne encore.

DÉMONSTRATION.

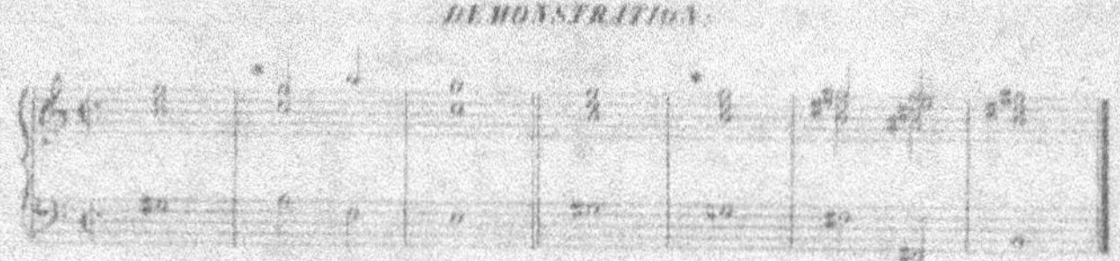

La Dissonance *Fa* que j'ai marquée par un astérique *, au lieu de descendre sur le *Mi*, monte par tierce dans le premier exemple, et par demi-ton dans le second. Il est bien facile de comprendre que les notes des accords doivent être régies par les accords qu'on entend, et non par ceux qui ont cessé de résonner.

Ces dernières observations ne doivent rien changer à ce qui a été dit ultérieurement au sujet de la préparation des Dissonances et de la quarte juste à la Basse, parceq`un accord quelconque a toujours une action immédiate sur celui qui va lui succéder; mais le nouvel accord une fois entendu, et tant qu'il dure, gouverne tout le précédent ayant tout-à-fait cessé d'exister.

Les seuls accords qu'on puisse prolonger arbitrairement sont les accords diminués, la septième dominante avec ou sans fondamentale, et la septième diminuée. Il ne faut pas soutenir trop longtemps les autres accords dissonants parcequ'ils n'existent qu'en vertu de leur préparation et de leur résolution; or, si on prolongeait trop l'accord dissonant, la préparation perdrait sa force, et la résolution arrivant trop tard ne pourrait plus sauver le mauvais effet de la dissonance artificielle.

Dans les accords de Neuvièmes dominantes, la 9.me elle-même est plutôt une note mélodique, qu'une partie harmonique, essentielle, intégrante de l'accord; c'est pour cette raison que je ne conseille pas de trop prolonger un accord de Neuvième dominante avec sa fondamentale.

Un *accord altéré* trop prolongé deviendrait insupportable; une suspension qu'on tiendrait trop longtemps n'aurait plus de sens, et donnerait un effet opposé à celui qu'on doit attendre de toute agrégation d'intervalles dans l'Harmonie ou la Composition.

Il existe une grande différence au Piano entre un accord *lié* et le même accord *frappé*. Ainsi, dans l'exemple suivant la Tierce diminuée du N.º 1 est moins dure que celle du N.º 2.

Dans l'orchestre les accords liés s'entendent aussi bien que les accords frappés; il ne faut donc pas, à cause du Piano, faire une différence entre les accords liés ou frappés, lorsqu'on écrit pour les instruments à vent ou pour ceux qui se jouent avec l'Archet.

DISSONANCES FRAPPEES SANS PRÉPARATION.

On rencontre souvent l'exemple suivant dans la composition libre,

L'accord chiffré par un 7 n'est qu'accidentel; voici la substance harmonique de cette harmonie.

L'espèce d'accord qui a été chiffré par un 7 est formé en grande partie par des notes de passage.

On rencontre souvent le cas suivant dans lequel la fondamentale d'une Septième de seconde espèce se résout à la Basse sur le 3.me renversement de la Septième Dominante:

L'exemple que je viens de donner est très régulier, et peut s'employer fréquemment.

Les anciens maîtres, ainsi que je l'ai déjà dit, ont toujours confondu l'accord de *Septième sensible* qu'on place sur le 7.me dégré d'une gamme majeure, avec la Septième de 3.me espèce posée sur le second dégré d'une gamme mineure; voilà pourquoi ils ont donné à ces deux accords le nom de *Septième mixte*.

L'accord de Septième de Sensible, dérivant de la Neuvième majeure prise sans Fondamentale, n'a pas besoin de préparation, parcequ'il est un accord naturel; mais la 7.me ne doit jamais se placer au-dessous de la note sensible, exemple:

En Ut majeur.

La fondamentale de tout accord dissonant doit se résoudre par Quarte supérieure, ou par Quinte inférieure; c'est ce qui prouve ici que dans l'accord *Si, Ré, Fa, La*, la véritable fondamentale est *Sol*.

Dans la Septième de 3.me espèce, la 7.me doit être préparée, et la Fondamentale marcher régulièrement par Quarte supérieure ou par Quinte inférieure, exemple:

En La mineur

Dans l'exemple qui précède ce dernier la Septième de Sensible se résout sur un accord de Tonique, tandis qu'ici l'accord de Septième de 3.me espèce se résout sur celui de la Dominante.

On ne prépare pas le *La* dans *Si Ré Fa La*, en *Ut*, parceque c'est un accord naturel; on prépare ce *La* dans *Si Ré Fa La*, en *La* mineur, parceque la Septième de 3.me espèce est un accord dérivé.

Les anciens maîtres ayant toujours confondu *l'accord de Septième sensible* avec celui de *Septième dérivée de 3.me espèce*, ont suivi les règles différentes qui gouvernent les deux accords, de sorte qu'ils ont employé la Septième de 3.me espèce sans préparer sa Dissonance, tandis qu'ils ont placé la Neuvième au-dessous de la note sensible, sans la préparer. Ces explications feront comprendre comment des compositeurs renommés ont pu employer quelquefois la Septième de 3.me espèce sans préparation.

Ainsi que je l'ai enseigné dans la Panharmonie et dans cet ouvrage, tous les accords dissonants qui se placent sur la Dominante de la gamme majeure et mineure peuvent s'employer sans préparation, exemple:

EXERCICES SUR CETTE MARCHE DE BASSE.

CHAPITRE 54.

DU STYLE PUR PAR EXCELLENCE

Les maîtres ont toujours défendu de frapper par mouvement semblable deux ou plusieurs Quintes parfaites de suite, parce qu'il en résulterait un mauvais effet.

Ils avaient remarqué aussi que l'intervalle de Quarte parfaite, qu'on forme entre la Quinte et l'Octave de la fondamentale des accords parfaits écrits dans leur second renversement, était extrêmement dur, surtout lorsqu'il était isolé, exemple:

Voilà pourquoi ils avaient toujours défendu dans le style rigoureux les Quartes justes entre la Basse et une partie haute, mais ils les toléraient entre les parties médiaires, tandis qu'ils proscrivaient impitoyablement les Quintes parfaites, se suivant par mouvement semblable.

De nos jours encore l'accord de *Sixte-Quarte* ne doit jamais être employé dans la Fugue d'école.

Ceux qui ont approfondi l'étude de l'Harmonie savent qu'il se présente une foule de cas où deux Quartes parfaites, employées même dans les parties qui sont placées au-dessus de la Basse, semblent aussi dures que deux Quintes parfaites, dont elles ne sont que le renversement.

Les anciens maîtres avaient bien senti cela, mais soit à cause de la difficulté de *réalisation*, soit parceque les Quartes dans les parties médiaires ne s'entendaient pas assez pour être rejetées, ils employaient cette Quarte consonante entre les parties supérieures à la Basse comme les autres intervalles consonants; ils la proscrivaient rigoureusement à la Basse, parceque sans doute, ils n'avaient pas encore imaginé la règle de la préparation et de la résolution. (1) En effet, on ne rencontre jamais l'accord de *Sixte-Quarte* dans les auteurs anciens, si ce n'est dans cette formule de Cadence.

Ce cas est le seul qui permette l'emploi de l'accord de Sixte-Quarte dans la Fugue. Par une bizarrerie inexplicable, les compositeurs contemporains du célèbre Palestrina n'ont jamais employé, non seulement l'accord de *Sixte-Quarte*, mais même celui de la *Septième Dominante*, tandis qu'ils faisaient un grand usage des Suspensions: ils rejetaient le plus suave de tous les accords dissonans, j'allais dire presque des accords consonants, tandis qu'ils employaient les Suspensions les plus dissonantes. Il est curieux de voir combien de temps il faut à l'esprit humain pour qu'il reconnaisse même les vérités les plus simples, et les plus faciles à trouver. De nos jours le Musicien qui vient d'éclore se sert déjà des accords de *Septième dominante* et de *Tonique*, tellement ils sont dans la nature, tandis que les compositeurs du moyen-âge, qui faisaient des Fugues et des *Canons* à 36 parties, n'avaient pas su trouver l'accord qui s'accorde le mieux avec notre sentiment, celui que donne la résonance du corps sonore, la Septième Dominante enfin.

Quelques Musiciens solitaires, rêveurs, furent choqués de cette Harmonie où les Suspensions prédominaient; ils sentirent que toutes ces dissonances artificielles, mêlées aux canons perpétuels, dans une musique qui courait constamment, et qui n'avait ni symétrie, ni cadence, ne répondaient pas aux besoins d'une âme musicienne; pour retrouver cette musique qu'ils rêvaient, et pour lui rendre le charme si séduisant de la Tierce, lorsqu'elle est frappée harmoniquement, ils rejetèrent tous les intervalles qui ne donnaient pas une harmonie douce comme celle de la Tierce; c'est par cette raison que la *Quarte parfaite*, quoiqu'elle soit incontestablement consonante lorsqu'elle fait partie des accords, fut exclue du style rigoureux, comme ayant moins d'harmonie que les Tierces, les Sixtes et les Quintes parfaites, à cause de son peu d'aplomb. On rejeta aussi tous les intervalles dissonans, et l'on n'admit que les seuls intervalles de *Tierces majeures* et *mineures*, de *Sixtes majeures* et *mineures* et de *Quintes parfaites*; c'est pourquoi l'on peut tirer la règle suivante de ce qui précède:

Une harmonie à trois ou quatre parties est écrite dans le STYLE LE PLUS PUR, le STYLE PUR PAR EXCELLENCE, lorsqu'elle n'est composée que d'accords parfaits majeurs ou mineurs, frappés seulement dans leur état direct ou dans leur premier renversement, et disposés de manière qu'il ne se rencontre jamais une Quarte parfaite même entre les parties médiaires.

---

(1) Voyez la Panharmonie, à la page 45, et cet Isolement, page 21-50.

Toutes les Secondes, les Tierces diminuées et augmentées, toutes les Quartes, les Quintes diminuées et augmentées, les Sixtes augmentées et diminuées, toutes les Septièmes, toutes les Suspensions, toutes les notes accidentelles sont rejetées.

La Quarte consonante dont nous parlons se rencontre dans certains arrangements des accords parfaits, exemple:

J'ai déjà dit que dans ce style rigoureux, il fallait prendre les accords parfaits dans une disposition telle, que l'intervalle de Quarte parfaite ne pût jamais se rencontrer dans la Composition.

Il faut toujours arranger les accords de manière qu'il y ait seulement des Tierces et des Sixtes majeures et mineures, des Quintes parfaites, des Octaves et rarement des Unissons, exemples:

Pour se conformer à ce principe, il faut: 1.º retrancher de temps en temps la Quinte, et doubler la Fondamentale et la Tierce, ou tripler la Fondamentale, exemple:

2.º Il faut, si on ne supprime pas la Quinte, la doubler quelquefois; exemple:

3°. On peut enfin doubler la Tierce, soit qu'on supprime ou qu'on conserve la Quinte, exemple:

Cependant le style le plus pur est celui où il n'y a que des accords parfaits sans doublement de Tierce. Pour donner plus de variété aux accords on peut, sur la Fondamentale, prendre la Tierce avec l'Octave, au lieu de la Tierce avec la Quinte; ce n'est qu'au dernier accord d'une Cadence qu'on peut retrancher la Tierce et la Quinte, pour ne frapper que la Fondamentale doublée ou triplée, exemple:

Quoique le style le plus pur dans ce genre de composition soit celui où tous les accords sont frappés dans leur état direct, on peut, à cause de la difficulté et du peu de ressources qu'offre cette manière d'écrire, mêler aux accords non renversés d'autres accords pris dans leur premier renversement, mais toujours de manière que la Quarte parfaite soit changée en Quinte parfaite, exemple:

RÉSUMÉ. Puisque la Quarte Consonante, ainsi que l'accord de Quarte-Sixte, et que tous les autres intervalles dissonants sont exclus du style rigoureux, il en résulte qu'on n'y peut employer que les accords parfaits majeur et mineur, dans leur premier et leur second renversement, en évitant toutefois l'intervalle de Quarte parfaite, exemple: (1)

Voici un exemple écrit dans le style le plus pur, et composé exclusivement d'accords parfaits non renversés.

Voici un second exemple écrit dans le style le plus pur, et composé d'accords parfaits dans leur état direct et dans leur premier renversement, exemple:

Ce style ne peut être employé que dans la musique d'église, surtout lorsqu'on écrit pour des voix très nombreuses. J'ai vu souvent mes élèves, dans la composition sévère, hésiter à se servir de la Quarte parfaite dans les parties qui sont au-dessus de la Basse, c'est qu'en effet dans certains cas cette Quarte frappée par mouvement semblable semble produire un aussi mauvais effet que si c'était une Quinte parfaite. C'est ce qui m'a engagé à écrire ce chapitre, afin que ceux qui veulent bien étudier mes ouvrages puissent connaître et apprécier tout ce qui se rapporte à la composition musicale.

---

(1) J'appelle Quarte Consonante celle qui se fait entre la Quinte des accords parfaits et leur fondamentale, la Quarte Dissonante est celle qui dérive des Suspensions.

REMARQUE.

J'ai suivi strictement dans ce nouvel ouvrage la marche que j'ai adoptée pour les études que l'on fait dans ma classe au Conservatoire. (1)

Maintenant l'élève, connaissant à fond toutes les règles qui régissent l'harmonie, se servira des chiffres et des clés qu'on emploie surtout dans les partitions anciennes, et dans les solfèges; notre but, jusqu'ici, avait été d'enseigner simplement l'harmonie et les premiers principes de la composition; voilà pourquoi nous nous servions seulement des *Clés de Sol*, et d'une nouvelle manière de chiffrer plus simple et plus rationnelle que celle de l'ancienne méthode; mais à présent que l'élève possède, ou doit posséder à fond toutes les règles de l'harmonie, je lui donnerai des chants et des basses écrits le plus souvent avec les clés d'*Ut*, et la clé de *Fa*, et chiffrés d'après la méthode ancienne.

CHAPITRE 55.
ÉCOLE ANCIENNE.
MANIÈRE DE CHIFFRER LES ACCORDS.
DES PARTIMENTI OU BASSES CHIFFRÉES.

Pour indiquer les accords que les notes d'une basse doivent porter on se sert de chiffres ou d'autres caractères qu'on place sur les notes de cette basse; c'est ce que les italiens appellent *Partimenti*.

Dans les écoles d'Italie, on ne confiait ces basses que sur le Piano; la main gauche jouait la basse, et la main droite *plaquait* les accords; ces exercices étaient donc préparés pour l'étude de l'accompagnement; aujourd'hui, on écrit sur les basses trois parties vocales, et plus rarement deux ou une.

On sait que le mot *Partimenti*, lorsqu'il est appliqué à la musique, signifie *distributions des chiffres sur la basse*, c'est-à-dire, *basse chiffrée*.

Les chiffres dont on se sert pour représenter les accords sur une basse sont 2, 3, 4, 5, 6, 7, 8, 9, et rarement 0, 1, 10 ou X, 11, 12 et 13. Le chiffre 2 signifie un intervalle de seconde, le 3 une tierce, le 4 une quarte, ainsi de suite, n'importe à la distance de la basse; le zéro indique la suppression d'un intervalle dans l'accord sur lequel on le place; ainsi, les chiffres $\frac{6}{0}$ signifient que dans cet accord de septième il ne faut pas placer que la tierce et la septième, en supprimant par conséquent la quinte. Le chiffre ne représente pas seulement l'intervalle qu'il indique, mais il suppose toujours un ou plusieurs chiffres sous-entendus; ainsi 2 suppose $\frac{5}{2}$ et quelquefois $\frac{6}{2}$. *Exemple:*

DU 2. ET DU 3.

On 3 représente $\frac{5}{3}$, ou $\frac{6}{3}$, ou $\frac{8}{3}$, ou $\frac{6}{3}$. Un accord portant, lorsqu'il est précédé d'un accord dissonant, se chiffre par un X, et la résolution de la dissonance se fait sur la tierce; parcequ'il est important de signaler la résolution de la dissonance. *Exemple:*

Le choix de ces différentes manières de chiffrer les accords de trois sons doit être déterminé par ce qui précède et par ce qui suit.

(1) On sait que ce nouvel ouvrage est un complément de la 1re édition de l'Ambassadrice. Bruxelle.

Si on chiffrait de suite par des 3 plusieurs notes d'une basse, il ne faudrait prendre alors que des tierces, exemple.

Tierces redoublées.

Nous conseillons donc à l'élève, quand il écrira plusieurs accords parfaits sans renversement de ne pas les chiffrer par des 3, mais par des 5 ou bien de ne pas les chiffrer du tout.

DU 4.

Le 4 suppose $\frac{6}{4}$ s'il est isolé, ou $\frac{6}{4}$ s'il est précédé d'une +, (+4), exemple ....

Ce sera souvent ce chiffre pour $\frac{6}{4}-3$, ce qui équivaut à $\frac{4}{3}$.

Ce chiffre indique le 3e renversement de l'accord de septième dominante.

DU 5 ET DU 6.

Un 5 suppose $\frac{5}{3}$; un 6 sous-entend $\frac{6}{3}$, exemple ....

Le 6 barré, dans l'ancienne école, représente $\frac{6}{5}$, c'est-à-dire, le 1er renversement de l'accord de septième dominante. Aujourd'hui, le 6̸ s'applique à l'accord diminué, pris dans son état direct.

DU 7.

Un 7 suppose $\frac{7}{3}$ quand on écrit une *suspension*, et $\frac{7}{5}{3}$ quand c'est un accord de *septième*. Le 7 suivi d'une + indique l'accord de *septième dominante*; s'il est précédé de la croix, +7, il désigne l'accord de septième dominante sur la tonique, qu'on appelle accord de *onzième tonique*, le +7 représente alors $\frac{7}{4}{2}$, exemple ....

Le 7 barré indique un accord de septième diminuée, et représente les chiffres $\frac{7}{6}{5}$, exemple ....

DU 8 ET DU 9.

Le 8 suppose $\frac{8}{5}{3}$. Un accord de trois sons se chiffre par un 8 quand la résolution de la dissonance se fait sur l'octave. Un 9 suppose $\frac{9}{5}{3}$, quand on fait une *suspension*, et $\frac{9}{7}{3}$, quand il est suivi d'une +, parce qu'il indique alors l'accord de neuv[ième] vième dominante, ex:

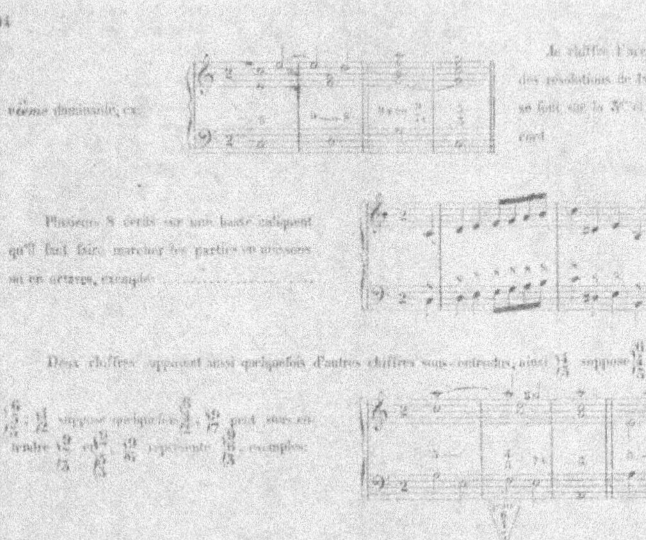

le chiffre l'accord parfait d'un $\frac{2}{3}$ à cause des résolutions de la septième et neuvième qui se fait sur la 3ce et sur la quinte de cet accord.

Plusieurs 8 écrits sur une basse indiquent qu'il faut faire marcher les parties en unissons ou en octaves, exemple ....

Deux chiffres supposent aussi quelquefois d'autres chiffres sous-entendus, ainsi $\frac{4}{3}$ suppose $\frac{6}{5}$; $\frac{6}{5}$ peut sous-entendre $\frac{4}{3}$ et $\frac{6}{4}$; $\frac{7}{5}$ peut sous-entendre $\frac{6}{3}$ et $\frac{6}{4}$ représente $\frac{6}{3}$, exemples:

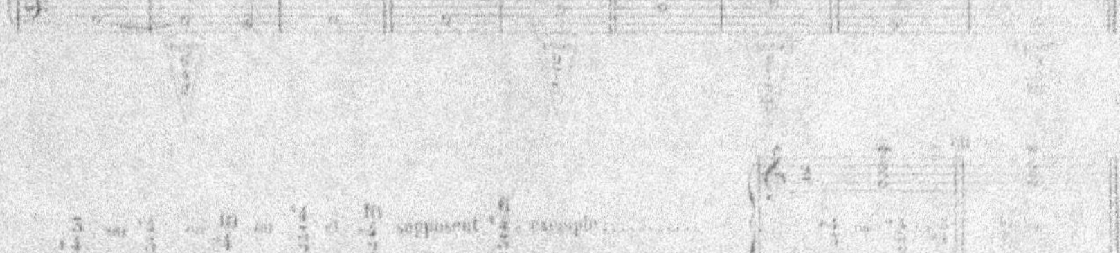

$\frac{3}{4}$ sur $\frac{4}{3}$ ou $\frac{10}{4}$ ou $\frac{4}{2}$ et $\frac{10}{2}$ supposent $\frac{6}{2}$, exemple ....

Le moyen le plus sûr de ne point se tromper quand d'écrire l'harmonie seulement à trois parties, c'est en ajoutant à chaque chiffre l'intervalle ou les intervalles les plus essentiels. Les anciens employaient souvent cette méthode; il vaut mieux en effet retrancher une note peu essentielle de l'accord, que d'en ajouter une qui pourrait nuire à l'effet de la bonne harmonie. Voilà pourquoi on supprime souvent la quinte dans les accords de septième, surtout dans ceux de 2de, 3me et 4me espèces. L'élève sait que pour compléter les quatre parties, on double une des notes de l'accord, d'après les règles que nous avons données à la page 23 (*). L'harmonie qu'on écrirait à trois parties présenterait alors des suspensions plutôt que des accords de septièmes. Du reste, ces accords de *septième* ou de *neuvième* sont également bons, soit qu'on les traite comme tels, soit qu'on les écrive d'après les règles des suspensions. Il existe des *marches*

______
(*) Voyez la page 23 dans la 1re partie.

harmoniques qu'on ne peut accompagner à quatre parties d'une manière irréprochable; dans ce cas sans doute, il vaut mieux supprimer la partie la moins importante. Si donc on voulait n'écrire qu'à trois parties, voici quels chiffres on devrait ajouter à celui qu'on aurait placé sur les notes de la Basse:

2	Représenterait	$\frac{4}{2}$	6	Représenterait	$\frac{6}{3}$
3	....	$\frac{8}{3}$ ou $\frac{5}{3}$	7	....	$\frac{7}{3}$
+4	....	$+\frac{4}{2}$	+7	....	$+\frac{7}{2}$ ou $+\frac{7}{4}$
5	....	$\frac{8}{3}$ ou $\frac{5}{3}$	8	....	$\frac{8}{3}$

9 Représenterait $\frac{9}{3}$

On prendrait les doubles chiffres tels qu'ils seraient, sans rien leur ajouter.

EXEMPLES ÉCRITS À TROIS PARTIES RÉELLES D'APRÈS CE PRINCIPE.

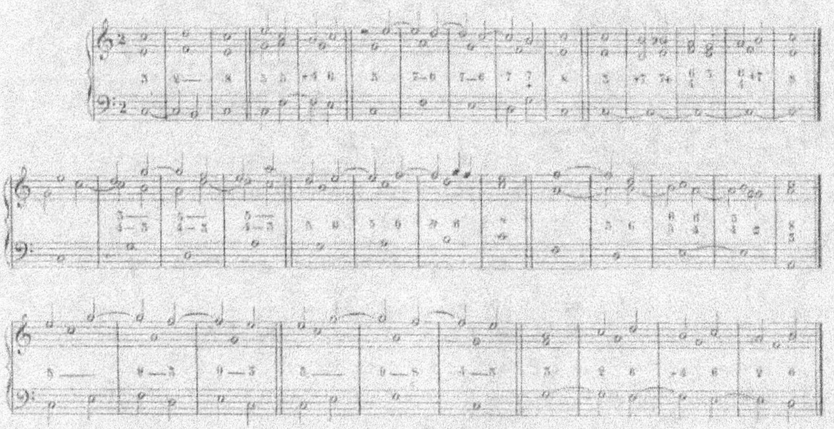

Lorsqu'on veut altérer certains intervalles, on se sert des signes ♯, ♭, ♮, +, qu'on place à côté des chiffres, de cette manière: ♯4, ♯5, ♭6, 7, +7; quelques auteurs les écrivent après les chiffres, ainsi qu'il suit: 5♯, 6♮, 7♭; mais je préfère la première manière. Ces trois accidents ♯, ♭, ♮, conservent leurs propriétés, ainsi, ♯5 signifie qu'il faut placer un ♯ devant la quinte, qui devra alors être haussée d'un demi ton. Quelquefois pour ces trois chiffres seulement 4, 5, 6, on remplace le *dièse* ou le *bécarre* par ces abréviations 4, 5, 6, au lieu de ♯4, ♯5, ♯6, ou ♮4, ♮5, ♮6, suivant le ton.

La croix ╫ est un signe d'augmentation; la barre qui traverse les chiffres est un signe de diminution. Cependant, pour le chiffre 6 seulement, lorsque cette barre est tracée ainsi 6̸, du haut en bas, elle remplace un ♯; si elle va de bas en haut 6̸, elle remplace un ♭. Le 5̸, traversé par une petite barre, indique l'accord diminué. Dans l'ancienne école, il signifie aussi le 1er renversement de l'accord de septième dominante. C'est ainsi que le prenait Chérubini. Il y a confusion alors entre l'accord diminué et le 1er renversement de l'accord de septième dominante. Si la barre qui traverse le 5 allait du haut en bas 5̸, elle indiquerait alors l'augmentation, comme pour le 6; mais c'est rare.

Souvent, lorsqu'on veut exprimer l'altération de la tierce, on supprime le 3 et l'on écrit simplement les signes ♯, ♭, ♮, au dessus de la note de la basse. Lorsqu'un de ces signes est placé sans un chiffre quelconque, il représente également la tierce, qui subit l'altération qu'il indique.

(Pour l'accord de septième dominante, on écrit en général le 4 et l'on dessus après ou sous le 7, (7♭ au lieu de 7♭.)

Lorsque le signe est placé devant le chiffre, il fait subir à l'intervalle représenté par ce chiffre l'altération qu'il indique. Quelques auteurs écrivent ces signes au-dessus des chiffres, de sorte qu'ils représentent alors l'intervalle qui est à distance de tierce du dernier chiffre au-dessus duquel ils sont placés, ainsi $\frac{5}{2}$ représente $\frac{4}{3}$ … $\frac{4}{4}$ représente $\frac{6}{5}{4}{3}$ ici que $\frac{6}{4}{3}$; mais je n'approuve pas ce système; il vaut mieux écrire le chiffre $\frac{6}{4}{3}$ au lieu de $\frac{5}{2}$.

Lorsqu'après un ou plusieurs chiffres ou autres signes on place une ou plusieurs barres, et qu'on les prolonge plus ou moins sur une ou plusieurs notes de la basse, cela veut dire qu'il faut tenir l'accord ou continuer les notes représentées par ces signes jusqu'au chiffre suivant. Si l'accord reçoit plusieurs chiffres, et qu'on veuille prolonger sur plusieurs notes de la basse les notes qu'ils représentent, il faut placer alors de petites lignes à la suite de chacun de ces chiffres, jusqu'à ce qu'on veuille prendre d'autres notes et par conséquent changer d'accord; si au contraire on ne traçait une ligne qu'à près un seul de ces chiffres, il ne faudrait prolonger alors que le son indiqué par ce chiffre; cette manière de *chiffrer* est surtout utile pour les notes accidentelles et les suspensions, exemple:

Voici les chiffres que j'ai adoptés dans ma classe pour désigner les accords et leurs renversements d'après l'ancienne manière de chiffrer les accords.

(a) Ce renversement est appelé accord de *fausse quinte* par les anciens maîtres, ou accord de *sixte* [illegible] fausse diminuée.

(b) Ils appellent ce renversement accord de *Petite Sixte majeure*, ou accord de sixte sensible.

(c) Ils appellent ce renversement accord de *triton*, à cause de la tierce [illegible] que la basse fait avec la [illegible] fausse.

(a) ... s'appellent ... renversement ... accord de Sixte ... ajoutée.
(b) ils appellent ... renversement de la 7ᵉ accord de Petite Sixte mineure.
(c) ils appellent les accords dont la quinte est altérée en montant ... Accords de quinte superflue, ou surmontée.
(d) ils appellent les accords dont la sexte est altérée en descendant ... Accords de sixte superflue, ou augmentée.

Les accords suivants ne sont que des accords de dominante, employés sur la pédale de la tonique; les anciens les appellent accords de 9me, de 11me *tonique* et de 13me *tonique*; on sait que pour les employer il faut avoir égard aux règles de la pédale, ou des suspensions.

On pourrait altérer la quinte de ces accords, on les chiffrerait alors de la manière suivante.

L'élève ne doit pas oublier que ce ne sont là que des accords de dominante frappés sur la pédale de la tonique; en nous conformant aux règles de la Pédale, et des accords altérés, nous saurons écrire tous ces accords selon les meilleurs principes; les chiffres et les noms qui leur sont donnés par l'école ancienne ne changent rien à leur véritable régime et à leur emploi. Ces accords se forment quelquefois aussi avec les Suspensions.

MANIÈRE DE CHIFFRER LES NOTES ACCIDENTELLES.

En général on ne chiffre pas les notes accidentelles. Ainsi, quand la basse fait des notes de passage, on écrit les chiffres sur la première note réelle, et l'on trace après ces chiffres des lignes qui se prolongent sur toutes les notes qu'on veut faire entendre pendant la durée du même accord. On ne chiffre pas les notes accidentelles qui se trouvent dans le chant qu'on veut accompagner par une basse chiffrée, exemple:

Les *Appogiatures*, les *Retards*, les *Syncopes* et les *Anticipations* ne s'indiquent pas lorsqu'on les place dans les parties hautes, mais quand ces notes accidentelles sont à la Basse, on écrit alors les chiffres sur les notes réelles, et l'on tire à la suite de ces chiffres une ou plusieurs barres qui se prolongent sur toutes les notes soit réelles, soit accidentelles, qui se font pendant la durée de l'accord. Si dans la Basse, une note accidentelle était frappée au commencement de la mesure, au moment où l'on fait entendre un accord nouveau, on ne devrait pas chiffrer cette note, il serait facile de la reconnaître si l'harmonie était réalisée, mais si on devait présenter une basse chiffrée et non réalisée, on pourrait alors indiquer par un signe quelconque que cette note est accidentelle, et n'appartient à aucun accord; ce sont du reste des cas fort rares dans la musique d'école, exemple.

MANIÈRE DE CHIFFRER LES SUSPENSIONS.

On doit toujours indiquer par des chiffres les *suspensions* et leur *résolution*; lorsque la suspension se fait dans une partie supérieure, on chiffre d'abord la basse, comme si la suspension n'existait pas, puis, on indique par des chiffres nouveaux les intervalles que la suspension et la résolution, c'est-à-dire, la note qui fait la suspension, et celle qui reçoit sa résolution, font avec la basse, il est bien d'unir par un trait (4 – 3) les chiffres qui servent à indiquer la suspension et la résolution. Mais il faut que le chiffre ou les chiffres de la suspension et la suspension elle-même aient, l'on reconnaisse et l'on retrouve les accords qu'on a voulu faire, exemple.

(*) Ce 3 placé au-dessus de la figure que cette note est une Appogiature.

Lorsque la suspension est placée dans la basse, on indique par des chiffres tous les intervalles que les notes de l'accord, dans les parties supérieures, font avec cette suspension, et l'on chiffre la note sur laquelle la résolution se fait, comme si la suspension n'existait pas. Souvent au lieu de chiffrer cette note sur laquelle se fait la résolution, on trace de petites lignes à la suite des chiffres placés sur la suspension, et on les prolonge jusque sur la note de la résolution; cela signifie alors que les notes qui correspondent aux chiffres placés sur la suspension restent les mêmes pour l'accord de la résolution. Il est évident que les notes représentées par les chiffres de la suspension, si elles sont répétées telles qu'elles sont sur la résolution, doivent, d'après leur distance de la basse, faire reconnaître l'accord. Dans le premier cas, pour s'assurer que les chiffres sont bien choisis, il faut qu'en retranchant la note qui fait la suspension, et les chiffres qu'on a placés au dessus de cette note, on retrouve l'accord tel qu'on a voulu le faire. Exemple.

D'après cela, dans une cadence parfaite ou imparfaite, lorsque l'accord de septième dominante, celui de septième diminuée et ceux de neuvième majeure et mineure avec ou sans fondamentale se prolongent sur la tonique placée à la basse, on les chiffre ainsi:

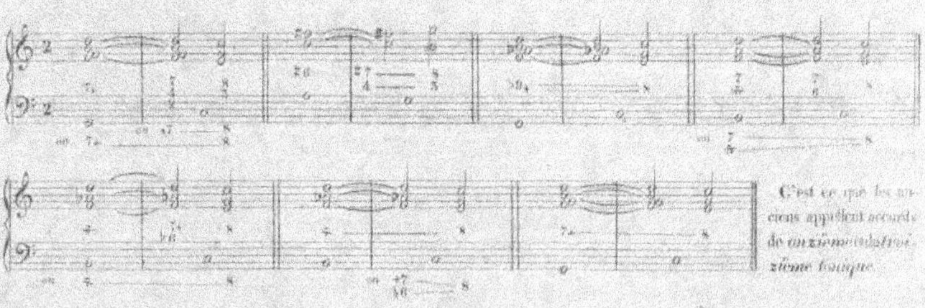

(1) Nous conseillons à l'élève de ne pas faire une attention extrême tant qu'aux conjonctions ignobles et des sons ignobles, et vaut mieux l'éviter lorsqu'il peut donner un effet peu agréable.

VOICI UN TABLEAU

Qui contient les chiffres employés pour les suspensions qui sont usitées dans
l'ancienne école. (A)

2.   2 — 3,   2 — 6,   2 — 6,
                                                3

4.   4 — 3,   4 — 3,   4 — 6,   4 — 7+,   4 ——,   4 — 3,
                      6   2 — 4   3   3 — 5   2

5.   3 ——,   3 — 6,   5   6,   3 — 6,
              4 — 3   2   4   5
                                      2

6.   6   6   6
      3 — 6,   3 — +4,   6 — 7+,   6 — 6,   3 — 6,   6 — 3,
      4   4   2   5   3 — 4   3   4   2

7. 7-6, 7-6, 7-6, 7-6, 6-7+, 4-6, +2-3, +2-6, 7-3, 7-3, 7-7, 7-7+, 7-6, 7+ +3,
     3   6   44   4   3   6   3   4   3-3

9. 9-8, 9-3, 9-6, 9-8, 9-8, 9-3, 9-8, 9-8, 9-8, 9-8, 9-8,
                                          7-7   7 — 8,
              6 —   4-3   7+3   4-3   6-6   7-6   7-7   3-3

JE VAIS DONNER MAINTENANT

les exemples musicaux de tous ces chiffres.

2.   ... ou plutôt. ...

4.

5.

MANIÈRE DE CHIFFRER LA PÉDALE.

Nous avons déjà dit qu'indépendamment de la note qui fait *pédale*, on doit considérer la partie placée immédiatement au-dessus comme une bonne basse. En chiffrant cette seconde basse, sans avoir égard à la *pédale*, on s'affranchit de toutes les difficultés qu'on éprouve lorsqu'on veut indiquer l'harmonie sur une pédale, surtout dans la musique moderne, où l'on place tant d'accords étrangers sur cette pédale.

Dans la musique ancienne, l'harmonie qu'on écrit sur une *pédale* est ordinairement une *marche harmonique* qui ne module pas, et dans laquelle toutes les parties descendent par dégrés conjoints; cette marche harmonique se chiffre souvent par 7—6; quelquefois aussi on choisit une progression ascendante, qu'on chiffre alors par 5—6; autrement, on n'introduit sur cette pédale que deux accords qui lui sont étrangers, celui de 7me de seconde espèce, qu'on chiffre par $\frac{4}{2}$ et les accords de dominante qui sont sur la pédale *ut*, par exemple, (*sol, si, ré, fa*)(*si, ré, fa*)(*sol, si, ré, fa, la*)(*sol, si, ré, fa, la* ♭) (*si, ré, fa, la*)(*si, ré, fa, la*) dans l'ancienne école, on a donné un nom particulier à chacun de ces accords, qu'on a désignés aussi par de nouveaux chiffres, voici comment:

Voici une pédale sur laquelle nous frappons ces accords:

Ces accords de *onzième tonique*, et de *treizième tonique* ne sont que les accords de *septième dominante*, de *septième de sensible* et de *Septième-diminuée*, frappés comme accords étrangers sur une pédale, formée par la tonique de leur gamme; ils s'emploient surtout avec la pédale de la tonique, parcequ'ils font leur résolution sur l'accord de tonique, de sorte que cette pédale devient souvent note réelle de l'harmonie, et presque toujours aux endroits qui requièrent des repos, puisqu'il existe ordinairement une cadence, là où un accord dissonant fait sa résolution; ce qui place parfaitement cette pédale dans la règle que nous lui avons appliquée à la page 160.* On voit aussi qu'on peut moduler sur la pédale, mais en la considérant tantôt comme tonique, et tantôt comme dominante ((*) voyez la Fondamentale, page 168.)

La *pédale* sur la dominante reçoit, outre les accords de *onzième* et *treizième tonique*, toutes les *marches harmoniques* qui restent dans les tons de la tonique ou de la dominante. Nous savons que cette Pédale doit commencer par le repos à la Dominante, et finir par le repos à la Dominante, ou par la cadence parfaite.

Nous avons vu déjà de quels chiffres il fallait se servir pour désigner les accords étrangers, lorsqu'on voudra chiffrer la pédale; quand on emploie les marches harmoniques, on place les chiffres sur la pédale, suivant l'ordre qu'on assigne aux différentes parties de l'harmonie, et d'après leur distance de la pédale, exemple :

Mais il est bien plus simple et plus facile de chiffrer la partie de Ténor, et nous conseillons à l'élève de pratiquer cette méthode, exemple :

N. B. Souvent, lorsqu'on introduit des desseins à l'exemple, on ne chiffre point la Pédale, à cause de la difficulté qui se présente; c'est alors surtout qu'on doit pratiquer le principe que nous venons de donner, et qui consiste à chiffrer la partie de ténor.

L'expression *tasto solo*, (à touche seule,) qu'on place ordinairement au-dessus d'une Pédale, indique qu'il ne faut faire entendre comme accompagnement que les seules notes de cette Pédale, de sorte que la main droite jouerait le chant sur le Piano, tandis que la main gauche ne ferait entendre que la note de la Pédale; lorsque ces mots sont placés sur une ou plusieurs notes de la basse, et qu'il n'existe pas de partie supérieure, cela signifie alors qu'il faut jouer la basse seule.

Souvent, dans les premières mesures d'une exposition de fugue, le compositeur désire ne faire entendre que deux parties, telles qu'il les a énoncées, on écrit alors ces deux parties, soit dans une même portée, soit sur deux portées différentes, ainsi qu'on peut le voir dans quelques *Partimenti* de Fenaroli et de Sala.

REFLEXIONS GÉNÉRALES.

Nous nous servirons donc pour les suppositions des chiffres que nous avons donnés, n'oublions pas que.

1er Rang.		2e Rang.	1er Rang.		2e Rang.	1er Rang.		2e Rang.
2	Signifie	[illegible]	[illegible]	Signifie	[illegible]	[illegible]	Signifie	[illegible]
1		[illegible]	[illegible]		[illegible]	[illegible]		[illegible]

Nous emploierons surtout les chiffres qui occupent le premier rang; ainsi, au lieu de $\frac{4}{4}\frac{}{3}$, nous écrirons simplement $4-3$; au lieu de $\frac{4}{2}\frac{6}{4}$, nous écrirons $\frac{4}{2}\frac{6}{4}$. Il est bien entendu qu'on pourra se servir aussi des chiffres qui occupent le second rang dans le tableau que nous venons de donner; mais en général, on n'emploie tous les chiffres que lorsqu'on module, parce qu'il est essentiel alors d'indiquer les accidents étrangers à la gamme primitive devant les chiffres qui représentent les notes qu'on veut affecter de ces signes (♮ ♭ ♯) accidentels, dans tout autre cas, il est inutile de multiplier les chiffres.

Lorsque les accords de *onzième tonique* et de ***treizième tonique*** sont employés comme suspensions, au lieu de les chiffrer, on peut tracer de petites lignes après les chiffres qui représentent les notes ou l'accord qu'on veut suspendre, de cette manière,

Lorsque, dans l'ancienne école, on emploie ces accords sur une pédale, alors on leur donne les chiffres $7^\flat$, $\frac{7}{4}$, $\frac{7}{46}$. Souvent, au lieu d'écrire sur l'accord qui sert de résolution à une suspension les chiffres qui lui sont propres, on prolonge par de petites barres les chiffres qu'on a placés sur la suspension jusqu'à l'accord sur lequel se fait la résolution, de cette manière,

Au lieu de . . . Mais l'une et l'autre manière sont également bonnes.

N. B. Je répète souvent les mêmes choses dans un chapitre sur les chiffres, parce qu'il est très difficile de se rappeler tout ce qui concerne le chiffrage ancien des accords.

---

(1) Les anciens appellent cette suspension accord de septième majeure, ou neuvième mineure.

(2) Ils appellent cette suspension accord de septième supérieure avec tierce majeure, ou treizième tonique.

(3) Cette suspension est appelée ... par eux accord de sixte supérieure.

(4) Ils désignent cette suspension par le nom d'accord de septième supérieure avec sixte mineure, ou treizième majeure. L'élève sait que ce ne sont là que des suppositions; car le lecteur, qui veut traiter d'après les règles des suspensions, ces anciens maîtres emploient ces suspensions avec les accords de dominante, lorsque par une préparation ils leur donnent les mêmes notes.

VOICI UN TABLEAU GÉNÉRAL DES SUSPENSIONS
AVEC LEURS CHIFFRES LES PLUS USITÉS DANS L'ANCIENNE ÉCOLE.

SUSPENSIONS SIMPLES DE LA FONDAMENTALE.

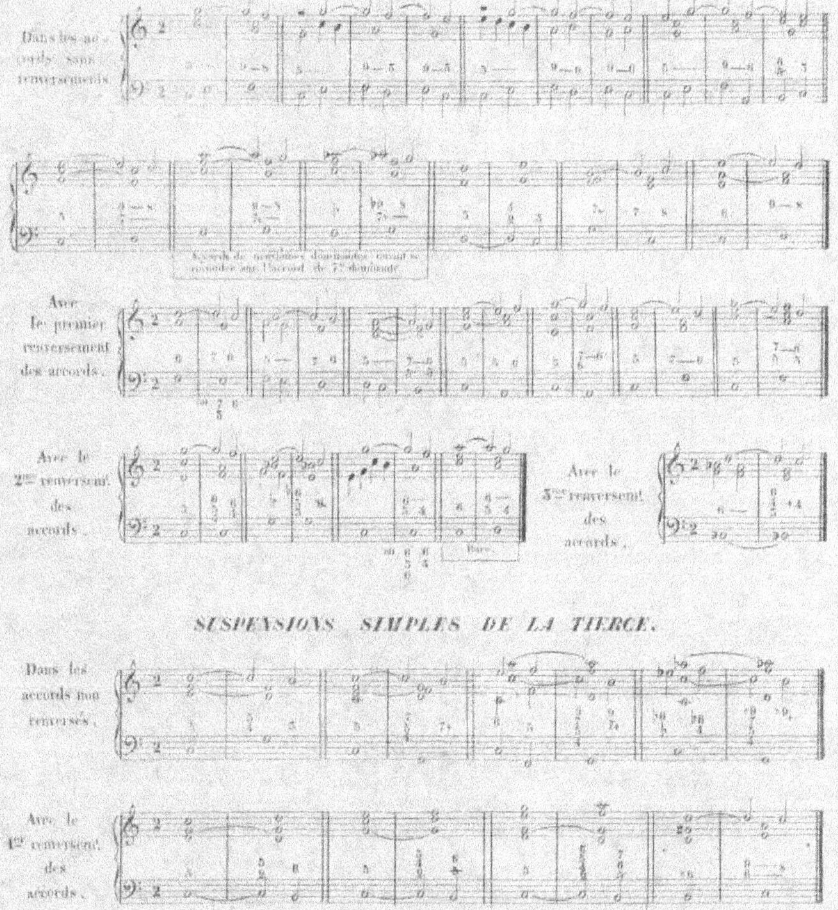

SUSPENSIONS SIMPLES DE LA TIERCE.

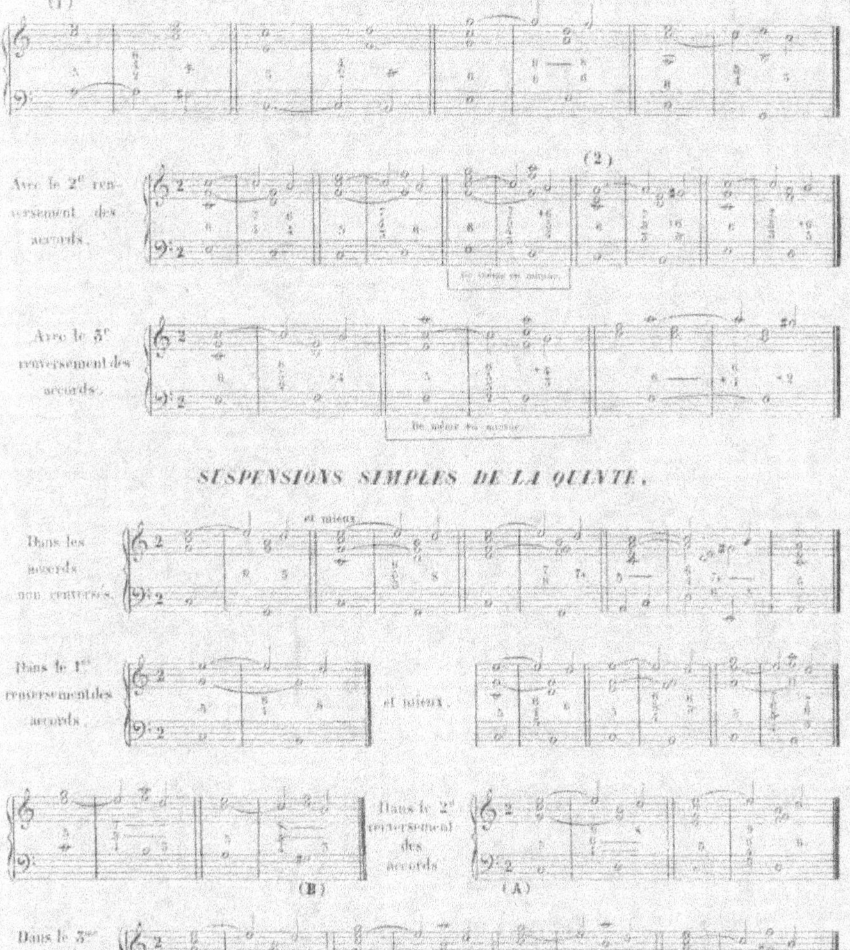

(1) Nous regardons ces accords comme dérivés des accords pris sur la dissonance et dont on a retranché la fondamentale, c'est pourquoi nous les plaçons dans le 1er renversement des accords.

(2) Nous considérons ces deux accords comme dérivés de la 7e dominante, dont on a retranché la fondamentale.

(A) La suspension de la quinte dans le second renversement n'est pas très utile, cependant on fait cela souvent dans la formule de cadence parfaite.

(B) Je regarde cet accord comme dérivé de la 8e mineure, dont on a supprimé la fondamentale.

SUSPENSIONS DOUBLES.

SUSPENSIONS TRIPLES.

SUSPENSIONS QUADRUPLES.

LES EXEMPLES SUIVANTS

semblent participer des *Suspensions* et des accords de *Septièmes*

SUSPENSIONS CONSONANTES.

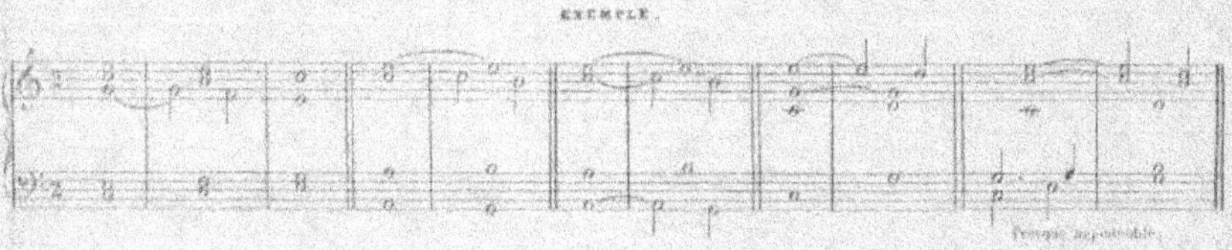

Les maîtres anciens pensent que ces notes prolongées sont dissonantes, parceque, disent-ils, elles sont étrangères à l'accord; il est bien difficile de partager leur opinion; cela explique du reste pourquoi ils regardent comme fautives certaines marches d'Harmonie, celles que nous donnons, par exemple, à la **page 43**. D'après ce principe, dans cette formule de cadence, le second renversement de l'accord de tonique, à la seconde mesure, serait regardé comme une double suspension. Je crois qu'on est dans l'erreur, et j'ose affirmer qu'une *suspension* n'existe réellement que lorsqu'elle frappe un intervalle de 2de 7me ou 9me avec une autre partie quelconque; c'est du reste ce que j'ai déjà dit à la page 153.

On pourrait rendre dissonantes quelques unes de ces suspensions, en doublant à l'octave inférieure la note suspendue,

EXEMPLE.

Parmi les maîtres de l'ancienne école, les uns permettent de doubler dans une partie intermédiaire la note suspendue, pourvu que ce soit à distance d'octave inférieure, comme dans les exemples que nous venons de citer, les autres veulent que cette note suspendue soit doublée au moins à distance d'octave inférieure, mais seulement entre une des parties hautes et la basse, ce qui donne la suspension 9 — 8, dont nous avons parlé à la page 152. Cependant on trouve dans le traité de Catel des exemples, dans lesquels la note suspendue est doublée à l'octave inférieure dans une partie intermédiaire, (voyez son traité à la page 24, 2me et 5me exemples.) On sait que ce livre, à tort ou à raison, fut adopté par le Conservatoire de musique; mais ce qui me prouve qu'il n'avait pas l'assentiment général des membres de la commission, c'est que Chérubini et M. Berton qui en faisaient partie ont toujours condamné les exemples que nous venons de signaler dans Catel. Voici ce que dit M. Berton, au sujet de ce genre de suspension, 9 — 8 : s'il ne faut jamais faire entendre, dans une partie, l'intervalle retardé dans une autre partie, ainsi, ce serait une faute d'introduire une tierce dans la suspension $\frac{5}{4}$, puisque cette tierce y est retardée par la quarte; de même pour tous les accords de retardement, excepté le retard de l'octave, soit par l'intervalle de 9me, soit par celui de 7me.

Ainsi, en fait de retardement, *on ne peut faire entendre la note retardée dans aucune autre partie, excepté à la basse, et toujours à distance de 7me ou de 9me*, exemple: Voyez à présent Catel, à la page 20, au 4me et au 8me exemples, vous y trouverez l'infraction à ce précepte.

CHAPITRE 56.

DU SIÈGE LE PLUS HABITUEL DES ACCORDS.

Les accords ont en général une place sur les dégrés de la gamme qu'ils gardent habituellement.

Ainsi, la position naturelle de l'accord de *Septième Dominante* est sur la Dominante ou Cinquième dégré des deux gammes:

En *Ut* Majeur.　　　　　　En *La* Mineur:

Le 1er renversement de l'accord de Dominante, appelé autrefois *accord de Quinte et Sixte*, à son siège sur le 7me dégré des deux gammes majeure et mineure, exemple:

En *Ut* Majeur:　　　　　　En *La* Mineur:

Son 2me renversement, appelé autrefois *accord de Sixte majeure avec Quarte et Tierce mineure* à son siège sur le second dégré, exemple:

En *Ut* Majeur.　　　　　　En *La* Mineur:

Son 3me renversement, appelé aussi *accord de Seconde ou de Triton*, a son siège sur le quatrième dégré, exemple:

En *Ut* Majeur:　　　　　　En *La* Mineur:

L'Accord de *Septième de Sensible* a son siège sur le 7me dégré de la gamme majeure, et celui de *Septième diminuée* se place sur le 7me dégré de la gamme mineure, exemple:

En *Ut* Majeur:　　　　　　En *La* Mineur:

Le 1er et le 2me renversements de la *Septième diminuée* ont leur siège sur le 2d et le 4me dégrés de la gamme mineure, exemple:

En *La* Mineur.

Son 3me renversement, appelé aussi par les anciens maîtres **accord de Seconde augmentée ou superflue**, à son siège sur le 6me dégré de la gamme mineure, exemple:

L'accord de *Sixte-augmentée* le plus usité a aussi son siège sur le 6me dégré de la gamme mineure, exemple:

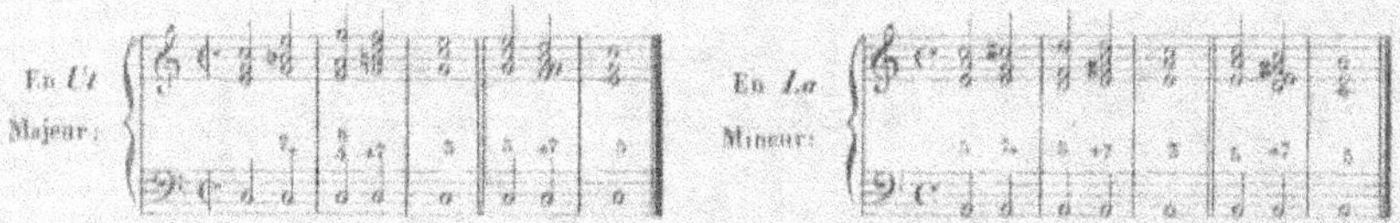

L'accord de *Onzième tonique* a toujours son siège sur le 1er dégré de la gamme, exemple:

En Ut Majeur: En La Mineur:

L'accord de *Treizième tonique*, d'après les anciens maîtres, ne se place que sur la Tonique d'une gamme mineure, exemple:

En La Mineur:

On peut l'employer pourtant dans une gamme majeure, exemple:

En Ut Majeur: Cet exemple peut se transposer en Ut mineur.

EXERCICES SUR TOUS LES ACCORDS.

Je vais donner sur les accords et leur emploi des exemples avec lesquels l'élève devra s'exercer dans toutes les gammes et dans toutes les positions; c'est le meilleur moyen connu pour apprendre la *Basse chiffrée*.

ACCORDS DE TROIS SONS DANS LE MODE MAJEUR:

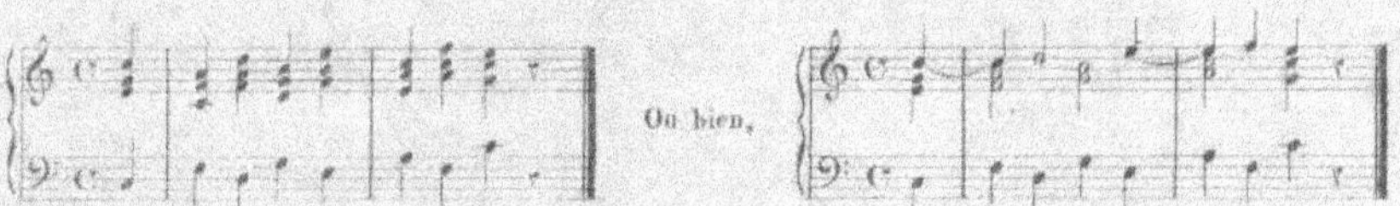

La 1ʳᵉ position qu'on prend ici dans le 1ᵉʳ exemple est la meilleure; si on se servait de la 3ᵐᵉ et surtout de la 2ᵈᵉ, il en résulterait fréquemment des *Quintes cachées* faites d'après la 2ᵈᵉ et la 3ᵐᵉ exceptions, exemple:

EXERCICES SUR CETTE MARCHE DE BASSE:

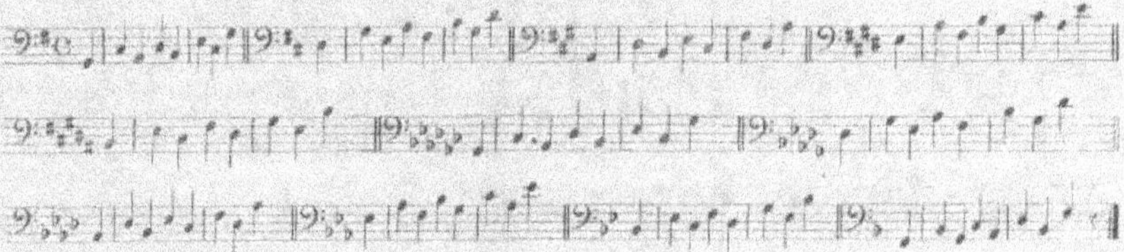

ACCORDS DE TROIS SONS DANS LE MODE MINEUR.

Cette progression faite par le mouvement semblable produirait des Quintes et des Octaves cachées, exemple:

On pourrait à la rigueur prendre le mouvement semblable en commençant par la première position, mais il n'est pas d'une bonne école que toutes les parties aillent par le même mouvement.

On ferait encore des fautes de Quintes cachées si, en faisant marcher la main droite par mouvement contraire avec la Basse, on commençait par la 3me position; mais on pourrait commencer par la 1re position, exemple.

Je donne ici toutes ces analyses afin d'enseigner aux élèves comment on doit apprendre à accompagner la Basse chiffrée avec élégance et correction.

EXERCICES SUR CETTE MARCHE DE BASSE:

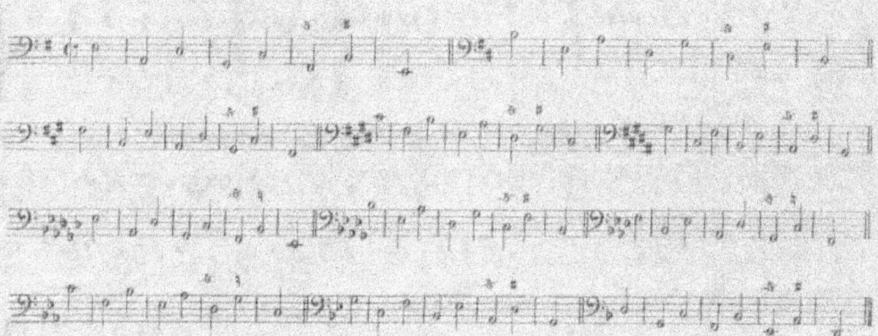

L'Élève transposera ainsi dans tous les tons les Marches Harmoniques qu'il rencontrera dans le cours de cet ouvrage; il devra commencer le plus souvent par la position qui lui donnera la meilleure réalisation.

ACCORDS DE SIXTE:

Lorsque plusieurs accords de Sixte se suivent sans interruption et par degrés conjoints dans la Basse, il faut employer le plus possible le mouvement contraire entre la main Droite et la main Gauche, et supprimer ou doubler et même ajouter quelquefois un intervalle, au lieu d'en doubler un. On ne devrait employer tout-à-fait le mouvement semblable entre les deux mains qu'en écrivant à trois parties, exemple:

Nous avons souvent ajouté une note dans l'accord de Dominante pour rendre la réalisation plus facile et plus complète, ainsi que nous avons fait.

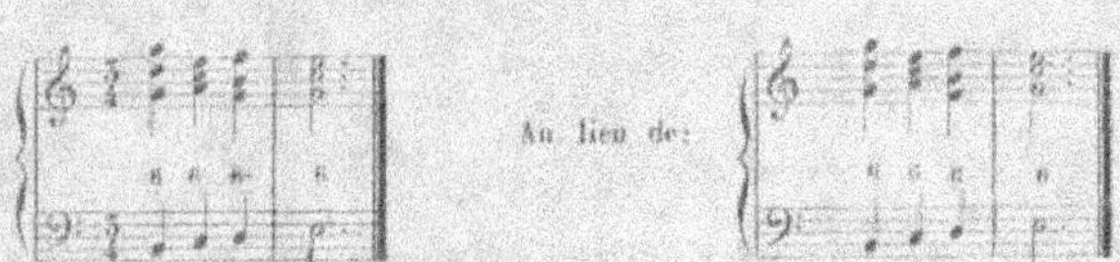

EXERCICES SUR LES EXEMPLES PRÉCÉDENTS:

L'élève pourra se servir dans ces exercices de l'accord de Septième-Dominante ainsi que nous l'avons fait dans les exemples précédents réalisés pour le Piano.

ACCORDS DE SEPTIÈME DE 1re ET 2me ESPÈCES:

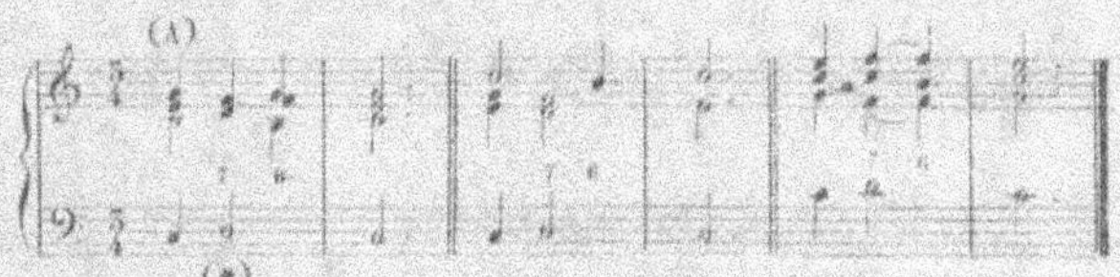

EXERCICES

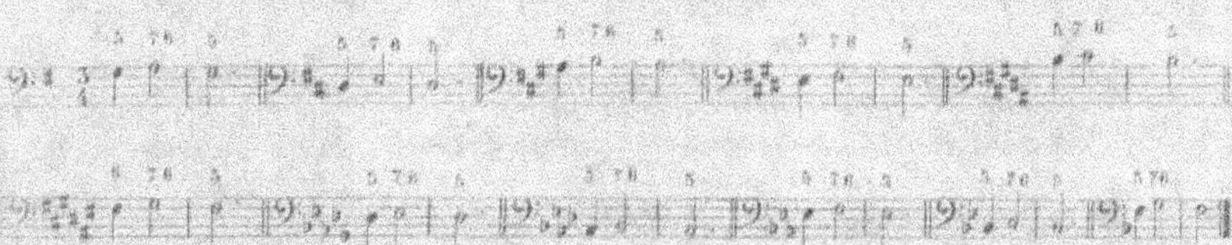

(*) Les anciens maîtres recommandaient de préparer la Quinte des Septièmes diminuées, lorsqu'on veut l'employer. Cette préparation se fait comme celle de la Quarte jointe à la Basse; mais elle est inutile ici.

L'Élève transposera ces exercices dans les tons mineurs.

EXERCICES:

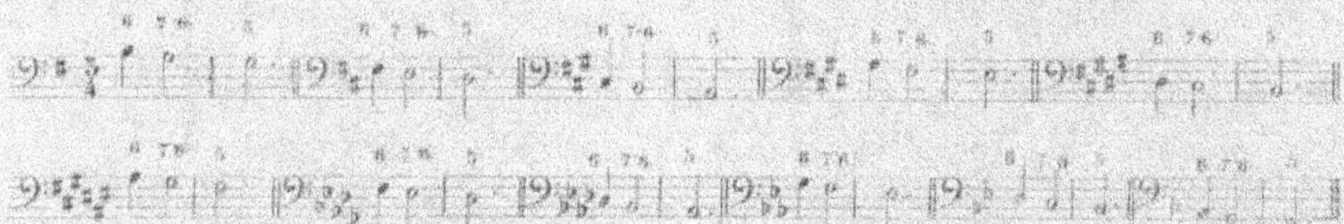

L'Élève transposera ces exercices dans tous les tons mineurs, en procédant ainsi: *La* mineur, *Mi* mineur, *Si* mineur, *Fa ♯* mineur, *Ut ♯* mineur, *Sol ♯* mineur, *Ré ♯* mineur, *Si ♭* mineur, *Fa* mineur, *Ut* mineur, *Sol* mineur, et *Ré* mineur. La Septième de seconde espèce se change alors en Septième de troisième espèce.

REMARQUES: Lorsqu'on monte vers la Fondamentale de la Septième de 2me espèce par dégrés conjoints, on supprime sa Quinte, afin d'éviter les fautes de Quinte; (voyez l'exemple A.)

Si au contraire on descend conjointement sur la Fondamentale de cette Septième, on peut employer cet accord avec ses quatre notes, (voyez l'exemple B.) parcequ'ici on arrive par mouvement contraire sur la Quinte parfaite. On pourrait néanmoins supprimer la Quinte de la Septième, exemple:

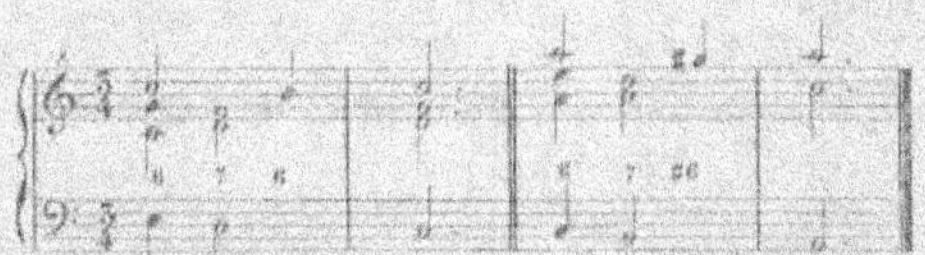

J'ai dit à la page 94, au chapitre sur les chiffres, que l'harmonie la plus correcte était celle à trois parties, appelée *Triade* par les Allemands. En effet, les anciens maîtres regardaient les *Septièmes* dérivées comme des accords de Sixte, dans lesquels la Septième n'était placée que comme un retard; ainsi pour eux, représentait et non. Voilà pourquoi ils supprimaient la Quinte dans les accords de Septièmes dérivées. (1) Ils pensaient que la meilleure harmonie était celle de trois sons, dont deux étaient essentiels, et le troisième accessoire. Malheureusement cette opinion est combattue par les accords de *Septième Dominante et de Septième Diminuée*, qui peuvent s'employer avec leurs quatre notes. Nous devons nous hâter de dire pour la gouverne de l'élève qu'on n'est tenu de supprimer la Quinte des Septièmes dérivées que lorsqu'on ne peut l'employer sans faire des fautes, il est donc indifférent de la doubler ou de la supprimer. Nous avons déjà dit que les anciens préparaient cette Quinte des 7mes dérivées.

---

(1) Voyez dans la Préliminaire la page 99, §. 100.

De ce que nous disons que l'harmonie la plus facile à écrire correctement est celle de trois sons, il ne suit pas que la meilleure composition doive être nécessairement celle à trois voix, parceque, pour obtenir même l'harmonie à trois sons, (ce que nous appelons *Triade* ou accord de trois sons,) on est souvent obligé, à cause de la diversité des mouvements, d'employer quatre parties, ou un plus grand nombre. Les compositeurs savent bien qu'en écrivant à trois parties, il est impossible de toujours compléter les accords de trois sons, si ce n'est dans quelques Marches Harmoniques.

Lorsqu'on va de l'accord du cinquième degré à celui du sixième degré dans une gamme mineure, on est obligé de doubler la tierce du second accord pour obtenir la réalisation la plus correcte, exemple:

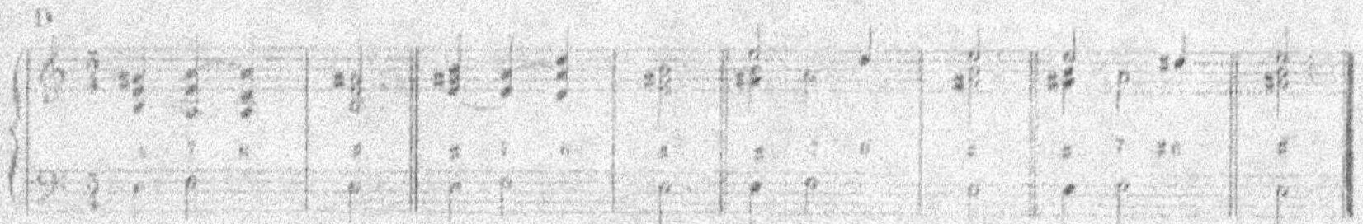

Voilà pourquoi dans les exemples suivants nous supprimons la Quinte dans la Septième de 4ᵐᵉ espèce, et nous doublons la Tierce.

EXERCICES SUR LES EXEMPLES D.

Lorsqu'on fait une suite de Septièmes sur une Basse qui marche par Quartes et par Quintes, comme dans l'exemple suivant, on supprime ordinairement la Quinte dans l'une en la laissant subsister dans celle qui la suit ou qui la précède, exemple:

L'élève transposera également ces exemples dans tous les tons, de la même manière que nous l'avons fait précédemment. C'est pour rendre la réalisation plus correcte qu'on double ou qu'on supprime certaines notes dans ces accords. La réalisation que nous donnons ici est la plus usitée; on peut néanmoins en trouver d'autre.

La réalisation des accords de Septièmes reste la même, lorsqu'on suspend leur tierce, exemple.

Septièmes dérivées et Septième diminuée dans leur 3ᵐᵉ renversement, appelées aussi accord de Seconde mineure, Seconde majeure, et Seconde augmentée.

Septième de 3ᵐᵉ espèce dans son troisième renversement, appelée accord de Seconde mineure.

Si dans le second accord, au lieu du *Sol* ♮, on prenait *Sol* ♯, il faudrait faire monter ce *Sol* ♯ au *La* qui se trouverait doublé; le *Fa* serait amené par le *Mi*. exemple.

On supprime alors l'*Ut* qui est la Quinte du 5.me accord, afin d'éviter deux Quintes consécutives, exemple:

Le *Si* et le *Sol* #, dans le second accord, doivent donc aller au *La*. On pourrait, sans doute, faire descendre le *Sol* # au *Fa*, mais l'intervalle de Seconde augmentée qui en résulterait serait contraire à la bonne mélodie, exemple:

Il vaudrait mieux alors disposer les accords de la manière suivante:

On obtient ainsi une harmonie à quatre parties réelles:

Septième de seconde espèce dans son troisième renversement, appelée Accord de Seconde majeure.

EXERCICES.

Septième diminuée dans son 3me renversement, appelée accord de Seconde augmentée:

EXERCICES :

Suspension de la Tierce, appelée accord de Quarte et Quinte, $\begin{smallmatrix}5\\4\end{smallmatrix}\ 3$:

DANS LE MODE MAJEUR:

On trouvera d'autres manières de réaliser cette Suspension dans les exemples de Marches Harmoniques que je donne aux pages 191, 192, et 197.

EXERCICES SUR L'EXEMPLE PRECEDENT.

DANS LE MODE MINEUR.

Il faut éviter la réalisation suivante qui donne deux Quintes dans le N° 1, et deux Octaves avec la Basse dans le N° 2.

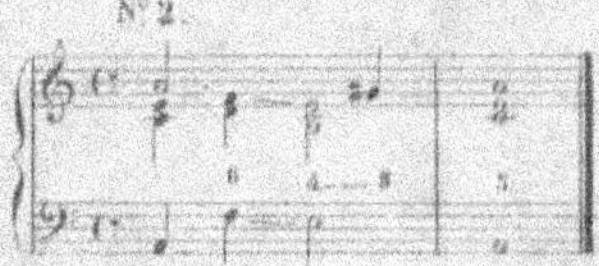

Si l'on voulait prendre la Sixte augmentée, il faudrait réaliser l'Harmonie de la manière suivante:

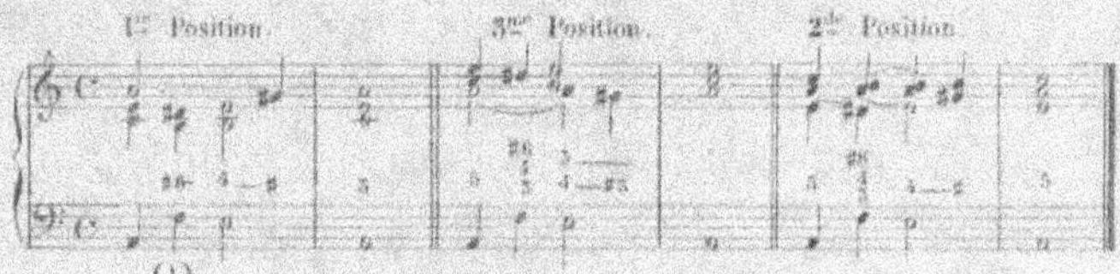

(1)

EXERCICES.

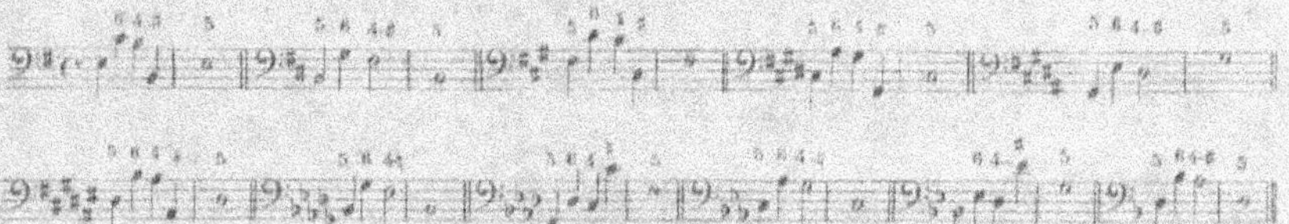

Emploi de l'accord de Septième Dominante dans son troisième renversement, appelé alors accord de Triton.

(1) On pourrait chiffrer cet accord par un 6 traversé d'une barre allant de bas en haut. #

EXERCICES:

Accord de Septième Diminuée dans son second renversement:

EXERCICES:

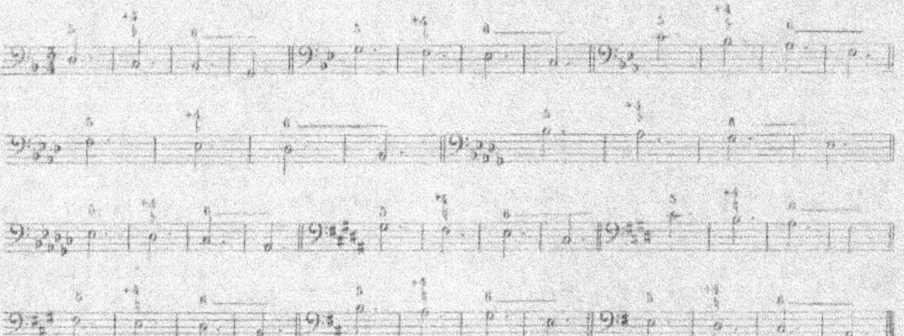

Accord de Septième Diminuée venant se résoudre sur l'accord de Septième Dominante:

EXERCICES.

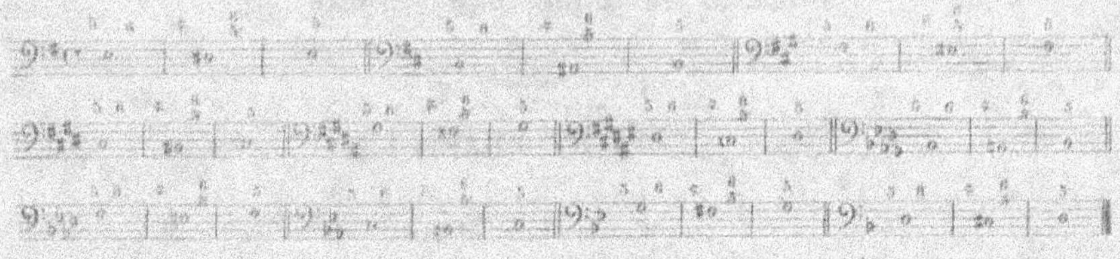

Accord de Neuvième mineure venant se résoudre sur l'accord de Septième Dominante:

EXERCICES.

Emploi de la suspension 9-8.

En majeur   **EXERCICES:**

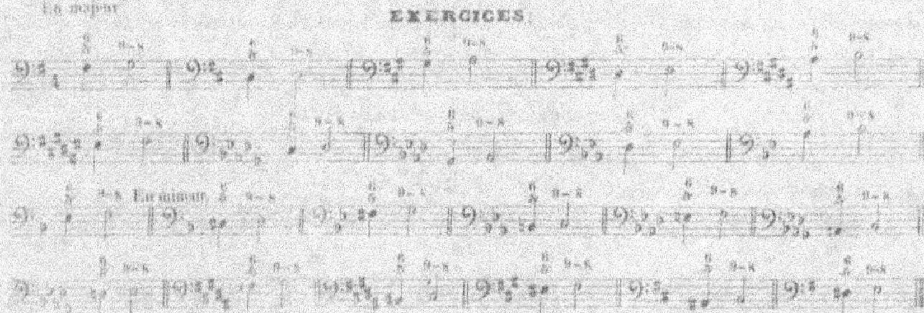

Je vais donner maintenant le tableau général de tous les accords employés dans cet ouvrage, parcequ'il est très important de les connaître à fond, et de les avoir toujours présents à l'esprit.

NOUVEAU
TABLEAU GÉNÉRAL DES ACCORDS

SIX ACCORDS PRIMITIFS.

DOUZE ACCORDS DÉRIVÉS.

ACCORDS DE SEPTIÈMES.

ACCORDS ALTÉRÉS.

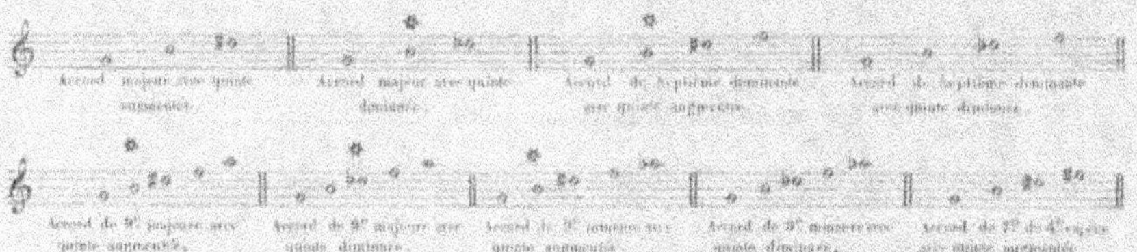

Tous les accords marqués d'un astérisque (*) dans ce tableau s'appellent accords de *Sixte-augmentée*. En retranchant la fondamentale des accords de Septième Dominante, et de Neuvième majeure et mineure, on semble multiplier ces accords de Sixte augmentée, exemple:

ACCORDS DE SIXTE AUGMENTÉE.

On sait qu'en employant les *accords altérés*, appelés aussi accords de *Sixte augmentée*, on doit renverser l'intervalle de *Tierce diminuée* qu'ils présentent afin d'obtenir une *Sixte augmentée*, parceque dans la bonne musique l'intervalle de Tierce diminuée est rarement employé. (Voyez la page 92 dans la Panharmonie.)

Les anciens maîtres donnent à certaines suspensions et à certains accords frappés sur la Pédale faite sur la Tonique, les dénominations d'accords de *Neuvième Tonique*, *Onzième Tonique*, et *Treizième Tonique*. Mais ces accords ne sont que ceux de trois, quatre et cinq sons pris sur la Dominante d'une gamme, qu'on appelle accords de *Dominante*, (1) de *Septième Dominante*, de *Neuvièmes majeure et mineure*; ces trois derniers accords peuvent être employés avec ou sans leur fondamentale; exemples:

ACCORDS DE NEUVIÈME TONIQUE, ONZIÈME TONIQUE, ET TREIZIÈME TONIQUE.

L'*Ut*, employé comme Pédale est la note qui donne les nouveaux noms à ces accords.

Voici comment on emploie ces accords.

AVEC LES SUSPENSIONS.

Les accords de 9ᵐᵉ, 11ᵐᵉ et 13ᵐᵉ Tonique sont ceux que nous avons marqués d'un astérisque.

SUR LA PÉDALE DE LA TONIQUE.

Les accords de 9ᵐᵉˢ, 11ᵐᵉˢ et 13ᵐᵉˢ Tonique sont ceux que nous avons désignés par un astérisque.

On donnait autrefois un nom différent à chaque renversement d'un même accord. On a vu ces diverses dénominations aux pages suivantes, dans lesquelles je parle avec les plus grands détails de la manière ancienne de chiffrer les accords.

Mes élèves, au Conservatoire, lorsqu'ils ont fini les trois premières parties de la Panharmonie passent à l'ouvrage (2) que je vais publier comme complément de celui-ci, et qui forme le deuxième dégré pour l'étude de l'harmonie, mais ils étudient en même temps la quatrième partie de la Panharmonie qui parle de la *Composition*, et ces *Partimenti*

---

(1) L'accord de Trois sons placé sur la cinquième note de la gamme s'appelle accord de Dominante.

(2) A tort économiquement, ces ouvrages sur mes manuscrits, ces Partimenti doivent être considérés comme faisant partie de la Panharmonie Musicale

RÉSUMÉ.

On peut compter cinq accords principaux, savoir:

1°. *Les accords de trois Sons,*
2°. *Les accords de Septièmes,*
3°. *Les accords de Neuvièmes,*
4°. *Les accords de Onzième Tonique,*
5°. *Les accords de Treizième Tonique.*

Les deux accords de Onzième et Treizième sont formés par les Suspensions ou par la Pédale; les anciens maîtres rangent aussi au nombre des accords de Septièmes et de Neuvièmes ceux dans lesquels ces intervalles sont formés au moyen des Suspensions.

I°. DES ACCORDS DE TROIS SONS:

Il y a quatre espèces d'accords de trois sons, savoir:

L'accord parfait majeur, ...

L'accord parfait mineur, ...

L'accord diminué, ...

L'accord augmenté, ...

Chaque accord de trois sons a deux renversements. Le premier, qui se fait en mettant la Tierce à la Basse, s'appelle *accord de Sixte*; l'autre, qui se fait en plaçant la Quinte à la Basse, s'appelle accord de *Sixte-Quarte*; ex.

La Quarte parfaite qui se fait entre la Basse et une partie haute dans le second renversement des accords est une *Quarte Consonante*; elle devient *Dissonante* lorsqu'elle retarde la Tierce d'un accord, exemple:

Parmi ces quatre espèces d'accords de trois sons, deux sont Consonnans, savoir: l'accord parfait majeur, et l'accord parfait mineur; deux Dissonants, savoir: l'accord Diminué et l'accord augmenté.

Chacun de ces accords peut se présenter dans trois positions différentes qui sont:

1.° La *Position de l'Octave*, si l'octave de la Fondamentale se trouve la note la plus haute dans la main Droite, exemple: ....

2.° La *Position de la Tierce*, si la Tierce de l'accord occupe la place la plus élevée dans la main Droite, exemple: ....

3.° La *Position de la Quinte*, lorsque la Quinte de l'accord prédomine dans la main Droite, exemple: ....

Lorsqu'on supprime une note de ces accords, ces expressions de Position de l'Octave, de la Tierce, et de la Quinte ne peuvent plus servir; on dit alors *première Position*, *seconde Position*, *troisième Position*.

On désigne ordinairement par *Première Position* celle où l'Octave prédomine dans la main droite; par *Deuxième* celle où c'est la Tierce, et par *Troisième*, celle où c'est la Quinte. De toutes ces positions, la première est celle qui donne le meilleur effet harmonique.

Les accords ont généralement autant de positions qu'ils renferment de sons; on peut en excepter les Neuvièmes Dominantes, et les accords de Sixte augmentée.

Les accords de trois sons, lorsqu'ils sont majeurs ou mineurs, se chiffrent par 5, ou par 3, ou par 8, ou enfin par deux ou trois de ces chiffres réunis, de cette manière, $\frac{5}{3}$, $\frac{8}{5}$, $\frac{8}{3}$, $\frac{8}{5}{3}$. Le plus souvent les accords parfaits ne se chiffrent pas. Quelquefois seulement un ♯, un ♭, un ♮ se placent au-dessus de la Basse, et indiquent la qualité de la Tierce.

L'accord diminué se chiffre toujours par un 5 barré lorsqu'il n'est pas renversé. On est obligé aussi d'ajouter un accident pour les accords augmentés devant le chiffre qui représente la note altérée. Les renversements de l'accord diminué se chiffrent comme ceux des accords majeurs ou mineurs; quelquefois, en mineur, on ajoute une Croix (+) devant le 6 pour le premier renversement, et devant le 4 pour le second renversement, cette Croix remplace un ♯ ou un ♮.

Le premier renversement des accords de trois sons se chiffre par 6 ou $\frac{6}{3}$ et le second par $\frac{6}{4}$, exemple:

Ces accords de trois sons peuvent être modifiés par les Suspensions ; ils produisent alors des intervalles de Seconde, Quarte, Septième ou Neuvième, selon la prolongation qu'on fait.

2° DES ACCORDS DE QUATRE SONS, APPELÉS ACCORDS DE SEPTIÈMES.

Il y a six espèces de Septièmes, savoir : la *Septième Dominante*, ou *Septième de première espèce*, la *Septième de Seconde*, de *Troisième et Quatrième espèce*, et enfin la *Septième de Sensible*, qui dérive de la Neuvième majeure prise sans l'fondamentale, et la *Septième Diminuée* qui dérive de la Neuvième mineure, prise aussi sans fondamentale.

On peut voir dans leur chapitre respectif tout ce que nous avons dit au sujet de ces accords.

3° DES ACCORDS DE NEUVIÈMES.

Il y a deux espèces d'accords de Neuvièmes, la *Neuvième dominante majeure*, et la *Neuvième dominante mineure*. Les anciens maîtres confondent à tort les accords de Neuvièmes dominantes avec les Suspensions.

4° DES ACCORDS DE ONZIÈME TONIQUE.

L'accord Dissonant de 11ème Tonique est composé de Quinte, Septième, Neuvième et Onzième ; nous avons dit qu'il se faisait en prolongeant toutes les notes d'un accord de Dominante sur la Tonique, ou bien en frappant cet accord de Dominante sur la Tonique employée comme Pédale, exemple :

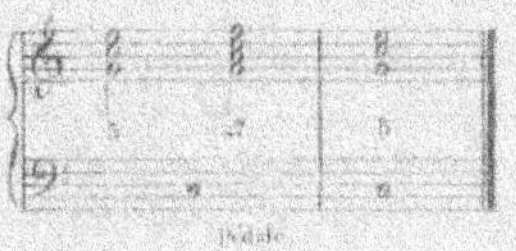

On peut supprimer un ou même deux sons de cet accord, lorsque l'accompagnement l'exige, exemple :

* Ce dernier accord prend alors le nom de *Quarte-Quinte*, et peut se renverser. Pour mieux vous faire comprendre,

nous disons que le *Fa* suspend la Tierce *Mi*, de sorte qu'on peut regarder cet accord comme celui d'*Ut Mi Sol*, dont on retarde le *Mi* par le *Fa*, ou comme l'accord de 11.me Tonique dont on a retranché le *Si* et le *Ré*, exemple:

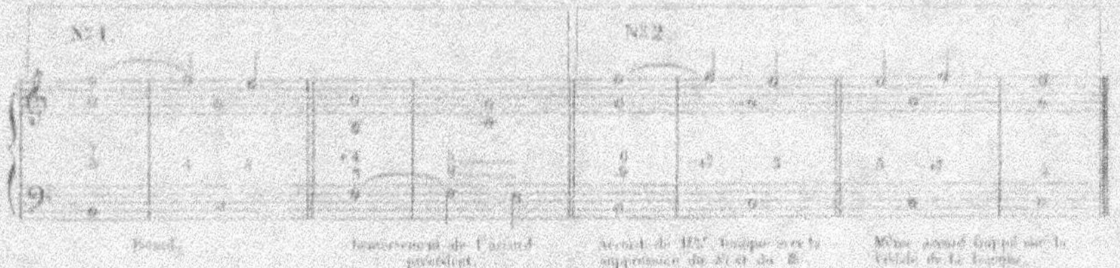

Le N.º 1 est très usité, le N.º 2 ne peut être employé que le plus rarement possible. Il ne faut donc pas retrancher deux notes dans l'accord de 11.me Tonique. Le 1.er exemple du N.º 2 est très souvent employé comme suspension de la Tierce.

5.º DE L'ACCORD DE TREIZIÈME TONIQUE.

L'Accord de Treizième Tonique est composé de 7.me, 9.me, 11.me et 13.me. C'est l'accord de Septième diminuée frappé sur la Tonique, aux mêmes conditions que la 11.me Tonique dont nous venons de parler; on peut retrancher dans l'accord judicieusement une des notes de cet accord, exemple:

On frappe quelquefois cet accord dans le mode majeur; on prend alors à la place de la *Septième diminuée* l'accord de *Septième Sensible*. On pourrait aussi donner leur fondamentale à ces accords de Septième Sensible et de Septième diminuée.

ACCORD DE ONZIÈME TONIQUE

Cet accord se rencontre dans les auteurs les plus renommés.

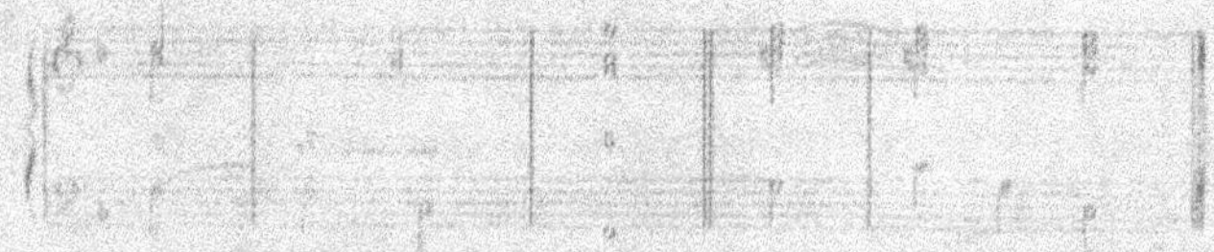

Cette manière de briser la Basse sous l'accord de *Onzième Tonique* est très élégante.

DE LA TIERCE DIMINUÉE;

L'école moderne permet l'emploi de la Tierce diminuée, mais seulement comme note altérée dans un accord de Septième diminuée, exemple:

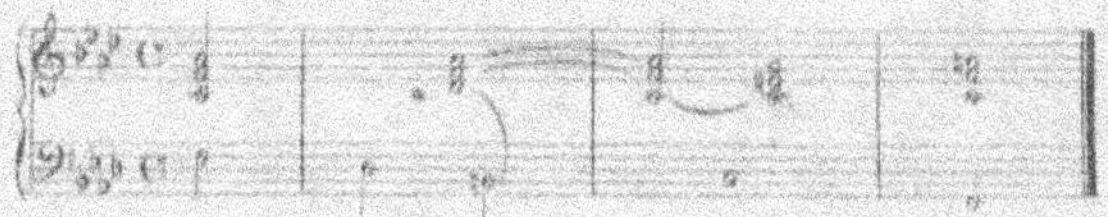

* Ce *Ré* ♮ est la Quinte altérée de l'accord *Sol*, *Si* ♮, *Ré* ♯, *Fa*, *La* ♭, dont on a retranché le *Sol*.

DES TIERCES CONSÉCUTIVES;

Lorsqu'on fait une suite de Tierces, on ne frappe ordinairement toutes les notes de l'accord qu'au commencement de chaque mesure; on doit compléter l'accord à la dernière mesure, exemple.

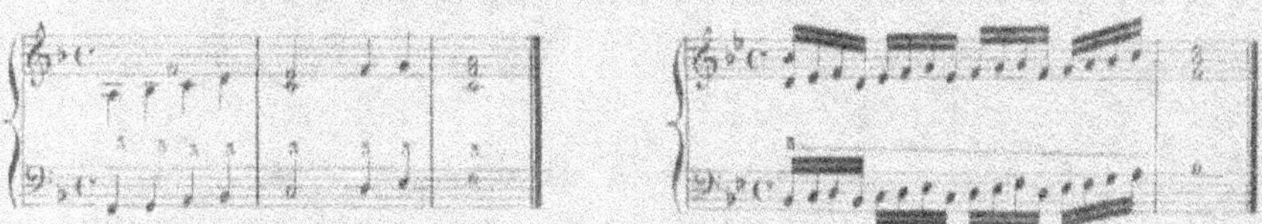

DE LA QUARTE DIMINUÉE;

La Quarte diminuée se frappe souvent dans un accord de Septième dominante du mode mineur, dont on retarde la Quinte et la Septième; cette suspension est très belle, exemple!

DE LA CADENCE PLAGALE EN MINEUR;

Voici un exemple de la Cadence plagale dans le mode mineur que je recommande à l'élève.

DE LA QUINTE AUGMENTÉE.

Nous avons vu dans les accords altérés comment on employait la Quinte augmentée, certains auteurs s'en servent quelquefois comme dans le N.º 2 de l'exemple suivant. Le N.º 1 est très usité:

DE LA SIXTE DIMINUÉE.

La Sixte diminuée, qui est très rare, s'emploie ordinairement comme Suspension dans un accord de Septième diminuée, exemple:

DE LA MARCHE DE SIXTES.

Le N.º 2 de l'exemple suivant est préférable au N.º 1. On peut donc, comme on le voit, omettre de temps en temps un intervalle, et en redoubler un autre.

DE LA SIXTE AUGMENTÉE.

La Sixte augmentée s'emploie de la manière suivante dans les accords altérés en descendant:

* Dans ce dernier exemple, il y a deux Quintes parfaites par mouvement semblable, on les tolère dans ce cas particulier, parceque ces deux Quintes n'ayant lieu qu'entre la Basse et une partie intermédiaire, sont peu sensibles. Quoique cette tolérance soit justifiée par l'opinion d'un grand nombre d'écrivains, je conseille à l'élève de ne pas la suivre, et d'éviter ces fautes de Quintes.

DES SEPTIÈMES:

On supprime ordinairement la Quinte dans les Septièmes dérivées, de sorte qu'elles ressemblent alors à des Suspensions de 7.me. Il n'est pas aussi rigoureusement nécessaire de supprimer une note dans les accords de Septième dominante, et de Septième diminuée, exemple:

La Septième majeure s'emploie plus souvent avec l'accord de 11.me ou 13.me Tonique, ou comme Appogiature, que dans un accord de Septième de 4.me espèce, exemple:

DE L'OCTAVE DIMINUÉE:

L'Octave diminuée s'emploie en général dans un accord de Septième diminuée dont on retarde deux notes, exemple:

DE L'OCTAVE AUGMENTÉE:

Ainsi que l'Octave diminuée, l'Octave augmentée ne peut être regardée que comme une note accidentelle, et surtout comme note de passage, exemple.

DES NEUVIÈMES:

Les anciens traitent toutes les Neuvièmes comme des Suspensions, ils supprimaient parconséquent la 7.me, même dans les accords de Neuvièmes Dominante, et quelquefois aussi la Quinte dans les accords sur lesquels on place une Suspension de Neuvième, dans ce dernier cas, ils doublent la Tierce, exemple:

CHAPITRE 57.

ACCOMPAGNEMENT PRATIQUE AU PIANO.

REGLES GENERALES.

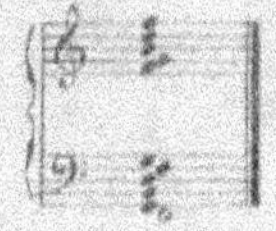

On peut placer une, deux, trois, quatre, cinq, six et jusqu'à 11 notes à la fois sur une note de la Basse.

Mais ordinairement dans la réalisation au Piano des *Partimenti* ou Basses chiffrées, il suffit de former avec la main Droite les intervalles chiffrés, tandis que la main Gauche touche la Basse, et reste, pour ainsi dire, dans la même place qu'on a choisi en commençant, au lieu de sauter çà et là sur le clavier pour frapper les notes de l'accord.

Il faut tâcher de ne pas dépasser cette étendue   dans la main droite, et même celle-ci , lorsqu'on a des voix à accompagner.

Quand on accompagne la partition, on subordonne alors la place des mains à celle des parties de cette partition. Mais si on accompagne une voix, ou si on réalise des Basses chiffrées, il faut conserver autant que possible la position par laquelle on a commencé, afin que la main Droite ait la même position à la fin et au commencement du morceau.

Lorsqu'une note est commune à deux accords, il faut la faire avec le même doigt. Il peut y avoir des exceptions à ce principe.

On réalise les accords au Piano comme sur le papier, en évitant toutes les fautes d'Harmonie; mais on emploie toutes les exceptions.

Il faut toujours entretenir du mouvement dans chaque mesure. Dans un mouvement lent, lorsque la Basse fait des Rondes, l'accompagnement sera plus élégant si l'on frappe deux accords sous chaque Ronde, exemple:

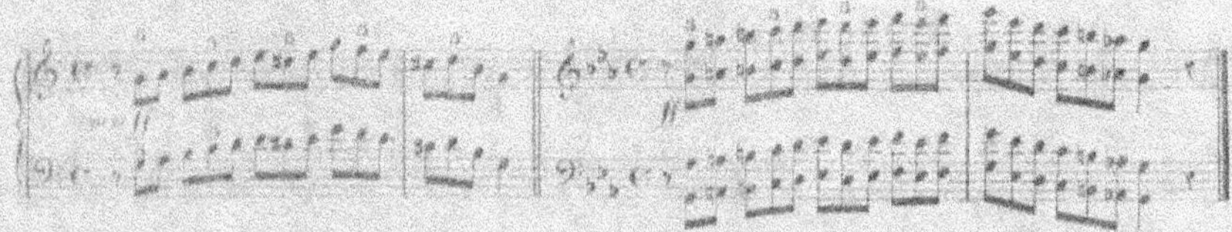

Lorsque toutes les parties marchent à l'Octave, on joue la Basse seule, ou ne la double en Octaves que dans les *Forte*; la main droite et la main gauche jouent alors par *Octaves*, exemple:

Les mots *Tasto*, ou *Tasto solo* signifient qu'il faut tenir le son, et ne le frapper que lorsqu'il devient trop faible pour être entendu. On sait que pour le Piano on ne peut faire les *Tenues* aussi longues que pour les instruments à vent ou à Cordes.

On est souvent obligé de changer la position de la main Droite, parcequ'on a été forcé, pour ne pas interrompre une marche convenable des accords, de monter trop haut, ou de descendre trop bas; il faut que ce changement de position se fasse sur une harmonie Consonante, et principalement, si cela se peut, pendant la durée d'un même accord.

Il faut accompagner habituellement à quatre parties; il est cependant des cas où un accompagnement à trois, et même à deux parties produit plus d'effet. L'expérience et le goût peuvent seuls guider l'élève. Il vaut mieux, dans tous les cas, se conformer à la règle, et réaliser son harmonie à quatre parties.

Lorsqu'on est forcé de prendre l'Unisson par suite du rapprochement des mains ou pour se conformer à la règle, l'accompagnement n'en reste pas moins à quatre parties, quoique dans ce cas, on n'entende réellement que trois sons, exemple:

Il faut que celui qui veut apprendre à accompagner la Partition, et même la Basse chiffrée, sache lire toutes les clés usitées.

On peut doubler toutes les consonances, mais jamais les Dissonances, parcequ'elles donnent une harmonie trop dure, et produisent nécessairement dans leur résolution des suites d'Octaves. En général, on ne double pas les notes qui ont une marche forcée, c'est-à-dire, une seule manière de se résoudre.

On peut doubler pourtant les Dissonances naturelles qui n'ont pas besoin de préparation. Voilà pourquoi on double très fréquemment toutes les notes des accords de *Septième Dominante* et de *Septième diminuée*.

Cependant, lorsqu'on écrit pour le Piano, on peut rigoureusement doubler toutes les Dissonances, pourvu qu'on leur donne alors la même résolution; ce qui rentre dans la règle des parties doublées à l'Octave, selon les principes que j'ai donnés dans la Panharmonie, à la page 115 et dans ces Partimenti à la page 19.

On peut préparer ou résoudre l'accord de Sixte-Quarte sans *lier* la note qui prépare et qui résout.

Pour acquérir la facilité d'accompagner à vue correctement toute Basse chiffrée, on doit se familiariser avec les formules suivantes et les transposer dans tous les tons, en cherchant à les bien graver dans sa mémoire.

(1)

(1) On pourrait disposer les accords frappés à la main droite de plusieurs autres manières; je veux seulement indiquer ici les notes qu'on doit placer sur une Basse donnée les chiffres qu'elle porte.

DES TROIS POSITIONS DE LA MAIN DROITE.

Il y a trois manières de placer dans la main droite l'accord de Tonique, qui sert ensuite de guide à ceux qui le suivent ; c'est ce qu'on appelle les trois positions, qui sont : 1° la *Position d'Octave*, ou *Première Position*, 2° la *Position de Tierce*, ou *seconde Position*, 3° la *Position de Quinte*, ou *troisième Position* ; exemple :

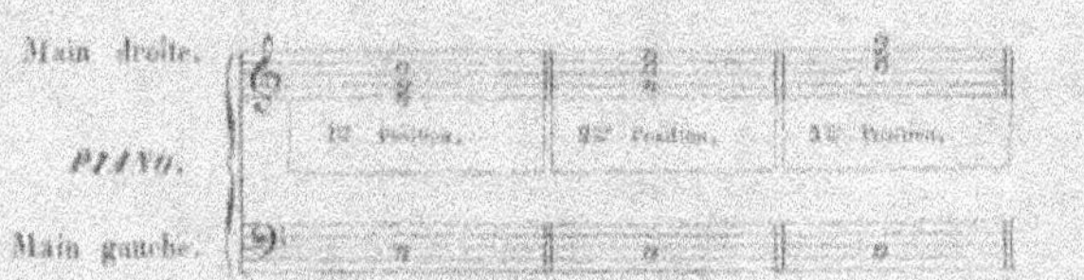

La première position étant considérée comme la plus parfaite, doit toujours être choisie pour la terminaison d'un morceau.

La seconde position donne un meilleur effet que la troisième, mais elle est moins parfaite que la première, on peut s'en servir pour commencer, mais rarement pour finir.

La troisième position est la plus faible de toutes ; on peut s'en servir pour le commencement du morceau, mais le plus rarement possible pour la fin. On emploie la troisième Position dans le courant d'un morceau pour enchaîner la première et la seconde, ou pour placer l'harmonie au centre de la Portée, lorsqu'elle est poussée trop loin ou ramenée trop près de la basse par l'enchaînement des accords.

On change souvent de Position en brisant les accords.

On peut donc dans tout accompagnement mêler les trois Positions.

DE LA RÈGLE D'OCTAVE.

La Règle d'octave, ainsi que nous l'avons déjà dit, détermine l'Harmonie que doit porter chaque note de l'échelle du Mode, soit majeur, soit mineur, en montant ou en descendant.

Il faut autant que possible se renfermer dans une seule position, surtout lorsqu'on commence à accompagner ; exemple :

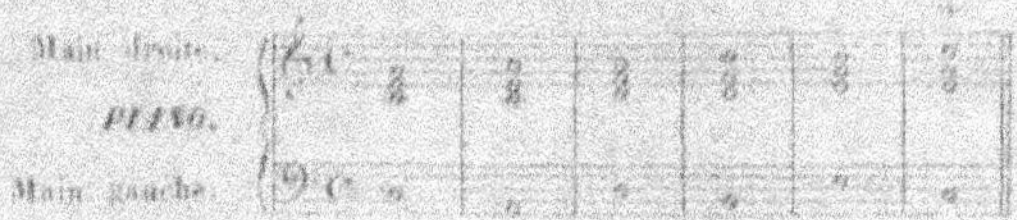

à la sixième mesure, j'arrive jusqu'à la seconde position, pour éviter cette espèce d'empiétement, il faudrait écrire la main droite de l'exemple précédent de cette manière :

Lorsqu'on accompagne une mélodie prédominante, il ne faut pas que l'accompagnement monte au-dessus du chant (1)

Pour devenir bon accompagnateur, il est utile de transposer dans tous les tons les leçons que je donnerai bientôt.

Les classiques finissent toujours un morceau par la même position dont ils se sont servi au commencement; mais cette règle n'est pas une loi; pour s'y conformer, il faut souvent briser les accords, afin de rentrer dans la Position choisie.

DE LA POSITION LIBRE.

On appelle *Position libre* le mélange arbitraire des trois Positions. On ne doit employer cette Position libre que lorsqu'on a travaillé avec soin et séparément les trois positions dont nous venons de parler.

Pour bien accompagner une Basse qui n'est pas chiffrée, il faut avoir égard à l'*enchaînement des accords*, aux *marches Harmoniques*, à la *règle d'octave*, aux *modulations*, et aux *notes accidentelles*.

La position libre est la seule avec laquelle on puisse accompagner la partition.

L'élève exécutera la règle d'octave en majeur et en mineur dans tous les tons et avec les trois positions, jusqu'à ce qu'il puisse la jouer très rapidement.

RÈGLE D'OCTAVE.

1re POSITION. Mode Majeur.

Il faudra jouer cette 1re position dans tous les tons; puis on passera à la 2me position.

2me POSITION. Mode Majeur.

On transposera encore cette gamme dans tous les tons, puis on passera à la 3me position.

3me POSITION. Mode Majeur.

On transposera aussi cette gamme dans tous les tons.

Nous allons donner maintenant les gammes dans le mode mineur. Nous recommandons à l'élève de bien s'exercer dans tous les tons majeurs, de manière à pouvoir les jouer couramment, avant de passer aux tons du mode mineur. Ordinairement on passe de la gamme de *Sol* à celle d'*Ut*, de celle-ci à celle de *Fa*; puis l'on prend successivement celles de *Si♭*, *Mi♭*, *La♭*, *Ré♭*, *Sol♭*, *Ut♭* ou *Si♮*, *Mi*, *La*, *Ré*, *Sol*. On peut encore procéder ainsi; *Sol*, *Ré*, *La*, *Mi*, *Si*, *Fa♯*, *Ut♯*, *Sol♯*, *Ré♯* ou *Mi♭*, *Si♭*, *Fa*, *Ut*, *Sol*.

---

(1) L'accompagnement, lorsqu'il fait des dessins mélodiques, peut placer au-dessus du Chant.

EXERCICES DANS TOUS LES TONS MAJEURS.

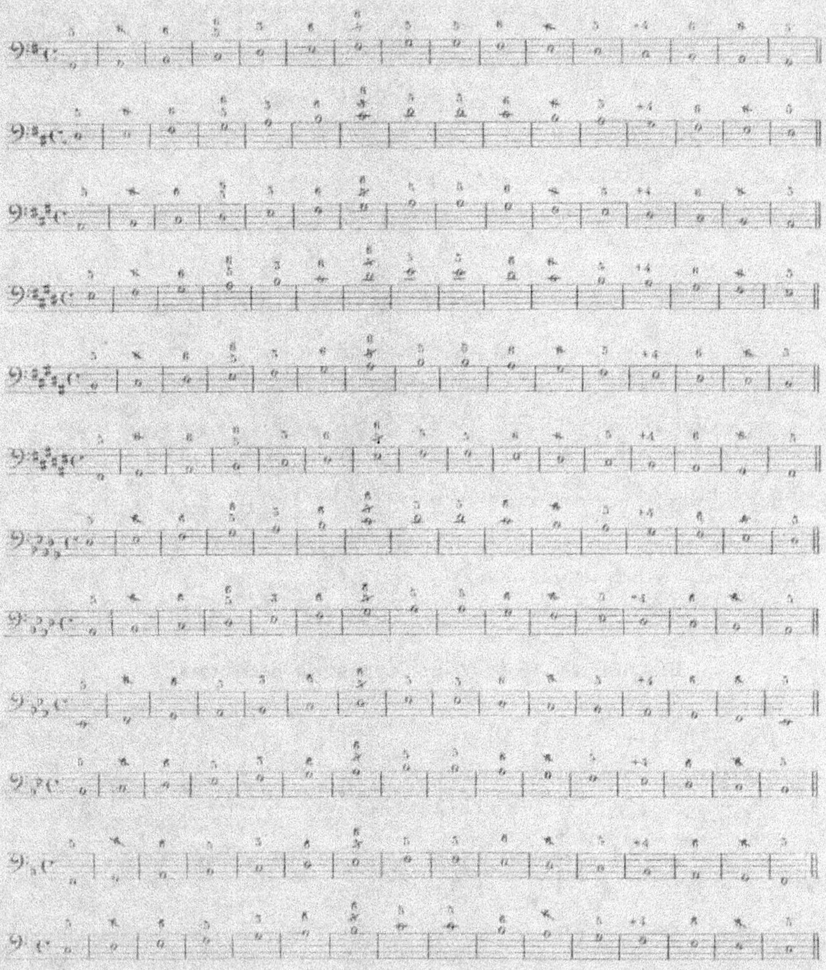

L'Élève jouera ces gammes dans toutes les positions, d'abord lentement, et ensuite dans un mouvement toujours plus accéléré. Il est important, pour bien accompagner la Basse chiffrée, de pouvoir jouer sans hésitation, ces Basses avec les trois Positions.

1ᵉ POSITION.

Mode Mineur.

Transposez cette gamme dans tous les tons mineurs, avant de passer à la position suivante:

2ᵐᵉ POSITION.

Mode Mineur.

Transposez cette gamme dans tous les tons mineurs; prenez ensuite la 3ᵐᵉ position:

3ᵐᵉ POSITION.

Mode Mineur.

Transposez cette gamme dans tous les tons mineurs.

Lorsque l'élève saura jouer très couramment toutes les gammes majeures et mineures avec ces trois positions, il passera aux cadences.

EXERCICES DANS TOUS LES TONS MINEURS:

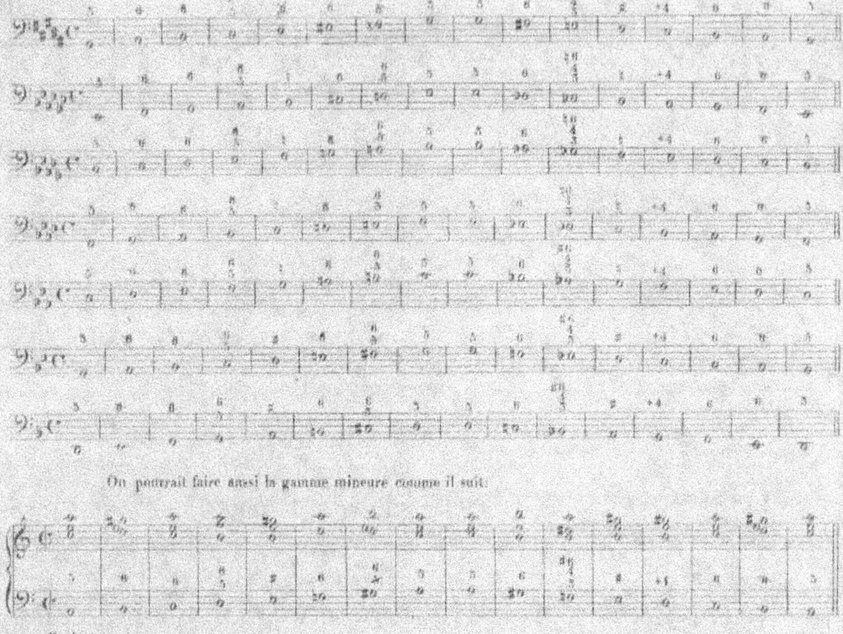

On pourrait faire aussi la gamme mineure comme il suit:

La *Règle d'Octave* est donc une formule Harmonique qui fait connaître quels accords on doit placer sur chacun des dégrés de l'Echelle *Diatonique*, lorsque la Basse parcourt cette échelle dans toute son étendue et sans interruption, soit en montant, soit en descendant. Tout accompagnateur, qui veut faire de bonnes études, doit se familiariser d'abord avec l'usage de cette formule, dans tous les modes majeurs et mineurs.

Quelques maîtres allemands réalisent d'une manière différente la main Droite dans la règle d'Octave, exemple:

PREMIÈRE POSITION

Cette manière de faire la *Règle d'Octave* est inférieure à la première, parceque la main Droite, à la dernière note de la Gamme ascendante, marquée ici par un astérisque ✱, ne finit jamais avec la Position par laquelle on a commencé. On peut l'étudier néanmoins, malgré cette faible imperfection.

Il existe bien d'autres manières d'accompagner la Gamme, ainsi qu'on peut le voir dans les *Marches Harmoniques* que je vais bientôt donner. Voici quelques exemples que l'élève devra étudier avec soin, et transposer dans tous les tons.

Nous n'indiquerons ici que les accords qui diffèrent des précédents dans l'accompagnement des deux gammes, les autres restant les mêmes:

CHAPITRE 58.

DE L'ACCOMPAGNEMENT DIVISÉ

DE L'HARMONIE SERRÉE ET DE L'HARMONIE ÉCARTÉE.

Il n'est pas toujours nécessaire que la main droite frappe exclusivement les accords, et que la main gauche ne joue simplement que la note de la Basse; on peut souvent au contraire, soit par nécessité, soit par agrément, partager l'harmonie entre les deux mains, pourvu que les notes des accords conservent entre elles une distance convenable.

Lorsque l'on partage les accords entre les deux mains, cela s'appelle *Accompagnement divisé.*

On peut disposer tout accord parfait de six manières différentes; les trois premières constituent ce qu'on appelle *Harmonie serrée*, les trois autres donnent l'*Harmonie écartée.*(1)

DE L'HARMONIE SERRÉE.

Les trois positions ordinaires de Quinte, Octave et Tierce, donnent l'*Harmonie serrée*, exemples:

DE L'HARMONIE ÉCARTÉE.

L'*Harmonie écartée* est donnée par la disposition suivante des accords:

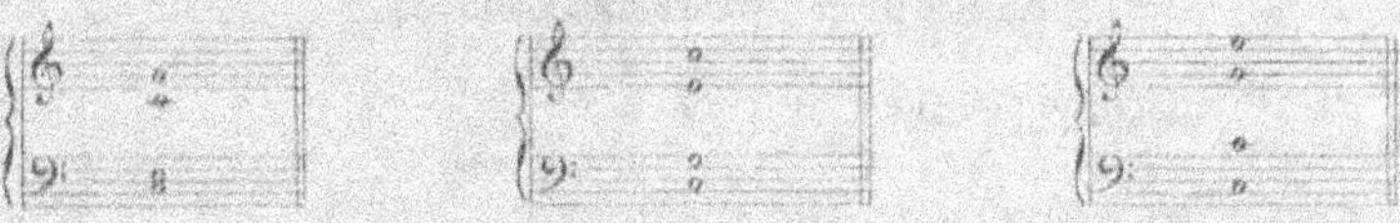

Voici dans quel ordre on doit écrire les accords de Sixte, et de Sixte-Quarte, et l'accord de Septième Dominante dans son état direct et dans ses trois renversements:

ACCORD DE SIXTE.

(1) Pour que l'accompagnement soit plus régulier il faut, chaque fois qu'on trouve les accords de tonique ou de dominante dans le ton principal, les frapper dans la même position que celle qu'on leur a donnée au commencement du morceau.

ACCORDS DE SIXTE QUARTE.

Harmonie serrée:

Harmonie écartée:

ACCORD DE SEPTIÈME DOMINANTE.

ÉTAT DIRECT.

Harmonie serrée:

Harmonie écartée:

1er RENVERSEMENT.

Harmonie serrée:

Harmonie écartée:

2e RENVERSEMENT.

Harmonie serrée:

Harmonie écartée:

3me RENVERSEMENT.

Harmonie serrée:

Harmonie écartée:

L'accompagnement divisé se fait d'après cette disposition. Les accords de Septièmes se conforment à cette distribution, et ceux de trois sons, à celle que nous venons de leur donner.

On pourra exécuter les Basses d'abord en accompagnement ordinaire et ensuite en accompagnement divisé. Prenons pour exemple ce fragment d'une Basse:

Nous l'exécuterons à peu près de la manière suivante, si nous nous servons de l'accompagnement ordinaire ou non divisé:

Dans l'accompagnement divisé nous pourrons distribuer les notes des accords des trois manières suivantes:

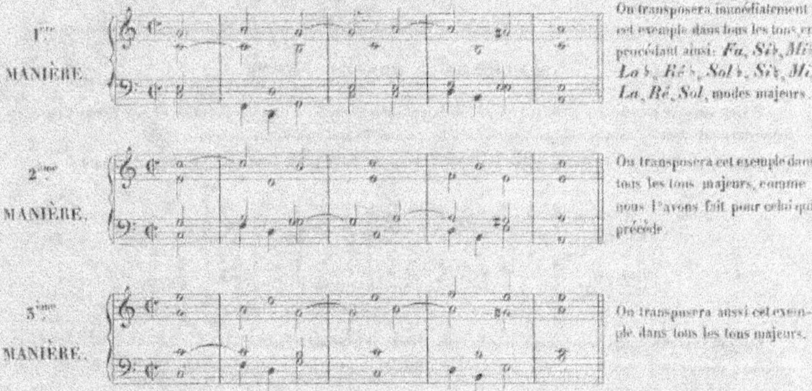

On peut encore dans l'accompagnement divisé prendre en même temps plusieurs notes dans chaque main, exemple:

On peut briser les accords dans la main Gauche, pendant que la main Droite fait entendre des accords plaqués, exemple:

Souvent, lorsqu'on fait des imitations, on n'écrit qu'à deux parties, de cette manière,

On peut voir dans les auteurs qui ont écrit pour le Piano ce qu'il serait impossible d'insérer dans un livre. L'observation et la pratique apprendront beaucoup à l'élève.

CHAPITRE 59.

DE LA MANIÈRE DE FRAPPER LES ACCORDS POUR MARQUER LES TEMPS DES DIFFÉRENTES MESURES.

MESURES À QUATRE TEMPS.

Il faut marquer tous les temps de la mesure, en frappant les accords au commencement de chaque temps. Cette règle est rigoureusement observée dans la composition sévère, elle a moins d'importance dans la musique libre.

Il faut donc, d'après cette règle, quatre percussions d'accords dans la mesure à *quatre temps*, exemple:

On peut faire ces quatre percussions dans la main Droite en répétant le même accord, ou bien en prenant un accord nouveau à chaque percussion.

MESURES À DEUX TEMPS.

Il faut deux percussions d'accords dans les mesures à *deux Temps*, savoir:

La mesure à deux Blanches, (¢), que l'on nomme *Alla breve*, exemple:

144

La mesure à deux Noires, $\left\{\frac{2}{4}\right\}$, exemple.

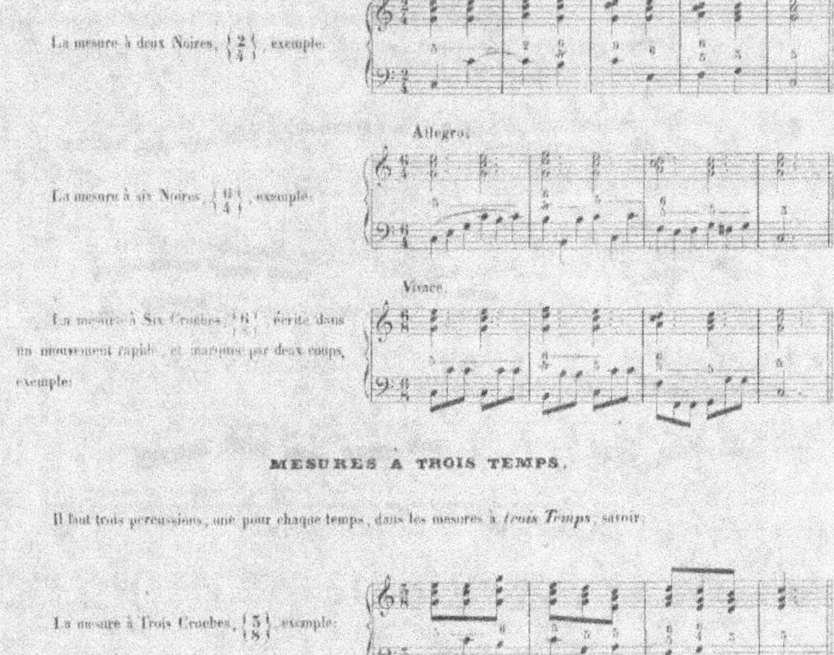

La mesure à six Noires, $\left\{\frac{6}{4}\right\}$, exemple.

La mesure à Six Croches, $\left\{\frac{6}{8}\right\}$, écrite dans un mouvement rapide, et marquée par deux coups, exemple:

MESURES A TROIS TEMPS.

Il faut trois percussions, une pour chaque temps, dans les mesures à *trois Temps*, savoir:

La mesure à Trois Croches, $\left\{\frac{3}{8}\right\}$, exemple:

La mesure à Trois Noires, $\left\{\frac{3}{4}\right\}$, exemple:

La mesure à Trois Blanches, $\left\{\frac{3}{2}\right\}$, exemple:

La mesure à Neuf Croches, $\left\{\frac{9}{8}\right\}$, écrite dans un mouvement lent, exemple:

On prescrit d'observer invariablement ces règles, quand bien même la Basse procéderait par des Croches, des doubles ou triples Croches, par des dessins entremêlés de notes de Passage; il faut toujours, malgré ce mouvement de la Basse, ne frapper les accords que sur les divisions marquées par chaque temps de la mesure, à moins que le contraire ne soit expréssement indiqué par des chiffres; voyez les exemples suivants.

POUR LA MESURE À QUATRE TEMPS:

POUR LES MESURES À TROIS TEMPS:

Lorsque les mesures à $\frac{3}{8}$ ou $\frac{3}{4}$ doivent être exécutées dans un mouvement rapide, on ne frappe dans chaque mesure que deux accords, ainsi qu'il suit:

Con brio.

Lorsque la Basse fait des *Triolets* ou des *Sextolets*, il suffit de frapper un seul accord sur leur première note, exemple:

Andante.

Ces principes que je viens de donner sont à peine connus en France; ils sont pourtant nécessaires pour former un bon accompagnateur; ils peuvent même guider jusqu'à un certain point l'élève, quand il compose son orchestre; mais ils deviennent inutiles lorsqu'on invente une Fugue, des Variations, des Traits dans la main droite, des Imitations, ou des Canons. On peut pourtant, lorsque la main droite fait des traits, placer les accords dans la main gauche, et faire une percussion à chaque temps de la mesure, comme je viens de le prescrire. Je n'ai pas toujours suivi moi-même ces principes dans les Basses que j'ai réalisées, afin de faire voir comment on peut s'en écarter quelquefois.

De la valeur qu'on doit donner aux accords frappés dans la main Droite, lorsque la Basse fait des Traits ou des Roulades:

Lorsque dans les Mesures paires la Basse procède diatoniquement, en parcourant une Octave, on ne frappe qu'un accord par mesure, exemple:

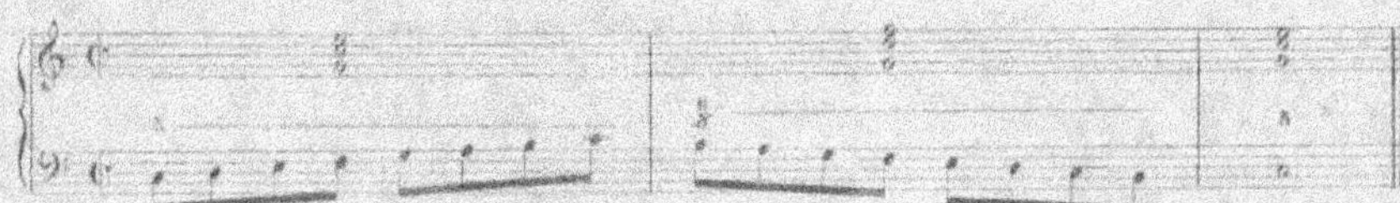

Si la Basse commençait par un demi-soupir, ou bien si la première note n'avait pas la même valeur que les autres, on frapperait alors deux accords dans la même mesure, exemple:

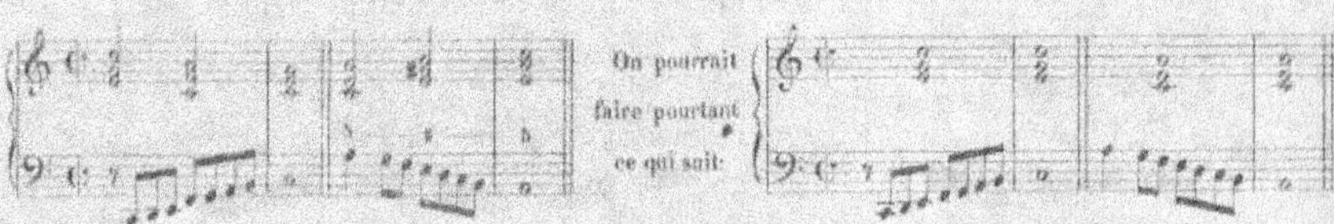

Mais cette seconde manière serait sans contre-dit moins riche que la première.

Dans les Mesures impaires on ne frappe ordinairement qu'un accord sur ces traits de la Basse, exemple:

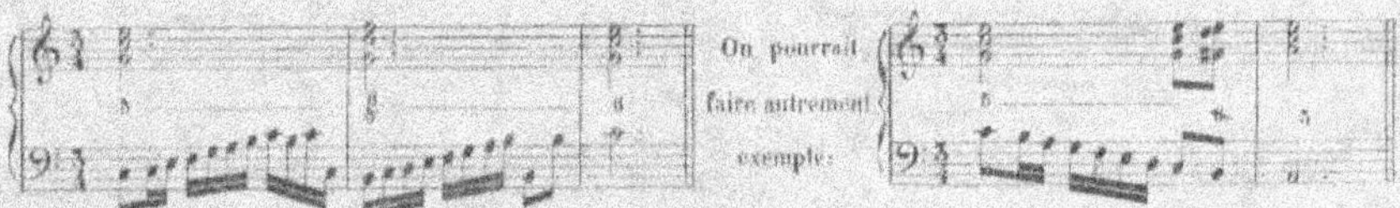

On ne frappe aussi qu'un accord à la main Droite, lorsque la Basse fait successivement les notes d'un même accord, exemple:

Lorsqu'il y a beaucoup de mouvement dans la Basse, il ne faut pas frapper à la main Droite plus de deux accords dans chaque mesure; un seul peut souvent suffire, exemple:

Il y a beaucoup d'exceptions à ce que nous venons de dire, soit qu'on fasse des traits à la main Droite, soit qu'on y place des dessins en imitations. Souvent la Basse parcourt passagèrement plusieurs tons dans la même mesure, il faut alors accompagner par des accords différents toutes les notes qui portent harmonie, exemple:

Je vais donner des exemples de toutes les Cadences les plus usitées; l'élève devra transposer ce tableau des Cadences dans tous les tons.

DES CADENCES.

L'élève transposera ces cadences dans tous les tons, jusqu'à ce qu'il les trouve et les joue facilement.

Pour bien être maître de son harmonie sur le Piano, il faut connaître à fond les gammes, les cadences, les dissonances, les marches harmoniques, et les mouvements de la Basse fondamentale, les tons chromatiques et naturels tant majeurs que mineurs.

On doit avoir bien présent à la mémoire tous les accidents que porte chaque ton. Il faut donc étudier avec soin toutes les positions d'accords dans chaque gamme, et transposer dans tous les tons les cadences et les mouvements de la Basse.

VOICI UN TABLEAU GÉNÉRAL
DES CADENCES LES PLUS USITÉES.
CADENCES PARFAITES.

(1) Les anciens donnaient ces différents noms à la Cadence Parfaite, suivant les accords dont elle était précédée.

CADENCES IMPARFAITES.

DEMI-CADENCES.

CADENCES INTERROMPUES.

Nous savons que la *Cadence rompue* n'est qu'une cadence évitée, renversée, interrompue ou suspendue, ce qui se fait en renversant l'accord final de la Cadence parfaite, ou bien en en prenant un autre à sa place. On peut rompre la Cadence parfaite sur chacune des notes suivantes:

EN UT.

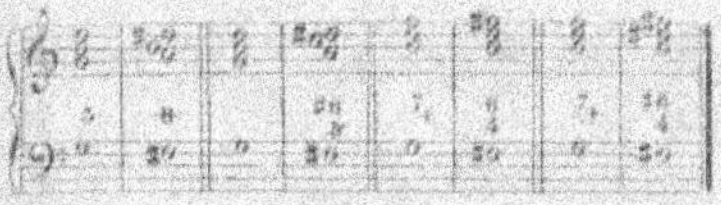

Sur le
sol ♭.

Sur le
sol ♮

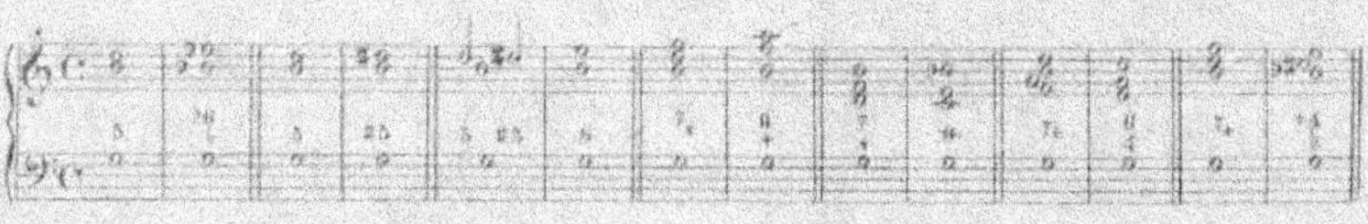

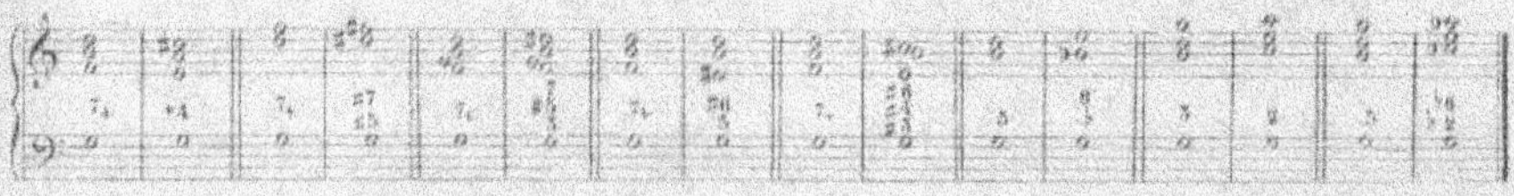

CADENCES PLAGALES.

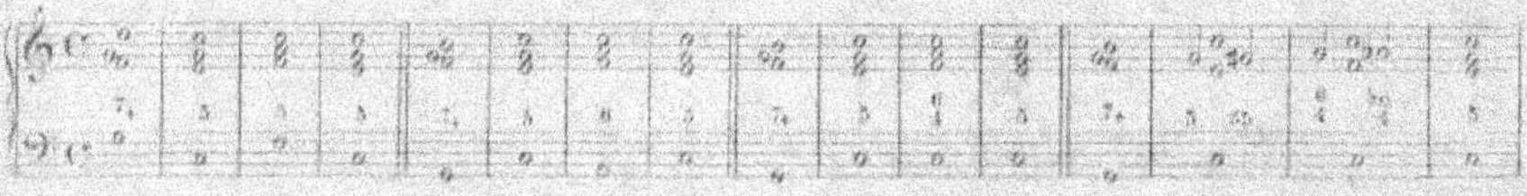

(1)

ACCORDS DE TROIS SONS NON RENVERSÉS.

1re
POSITION.

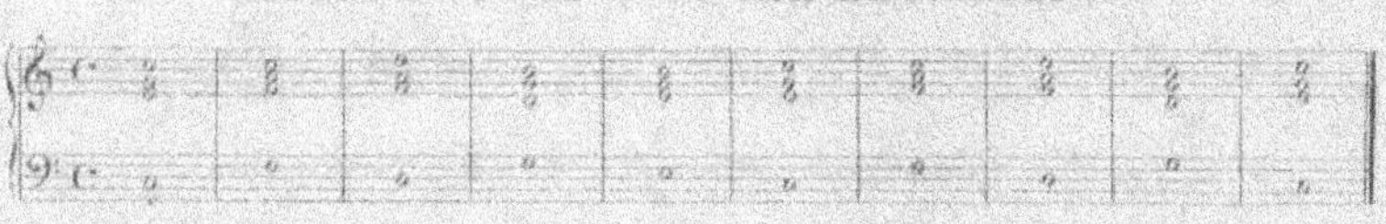

2e
POSITION.

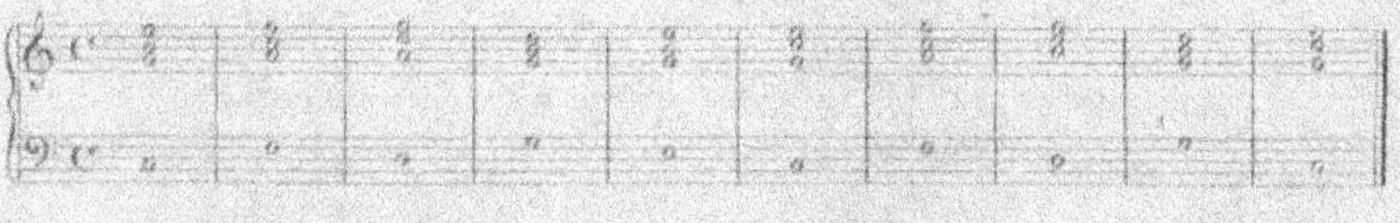

3e
POSITION.

(1) Cette dernière manière de faire la Cadence Plagale est appelée en France *Tierce Picarde* ou *Tierce de Picardie*. Voyez mon *Traité de la Cadence* (paragraphe).

Basses à réaliser au Piano avec les trois positions.

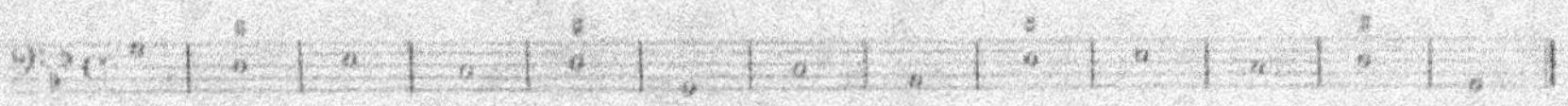

ACCORDS DE TROIS SONS AVEC LEURS RENVERSEMENTS.

1.re POSITION.

2.^e POSITION.

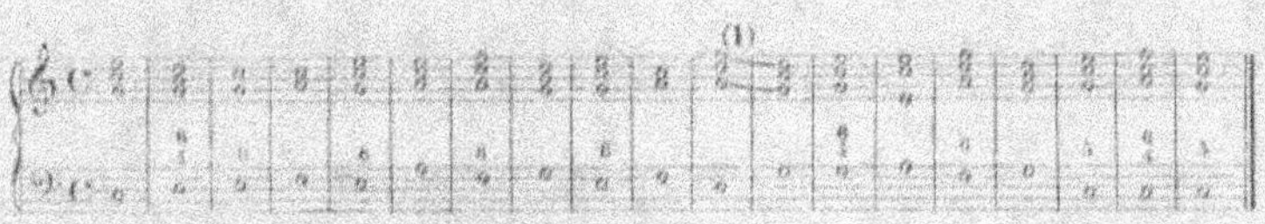

(1)

3.e POSITION.

(2)

Manière diffé-rente de réaliser cette troisième position.

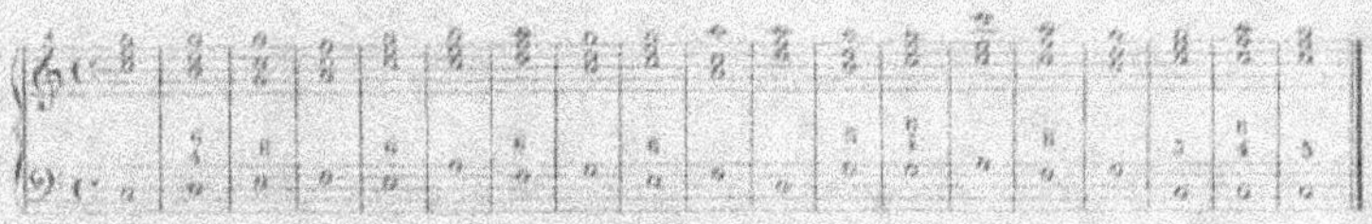

On pourrait aussi réaliser la seconde Position de cette Basse en frappant toujours trois notes à la main droite.

Basses à réaliser avec les trois positions.

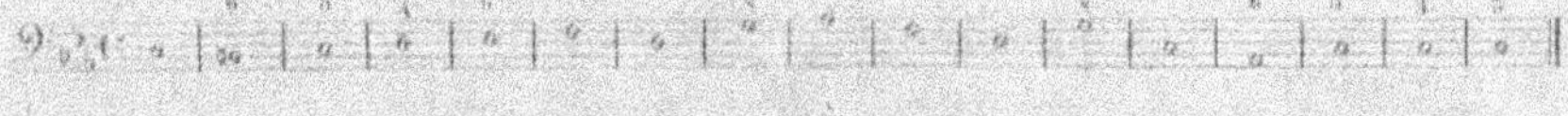

ACCORDS DE SEPTIÈME DOMINANTE,
SEPTIÈMES MAJEURE ET MINEURE AVEC OU SANS FONDAMENTALE,
ET DANS TOUS LEURS RENVERSEMENTS.

1.re POSITION.

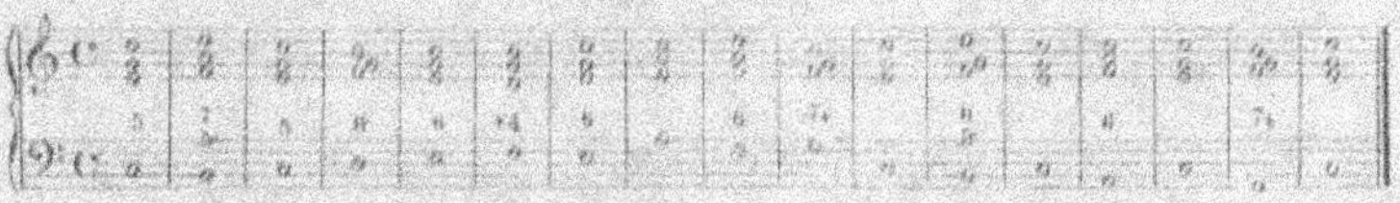

(1) les octaves cachées sont presque inévitables avec la seconde position.

(2) il vaut mieux retrancher une note que de doubler une troisième sensible aux notes des accords.

POSITION.

POSITION.

Basse à réaliser
dans les trois
positions.

POSITION.

POSITION.

POSITION.

Basses à réaliser
dans les trois
positions.

(1) [illegible]

Exercices d'Accompagnement avec tous les accords, sans l'emploi des Suspensions.

Basse sur les Accords altérés en montant.

LEÇON 4.

Basse sur les Accords altérés en descendant.

LEÇON 5.

(1) Cette Basse et la suivante doivent être exécutées en accords plaqués.

156
LEÇON 6.
LEÇON 7.
LEÇON 8.
LEÇON 9.
LEÇON 10.
LEÇON 11.
LEÇON 12.

LEÇON 13.

LEÇON 14.

LEÇON 15.
LEÇON 16.
LEÇON 17.

LEÇON 18.
LEÇON 19.
LEÇON 20.

LEÇON 21.

LEÇON 22.

LEÇON 23.

EXERCICES SUR LA RÈGLE D'OCTAVE.

LEÇON 28.
LEÇON 29.
LEÇON 30.
LEÇON 31.

LEÇON 32.
LEÇON 33.
LEÇON 34.

PARTIMENTI.

AVEC DES SUSPENSIONS.

(A)

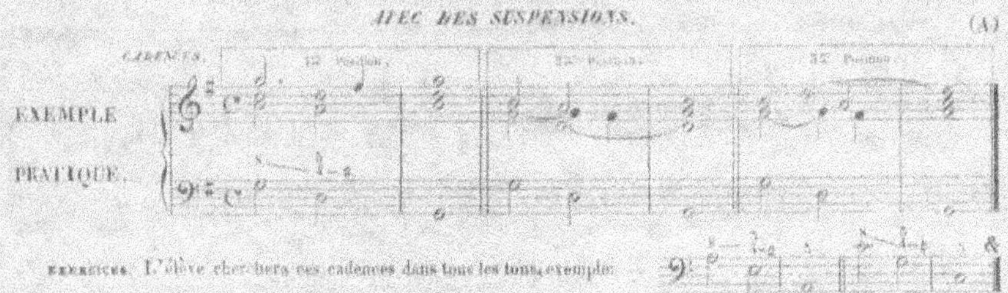

EXEMPLE RÉALISÉ.

LEÇON 35.

(A) Ici, en Mi mineur, nous prenons la seconde position afin de ne pas nous éloigner de la 1re position par laquelle nous avons commencé. On pourrait faire différemment.

(1) L'élève écrira aussi sur le papier tous les exemples qu'il exécutera au Piano.

(2) On réalisé cette même Basse d'une manière différente à la page 200.

Pour bien réaliser un *Partimento*, il faut d'abord reconnaître le véritable ton dans lequel on est, et appliquer à chaque note l'accord indiqué dans les gammes sur lesquelles l'élève s'est déjà exercé. Il est aussi très important de connaître à fond les *Cadences* avec les consonances, et les dissonances, dont nous donnons progressivement des exemples.

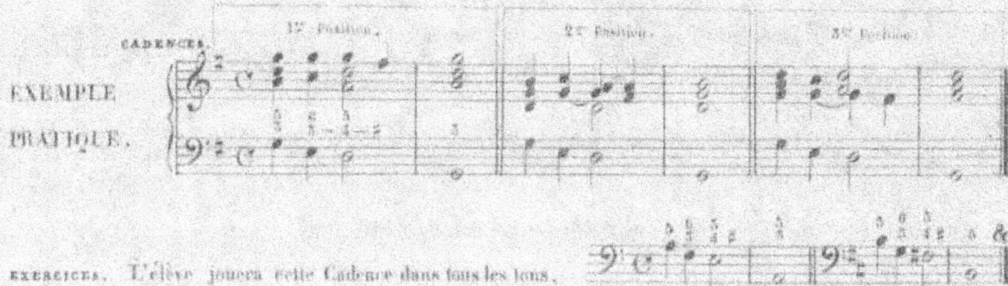

EXERCICES. L'élève jouera cette Cadence dans tous les tons.

Dans la leçon suivante, on ne doit se servir que des deux cadences connues; pour les autres accords on se conformera à la *Règle d'octave*.

EXEMPLE RÉALISÉ.

On exécutera et l'on écrira ce morceau en commençant par les deux autres positions; puis on se servira de la Position libre.

(1) Toutes les quintes et octaves cachées sont permises sur le piano.

CADENCES — 1re Position. — 2e Position. — 3e Position. (1)

EXEMPLE PRATIQUE.

EXERCICE. L'Élève jouera cette Cadence dans tous les tons. (2)

EXEMPLE RÉALISÉ.

LEÇON 37.

POSITION LIBRE.

OU

(1) L'élève continuera à transposer ses leçons dans tous les tons.

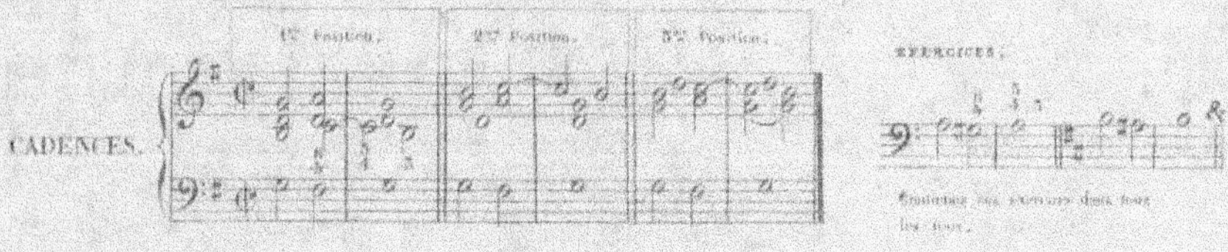

EXEMPLE RÉALISÉ.

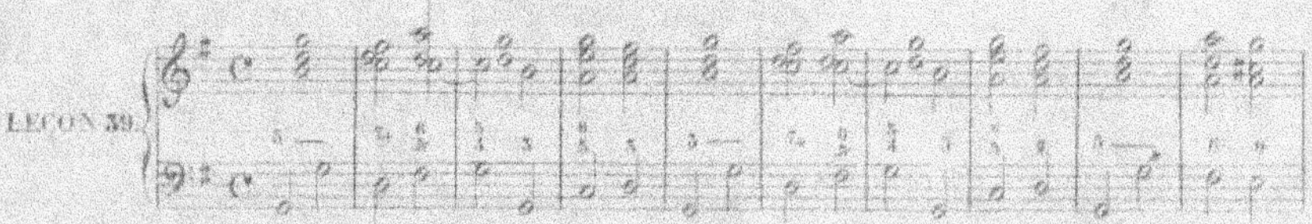

(1) Lorsqu'on rencontre un chiffre sur une Pause, il faut, pour reconnaître l'accord, substituer mentalement à cette Pause la note
qui la suit immédiatement, et plus rarement celle qui la précède.

EXEMPLE RÉALISÉ.

Continuez ces exercices dans tous les tons et dans les trois positions.

EXEMPLE RÉALISÉ.

LEÇON II.

POSITION LIBRE

1. L'Élève remplira lui même les basses suivantes d'après les chiffres indiqués, il devra se conformer à la règle d'octave, aux cadences et tout ce que j'ai dit dans les trois premières parties de la *Partimenti harmonique* et dans ces Partimenti. Il réalisera chaque basse avec la 1.re la 2.me et la 3.me Position, et avec la Position libre.

CADENCES

EXERCICES

Continuez ces exercices dans tous les tons.

(1) il n'est pas nécessaire d'indiquer le mouvement en tête de ces Basses; l'élève prend d'abord un mouvement lent, puis il en augmente la vitesse, chaque fois qu'il reprend la Basse.

(2) lorsqu'on rencontre ces Cadences dans la basse qu'on réalise, on doit adopter le doigté que j'indique ici.

(A) Lorsqu'on rencontre le 5.me degré d'une gamme, on peut prendre l'accord de tierce, celui ou ceux de Septième et Neuvième dominantes, quoique les chiffres n'indiquent souvent qu'un accord de trois sons.

(B) Dans ces Cadences on emploie la suspension de l'octave. 9-8.

LEÇON 43.
(A)
(B)
LEÇON 44.

LEÇON 45.
Largo.
(A)
LEÇON 46.
(1) Chaque fois qu'on rencontre l'accord diminué du 7me degré des deux gammes, on peut le convertir en accord de Septième dominante.

LEÇON 47.

LEÇON 48.

LEÇON 49.

LEÇON 50.

LEÇON 51.

LEÇON 52.

LEÇON 53.

LECON 34.

(1) L'usage oblige à réaliser ces Marches d'Harmonie pour les voix, et à les transposer sur le Piano dans tous les tons. On peut aussi d'autres manières de réaliser ces basses en introduisant des variations dans les différentes parties, ou dans les deux mains du Piano. Je donnerai bientôt d'autres manières de réaliser ces marches, d'après l'école italienne.

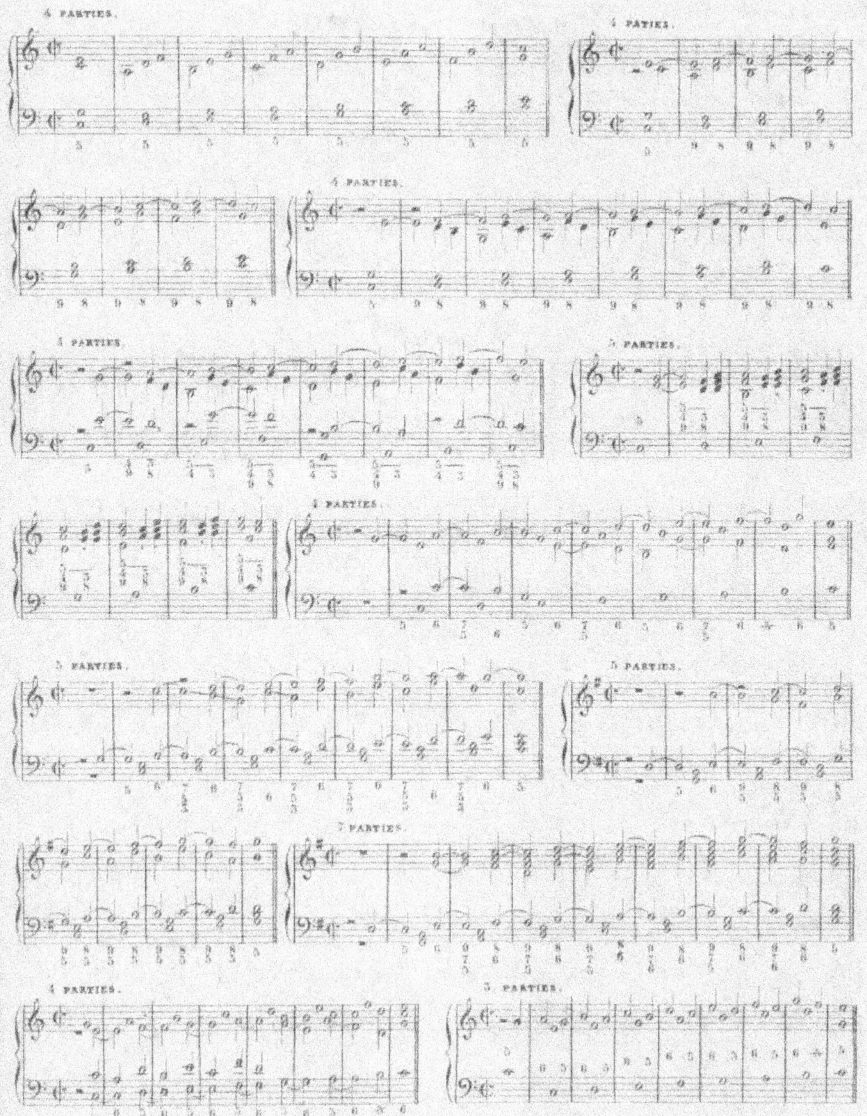
4 PARTIES.
4 PARTIES.
4 PARTIES.
4 PARTIES.
4 PARTIES.
4 PARTIES.
5 PARTIES.
5 PARTIES.
5 PARTIES.
7 PARTIES.
4 PARTIES.
5 PARTIES.

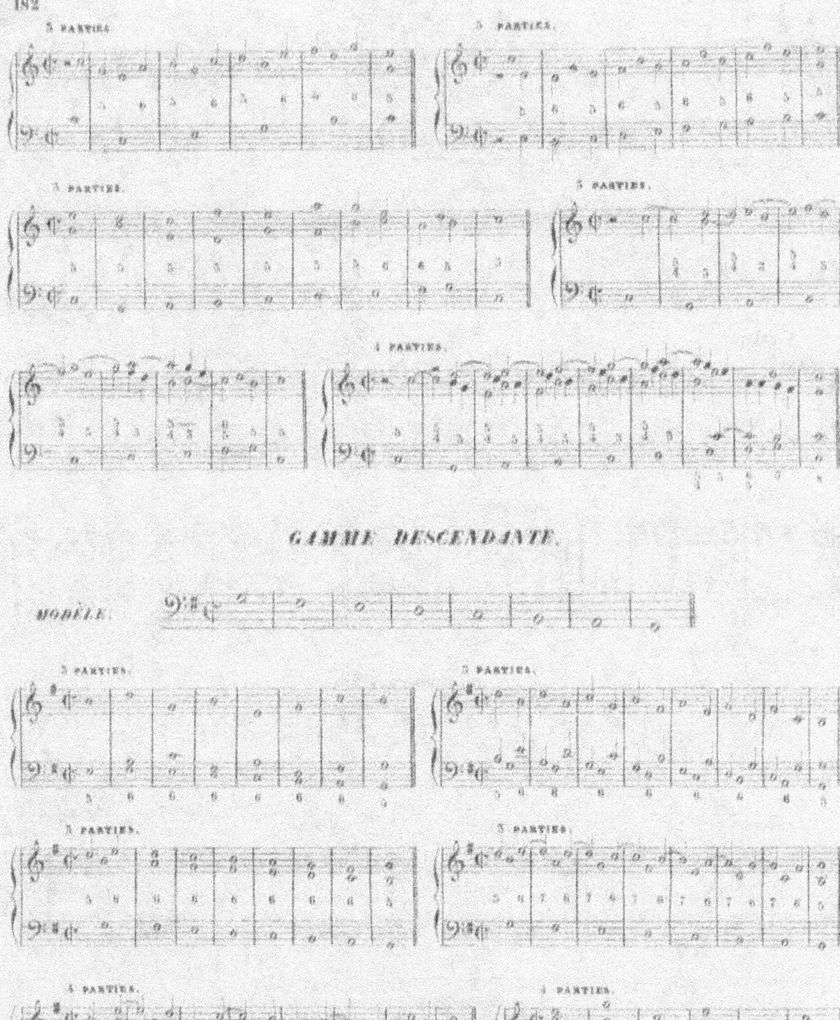
3 PARTIES.
3 PARTIES.
3 PARTIES.
3 PARTIES.
4 PARTIES.
GAMME DESCENDANTE.
MODÈLE.
3 PARTIES.
3 PARTIES.
3 PARTIES.
3 PARTIES.
4 PARTIES.
4 PARTIES.

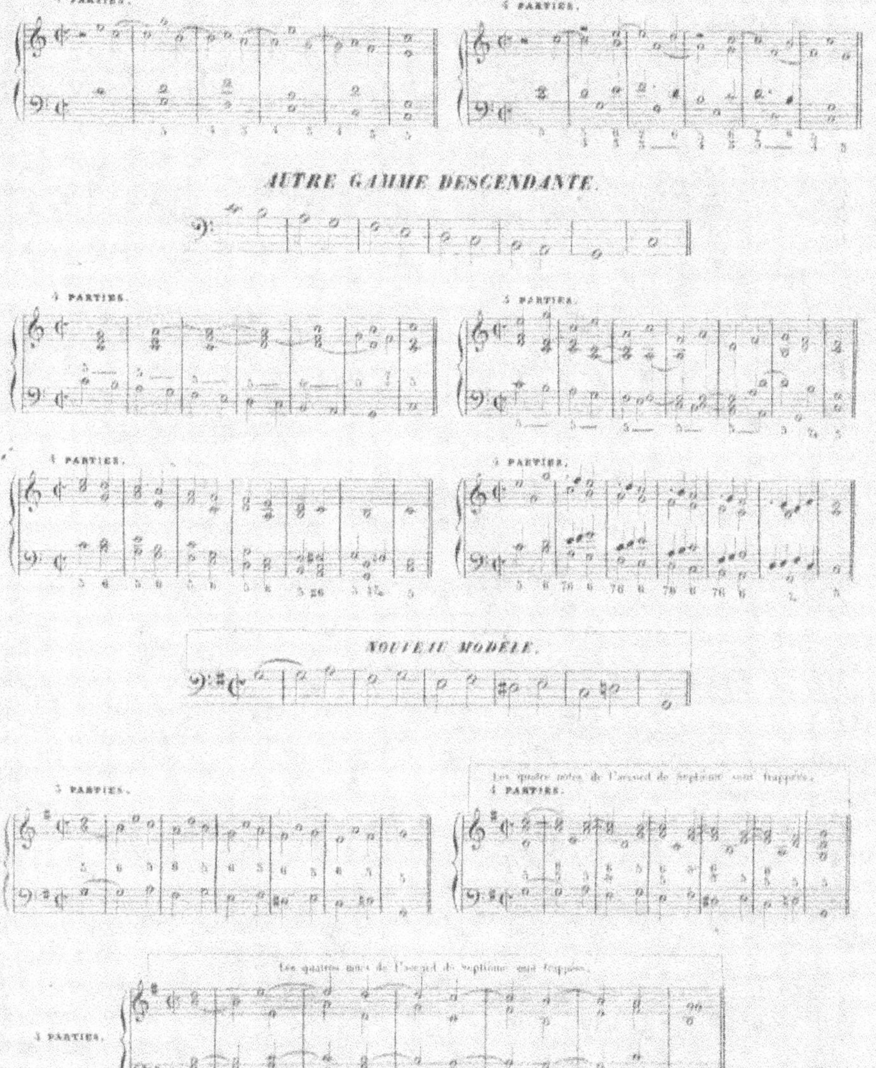

4 PARTIES.
4 PARTIES.
AUTRE GAMME DESCENDANTE.
4 PARTIES.
5 PARTIES.
4 PARTIES.
4 PARTIES.
NOUVEAU MODÈLE.
5 PARTIES.
Les quatre notes de l'accord de septième sont frappées.
4 PARTIES.
Les quatre notes de l'accord de septième sont frappées.
5 PARTIES.

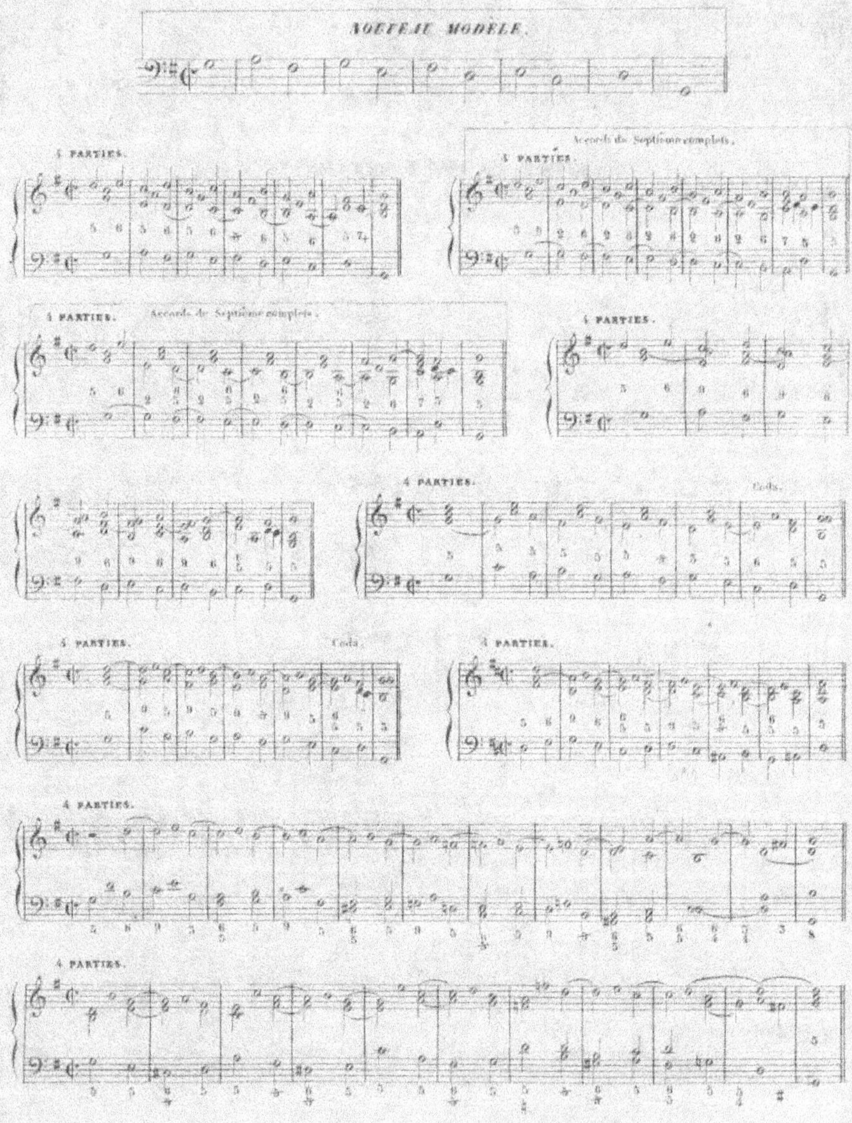
NOUVEAU MODÈLE.
3 PARTIES.
3 PARTIES.
Accords de Septième complets.
4 PARTIES.
Accords de Septième complets.
4 PARTIES.
4 PARTIES.
Coda.
4 PARTIES.
Coda.
4 PARTIES.
4 PARTIES.
4 PARTIES.

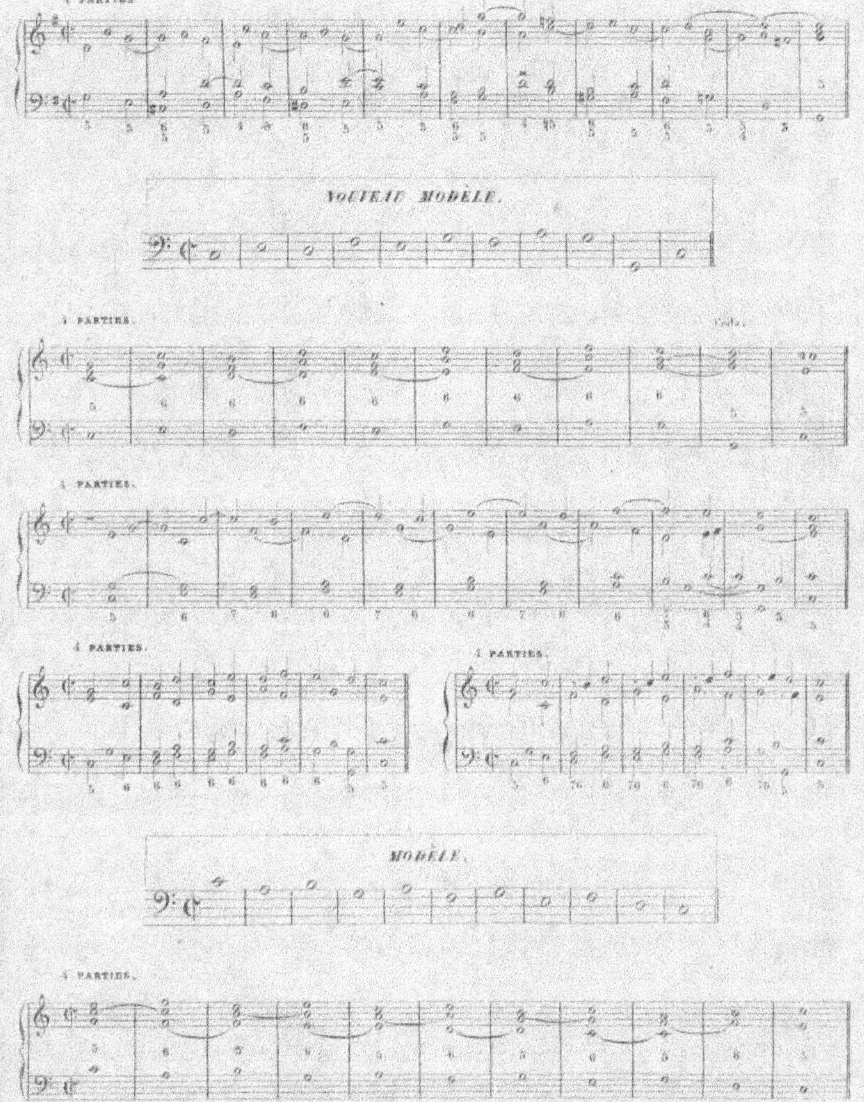
4 PARTIES
NOUVEAU MODÈLE.
4 PARTIES.
Suite.
4 PARTIES.
4 PARTIES.
4 PARTIES.
MODÈLE.
4 PARTIES.

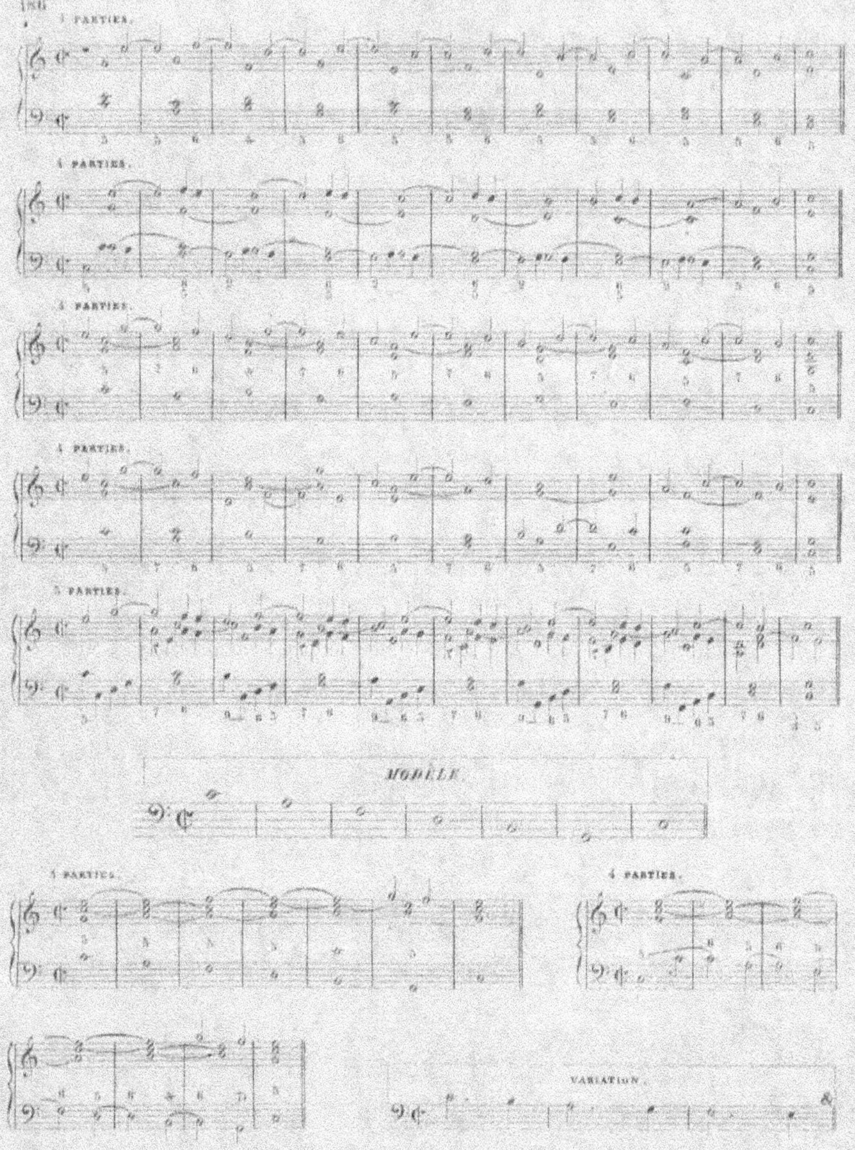
4 PARTIES.
4 PARTIES.
4 PARTIES.
4 PARTIES.
5 PARTIES.
MODÈLE
5 PARTIES.
4 PARTIES.
VARIATION.

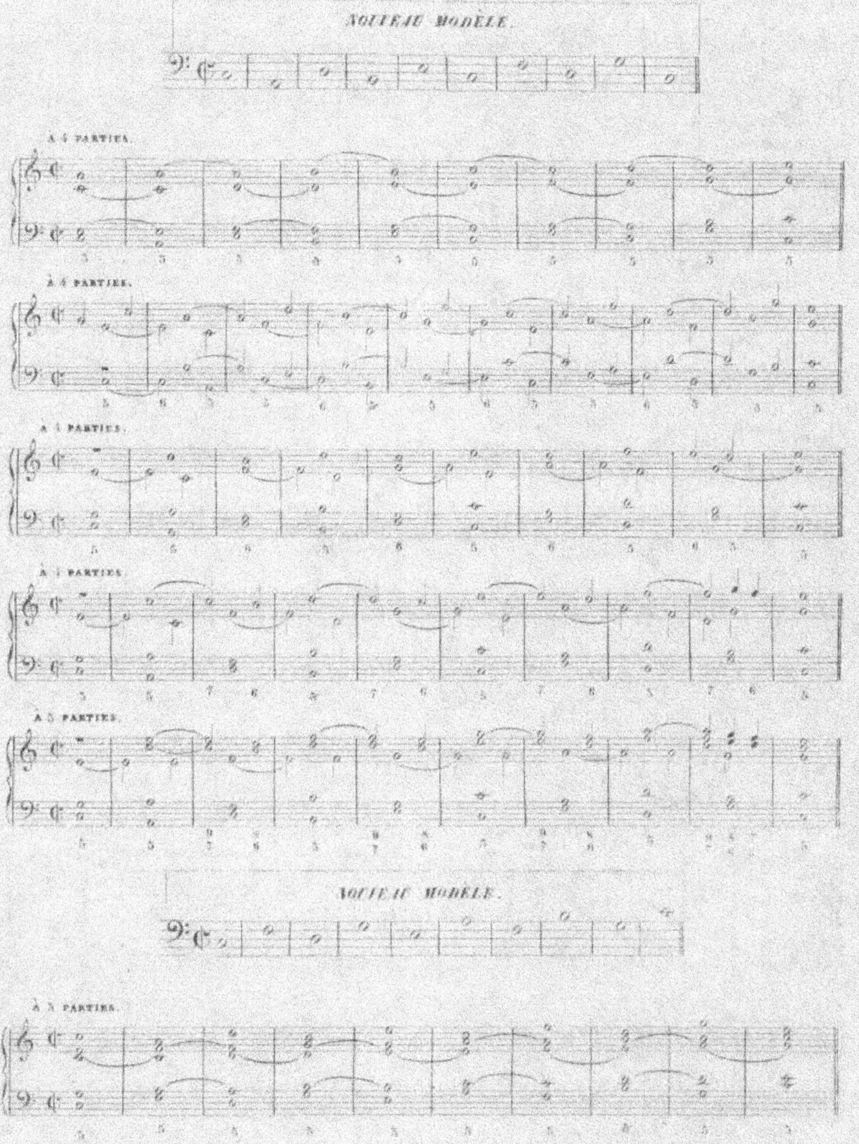
NOUVEAU MODÈLE.
À 4 PARTIES.
À 4 PARTIES.
À 4 PARTIES.
À 4 PARTIES.
À 5 PARTIES.
NOUVEAU MODÈLE.
À 5 PARTIES.

À 3 PARTIES.

À 3 PARTIES.

À 4 PARTIES.

À 4 PARTIES.

À 4 PARTIES.

À 5 PARTIES.

À 5 PARTIES.

NOUVEAU MODÈLE.
À 3 PARTIES.
À 3 PARTIES.
À 3 PARTIES.
À 3 PARTIES.
À 4 PARTIES.
À 4 PARTIES.
À 4 PARTIES.
À 5 PARTIES.

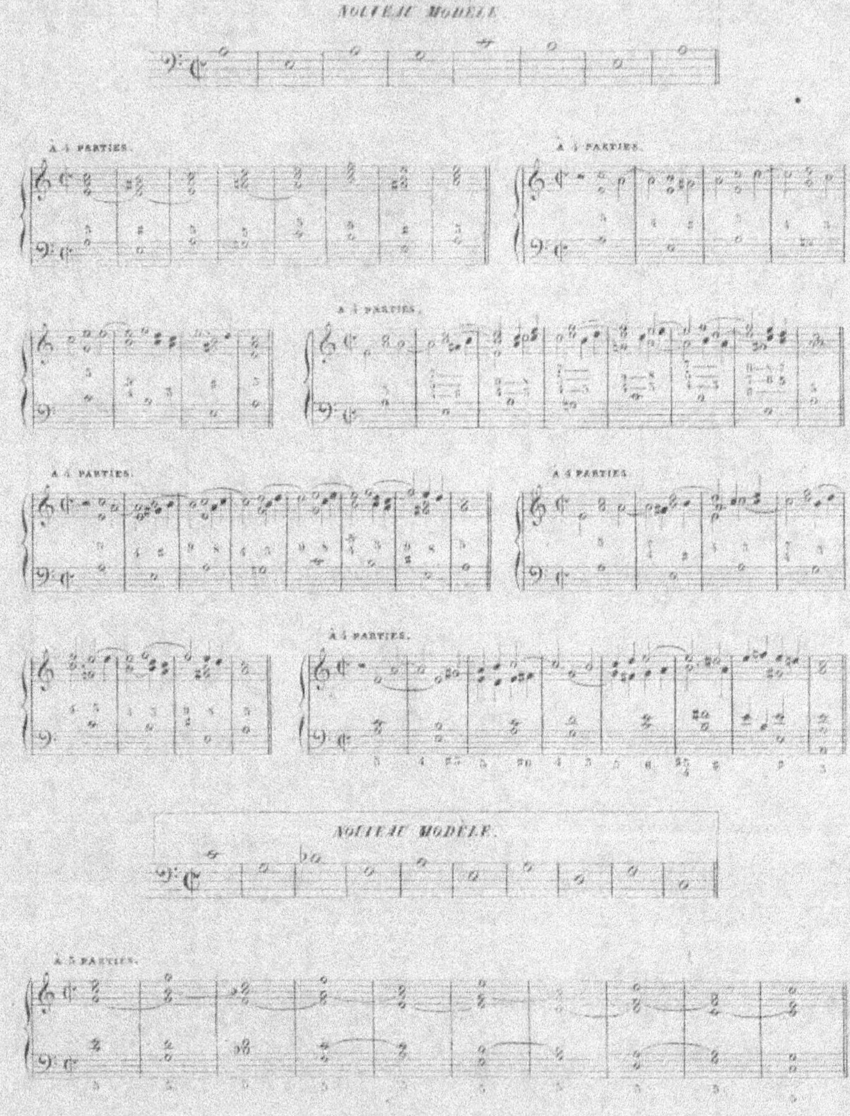
NOUVEAU MODÈLE.
À 4 PARTIES.
À 4 PARTIES.
À 4 PARTIES.
À 4 PARTIES.
À 4 PARTIES.
À 4 PARTIES.
NOUVEAU MODÈLE.
À 5 PARTIES.

À 2 PARTIES.
À 3 PARTIES.
À 3 PARTIES.
À 3 PARTIES.
À 3 PARTIES.
NOUVEAU MODÈLE.
À 4 PARTIES.
À 4 PARTIES.
À 4 PARTIES.

À 4 PARTIES

À 4 PARTIES.

NOUVEAU MODÈLE

À 4 PARTIES.

À 4 PARTIES.

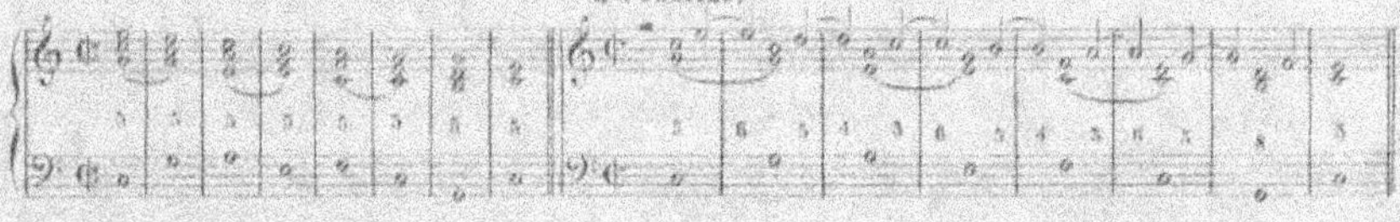

À 4 PARTIES.

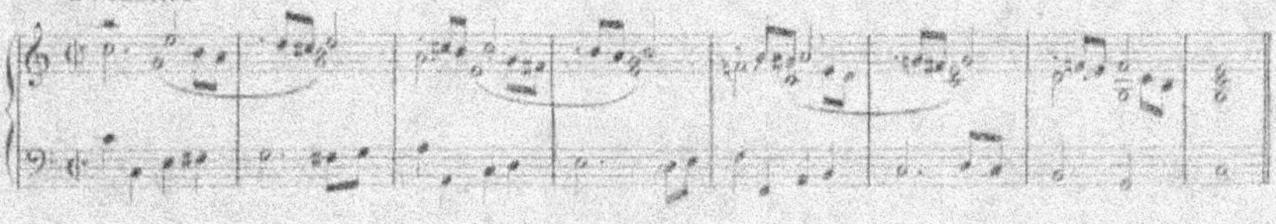

À 4 PARTIES.

À 4 PARTIES.

Les marches d'Harmonie que je viens de donner sont plus spécialement écrites pour les voix, tandis que les suivantes, jusqu'à la page **200** sont arrangées pour le Piano seulement. Les Progressions Harmoniques se rencontrent dans tous les auteurs anciens; il faut les connaître, parcequ'elles sont utiles pour l'étude de l'Harmonie.

NOUVEAU TABLEAU.
DES MOUVEMENTS DE LA BASSE
AVEC DIFFÉRENTES HARMONIES TANT CONSONANTES QUE DISSONANTES,
OU MARCHES HARMONIQUES.

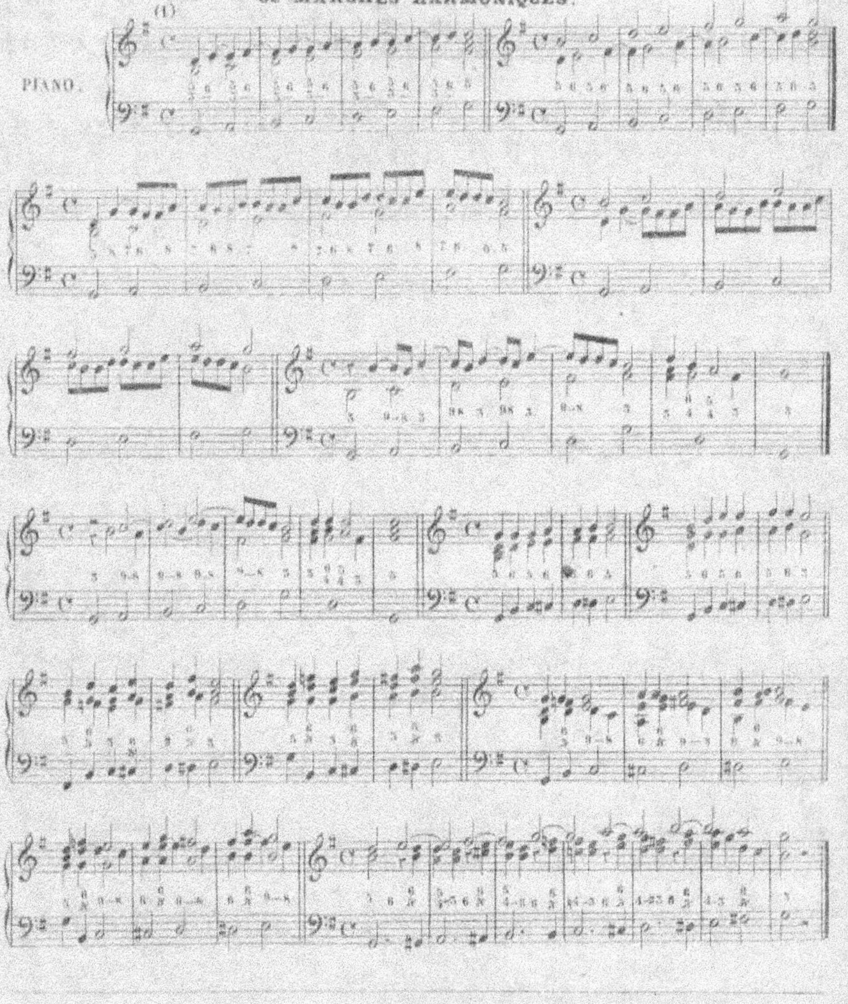

(1)

PIANO.

« Nous avons déjà dit que dans la musique sévère on ne devait pas frapper de dissonnances aux temps faibles, s'il n'y en avait pas aux temps forts. Nous devons donc préférer l'exemple précédent à celui-ci.

(1) L'élève devra transposer chaque exemple dans les tons voisins.

Il ne faut pas que l'élève oublie de transposer chaque marche dans les trois positions et même dans tous les tons.

(1) J'ai dit à la page 28 qu'on ne devait pas faire descendre par tierce inférieure la fondamentale d'une Septième. Pessard et les autres maîtres de l'école ancienne employaient pourtant ce cas dans la musique instrumentale.

On peut réaliser les Basses que nous venons de donner de plusieurs manières soit en *plaquant* les accords, soit en les brisant. L'Harmonie peut être tantôt à deux, à trois, à quatre et à plusieurs autres parties. Je vais réaliser ici d'une autre manière la Basse que j'ai déjà donnée à la page

(A) (B) On peut, comme on le voit ici, placer l'harmonie dans la main gauche, tandis que la main droite fait des trilles; il est permis aussi de doubler la Basse par les octaves comme à la lettre (B).

Jusqu'à présent les Basses que nous avons données devaient être réalisées au moyen de la *règle d'octave* et de l'enchaînement des accords d'après les règles énoncées dans le cours de cet ouvrage. On rencontrera dans les Basses suivantes, entre les accords, des *marches Harmoniques* qu'on devra réaliser comme celles que nous venons d'étudier. On pourra cependant varier les dessins symétriques qu'elles présentent, lorsqu'on voudra leur donner plus de piquant. Nous engageons donc l'élève, avant de commencer la réalisation des Basses suivantes, à chercher sur le Piano et sur le papier les accords qui conviennent à ces *marches de Basse*; il pourra de temps en temps consulter les exemples que nous venons de lui donner, et ce que nous lui disons à la page 57, 58 jusqu'à 71.

(1) On pourra consulter pour le chiffrage et la réalisation de ces marches les pages 82 et 89 jusqu'à 109.

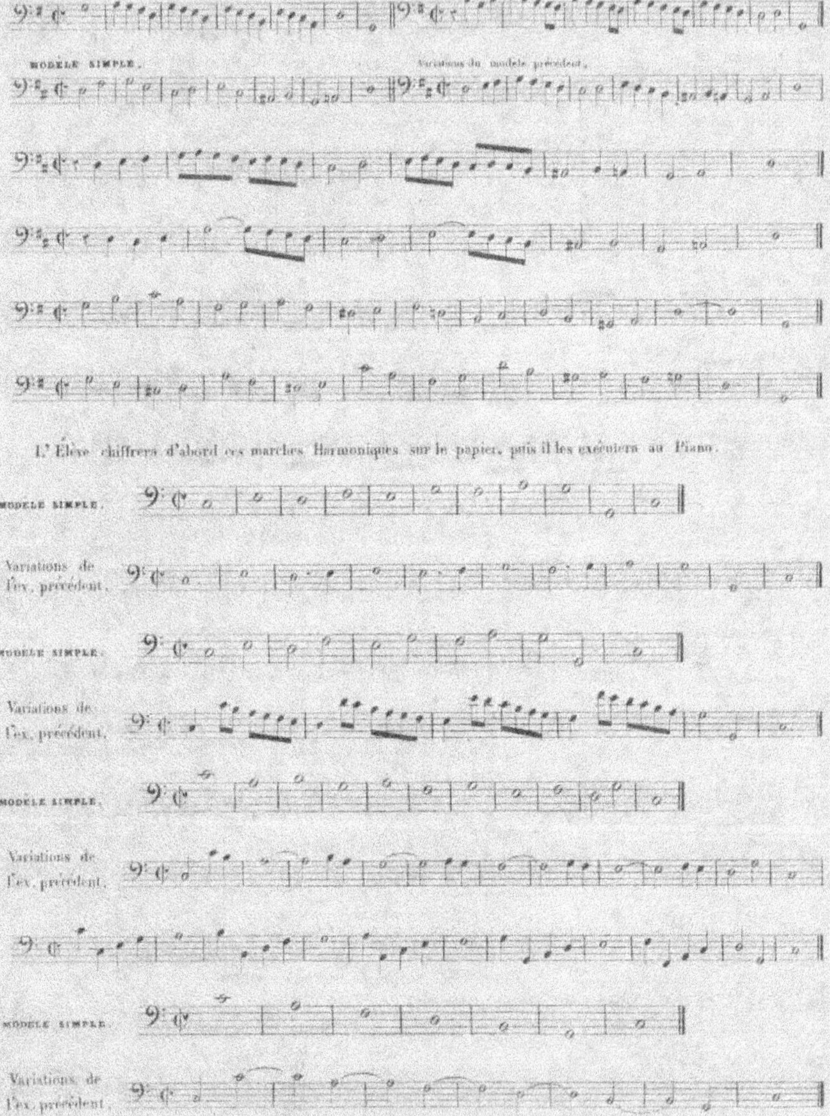

MODELE SIMPLE.
Variations du modèle précédent.
L'Élève chiffrera d'abord ces marches Harmoniques sur le papier, puis il les exécutera au Piano.
MODELE SIMPLE.
Variations de l'ex. précédent.
MODELE SIMPLE.
Variations de l'ex. précédent.
MODELE SIMPLE.
Variations de l'ex. précédent.
MODELE SIMPLE.
Variations de l'ex. précédent.

MODÈLE SIMPLE.
Variations de l'Ex. précédent.
MODÈLE SIMPLE.
Variations de l'Ex. précédent.
MODÈLE SIMPLE.
Variations de l'Ex. précédent.

MODÈLE SIMPLE.
MODÈLE SIMPLE.
MODÈLE SIMPLE.

Variations de l'exemple précédent.

MODÈLE SIMPLE.

Variations de l'exemple précédent.

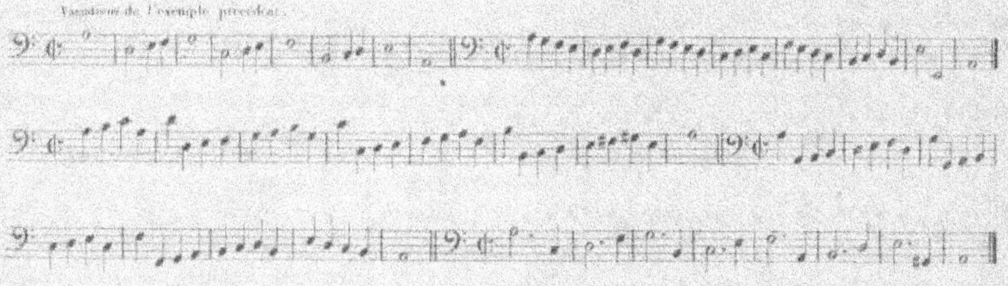

MODÈLE SIMPLE.

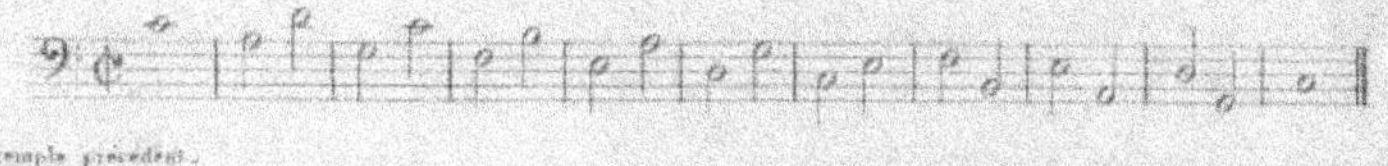

Variations de l'exemple précédent.

210

Ces progressions sont produites par une marche régulière des trois premières espèces d'accords de trois sons dans leur état direct, et dans leur premier et deuxième renversements, les suites de dissonances résultent de ces diverses successions, suivant chaque fois une marche uniforme, ces dissonances sont le résultat des *suspensions* et des accords de *septième*. Il n'y a parconséquent dans les marches précédentes que des suites d'*accords parfaits*, ⁵₃ ; d'*accords de sixte*, ⁶₃ ; de *quartes sixtes*, ⁶₄ ; et de Dissonances de *seconde* 2 , de *quinte et de sixte* ⁶₅ ; de *quarte et quinte* ⁵₄ ; de *septièmes*, 7 , et de *neuvième*, 9 . Ces dissonances alternent toujours avec les accords de trois sons. Quelquefois, cependant, on fait des suites de *Dissonances*, ou d'accords consonants.

Il y a des *marches simples* et des *marches composées*. Les marches *simples* ou *primitives* servent de type à celles qui sont composées de plusieurs marches réunies.

Les *marches primitives* ont chacune une série de sons qui leur est propre. Ainsi, les suites d'accords de trois sons non renversés ont lieu sur toutes les marches de Basses. Les suites d'accords de trois sons dans leur premier renversement se font sur plusieurs sortes de marches et principalement sur celles qui montent ou qui descendent par dégrés conjoints, de cette manière:

Les suites de *secondes*, ou troisième renversement des accords de septième, ne peuvent se faire que sur une série de sons qui descendent par dégrés conjoints:

Exemple.

Les suites d'*accords non renversés* alternant avec les accords de *sixtes* se font sur une série de sons qui montent par dégrés conjoints; exemple:

Les suites de *quinte et sixte* (ou premier renversement des accords de septièmes,) peuvent se faire sur une série de sons qui descendent de Tierce et montent ensuite conjointement; exemple:

Les suites de *quarte et quinte* (qui est la suspension de la Tierce) se font sur une série de sons qui montent de *quinte* et descendent de *quarte*, ou bien qui montent de *quinte* et qui descendent de *quarte*, exemple:

Les suites d'*accords de quarte et sixte* alternant avec les accords de trois sons non renversés se font aussi sur la marche précédente, exemple:

Les suites de *septièmes*, alternant avec les *accords de sixtes*, se font particulièrement sur une série de sons qui descendent par dégrés conjoints comme la marche de sixtes, exemple:

Les suites d'accords de septièmes, ou de suspensions de septième, peuvent se faire sur une série de sons qui montent de quarte et descendent de quinte, ou qui descendent de quinte et montent de quarte, exemples:

Les renversements des accords de septièmes produisent les marches suivantes:

1er et 3me renversements de la marche précédente:

2me renversement et état direct.....

3me et 1er renversements:

Une suite de suspensions de *Neuvièmes* peut se faire sur une série de sons qui montent conjointement, et descendent de tierces, exemples:

Les suites de Neuvièmes se font encore de plusieurs autres manières, ainsi que le démontrent les exemples suivants:

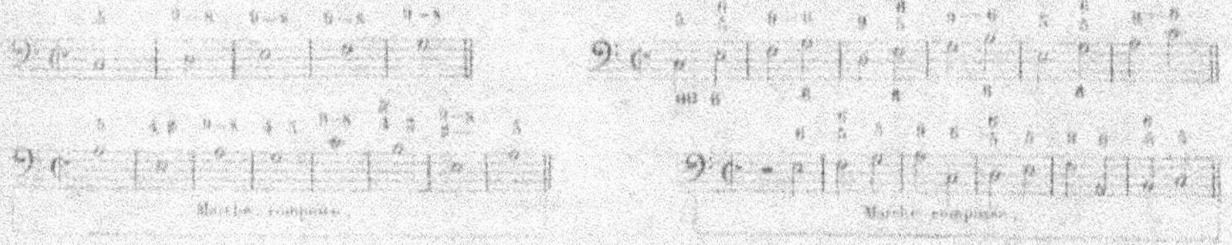

On peut associer plusieurs séries différentes, et obtenir ainsi des marches d'Harmonie très riches d'accords et de dessins. On peut encore employer sur les marches simples toutes les suspensions usitées, et broder chaque partie.

Il ne faut pas abuser de ces marches dans la composition idéale; il est nécessaire de les connaître sans doute, car elles indiquent souvent les véritables accords qui conviennent à certains mouvements de la Basse; voici comment, par exemple, d'après les marches Harmoniques, je chiffrerai les notes suivantes:

Généralement, les musiciens procèdent de trois manières pour composer; d'abord, ils se servent des accords enchaînés suivant les règles que j'ai données à la page 50 de cet ouvrage; c'est d'après ces principes qu'ils font presque tous leurs accompagnements de cette manière:

Ils empruntent aussi quelquefois cet enchaînement des accords à la *règle d'octave*; quant aux marches d'Harmonie, il ne faut pas qu'elles se prolongent dans le style libre comme dans les exemples précédents, où elles sont exposées d'une manière élémentaire et en forme de leçons; si dans une composition libre, on les prolongeait aussi longuement, on donnerait à ses compositions un style pédant, scolastique et monotone, de sorte qu'elles ressembleraient à la musique d'école. Il faut donc, lorsqu'on veut employer ces *marches*, non seulement dans les compositions théâtrales, mais encore dans la musique sacrée, n'en prendre que des fragments, et peut-être ne les employer qu'à la fin des phrases, pour se conformer à certaines formules usitées de cadences. Cette troisième manière de procéder, pour composer, fut en grande faveur dans l'école ancienne; aujourd'hui, les compositeurs dramatiques semblent l'avoir tout-à-fait oublié. Ils se servent de l'enchaînement des accords, tel que je l'ai démontré à la page   en employant le plus souvent les accords placés sur le I.er, le 5.me et le 8.me degrés des deux gammes, avec ou sans renversements. (1)

On peut réaliser pour quatre voix les Basses qui précèdent et celles qui suivent; je vais donner pour exemple de musique sévère une Basse de *Sala*, que j'écris à quatre parties, ainsi qu'on le fait au concours d'harmonie du Conservatoire.

HARMONIE SIMPLE.

(1) Voyez ce que j'ai dit à ce sujet dans la Panharmonie musicale, à la page 35.

(1) La seconde manière de réaliser cette Basse est préférable à la première parce qu'elle contient des imitations riches et combinées, c'est-à-dire la reproduction des mêmes chants en divers endroits et successivement par les différentes parties; on ne se sert que de la première expression pour les accompagnements ordinaires. On emploie beaucoup les renversements et les augmentations; ce ne sont que des notes de passage, des broderies, ou plutôt des anticipations et des retards. La Pédale peut être employée; les accords altérés doivent être très rares, ou bien toutes les autres combinaisons.

(2) L'Harmonie Fuguée (ou Transcendante) est celle où l'on entend des imitations variées.

Voici maintenant cette basse telle qu'elle est chiffrée par ..... l'Élève la réalisera au Piano.

NOUVEAUX PARTIMENTI

POUR L'EMPLOI DES MARCHES HARMONIQUES ET DES SUSPENSIONS.

Ces Partimenti sont faits pour l'étude des Progressions, de la règle d'octave et de l'enchaînement des accords. J'ai réalisé quelques Basses, afin de faire mieux comprendre à l'Élève la marche qu'il doit suivre pour accompagner au Piano ces Basses chiffrées.

Basses Chiffrées réalisées pour le Piano, d'après les Marches d'Harmonie, avec quelques Basses chiffrées, mais non réalisées.

212
LEÇON 57.
BASSE CHIFFRÉE
A RÉALISER.  
LEÇON 58.  
LEÇON 59.
BASSE CHIFFRÉE
A RÉALISER.

LEÇON 60.

LEÇON 61.
BASSE CHIFFRÉE
A RÉALISER

LEÇON 62.

LEÇON 83.
BASSE CHIFFRÉE
A RÉALISER.
LEÇON 84.
Presto.
a Tempo.

ralld.
a tempo

LEÇON 65.

BASSE À RÉALISER.

LEÇON 66.

(1) Dans tous ces Partimenti, je cherche à me rapprocher autant que je le puis du style d'école, et surtout à faire connaître à l'élève les différentes manières de réaliser les Marches d'harmonie. Mon intention n'est donc pas ici d'innover ni de rien demander aux charmes d'artifice de l'imagination.

LEÇON 69.
BASSE CHIFFRÉE
À RÉALISER.
LEÇON 70.
LEÇON 71.
BASSE À RÉALISER
À DEUX PARTIES.

IMITATIONS
DANS LE STYLE
ANCIEN.

LEÇON 72.
Adagio.
BASSE DE CORELLI.

LEÇON 73.
Vivace.
CORELLI.

LEÇON 74.
Vivace.
CORELLI.

La Basse suivante qui court depuis longtemps dans les écoles est attribuée à Catel ou à Chérubini; elle renferme des *imitations* assez curieuses; je vais la donner telle qu'elle m'a été transmise.

LEÇON 75.

LEÇON 76.
CORELLI.
Vivace

LEÇON 77.
Andante

LEÇON 78.
LEÇON 79.
LEÇON 80.
Adagio.
LEÇON 81.

(A)

LEÇON 82.
H. COLET.

Voici deux Basses réalisées chacune de deux manières différentes:

LEÇON 83.
PIANO.

Même basse réalisée à quatre parties réelles:

LEÇON 84.
PIANO.

(A) On peut chiffrer cette Basse de plusieurs manières.

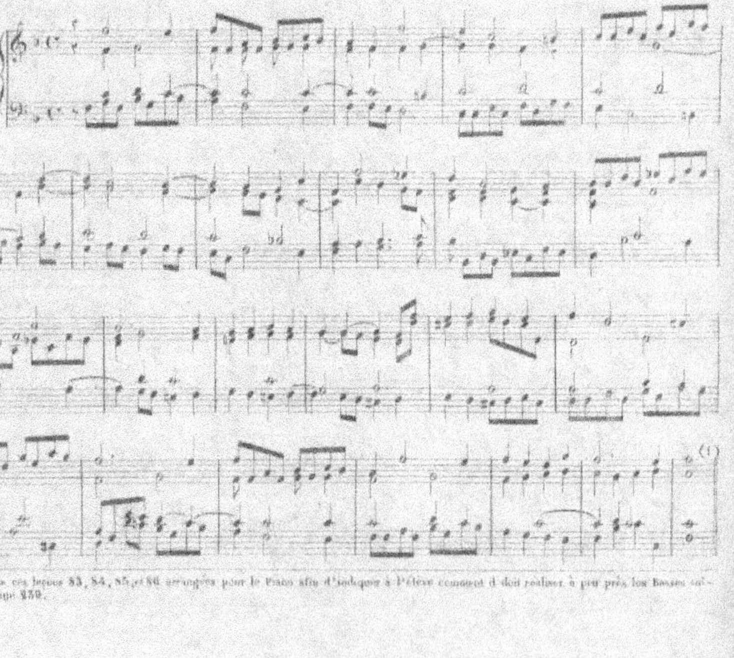

(1) Je donne ces leçons 83, 84, 85, et 86 arrangées pour le piano afin d'indiquer à l'élève comment il doit réaliser à peu près les basses sui-vantes jusqu'à la page 239.

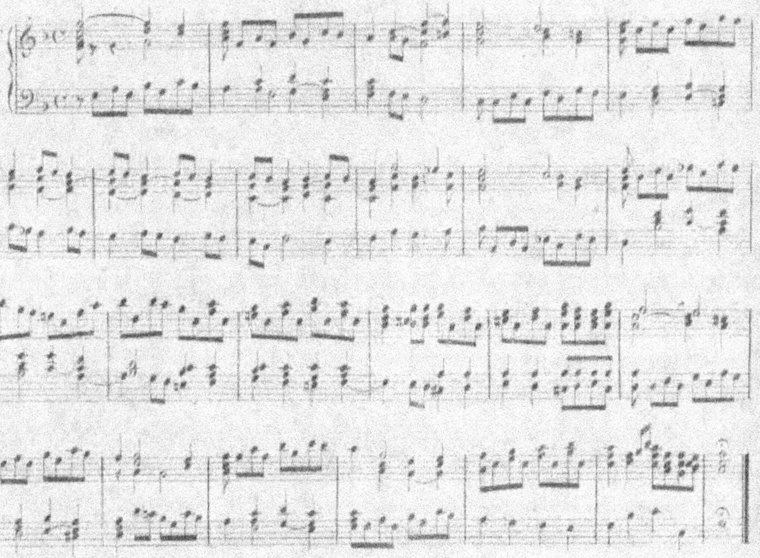

LEÇON 87.

LEÇON 88.

LEÇON 89.

LEÇON 90.

LEÇON 91.

LEÇON 92.

(A) Les auteurs savans expriment souvent par des chiffres le chant qu'ils veulent faire exécuter sur une basse; c'est ce que l'on fait ici.

Ces basses, jusqu'à la page 258 renferment beaucoup d'utilité.

LEÇON 93.

LEÇON 94.

LEÇON 95.

(1) La même remarque doit être faite pour cette mesure. Exemple........................

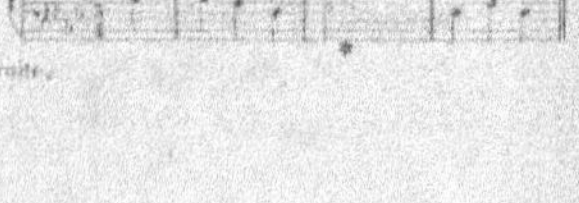

Les chiffres de la mesure marquée d'un * indiquent le chant qu'on doit placer à la main droite.

LEÇON 96.
LEÇON 97.
LEÇON 98.

LEÇON 99.

LEÇON 100.

LEÇON 101.

LEÇON 102. 
LEÇON 103. 
LEÇON 104.

LEÇON 105.

LEÇON 106.

(A)

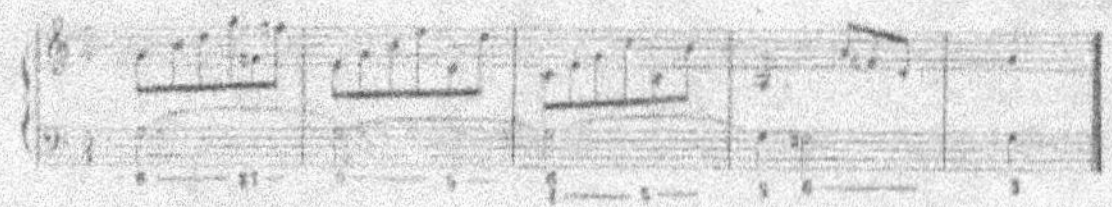

(A) Les chiffres placés ici sur les SOL indiquent seulement le chant que l'auteur veut rappeler. On rencontre souvent des SOL qui montre [illegible] qu'il faut connaître un motif à la Basse qu'il reproduit ensuite à la main droite ; elles dent comment il convient d'accompagner ces mesures.

LEÇON 107.

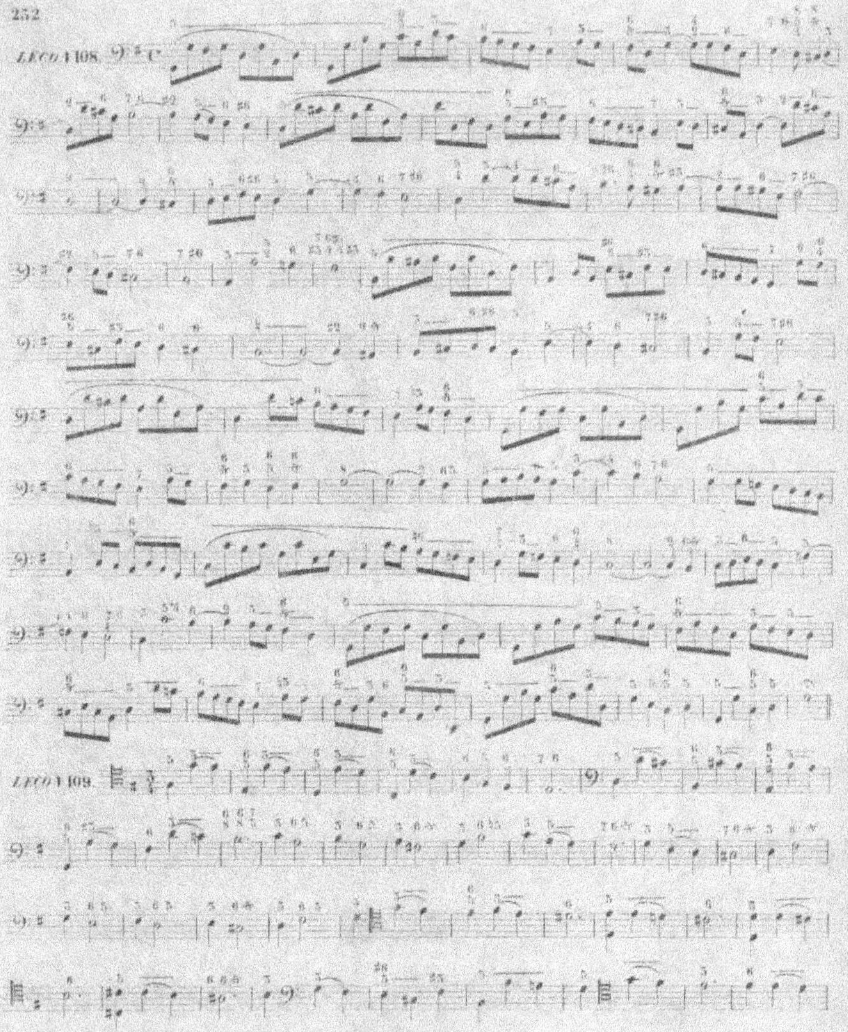
LEÇON 108.
LEÇON 109.

LECON 110.

LEÇON 111

LEÇON 112.

LEÇON 115. 2/4

(A) On peut commencer ici la basse seule pendant quatre mesures, ou bien placer dans la main droite à une autre. Ôtant les 5me, 6me, 7me et 8me mesures de la main gauche, de cette manière;

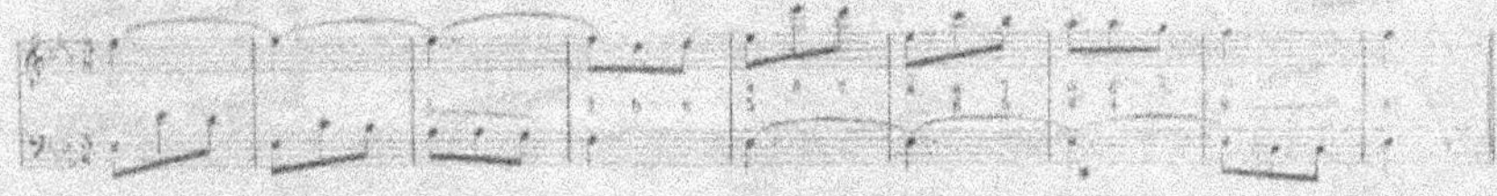

On voit, ainsi que je l'ai déjà dit, que souvent les auteurs anciens chiffrent seulement la basse, qu'ils peuvent placer sur une basse; c'est ce que démontrent les six dernières mesures de l'exemple précédent. On pourrait cependant remplacer les accords. Exemple:

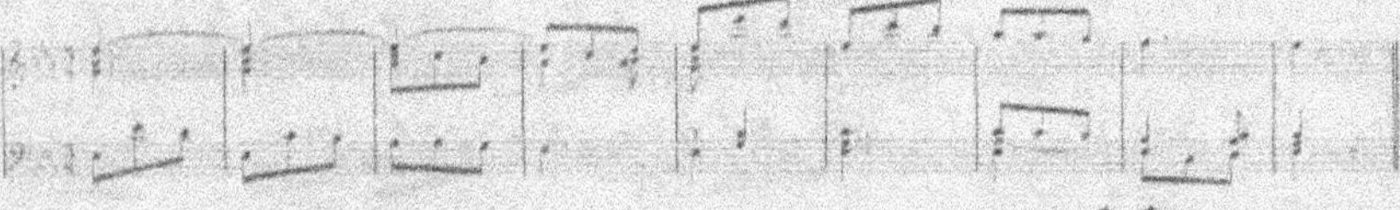

LEÇON 115.
LEÇON 116.

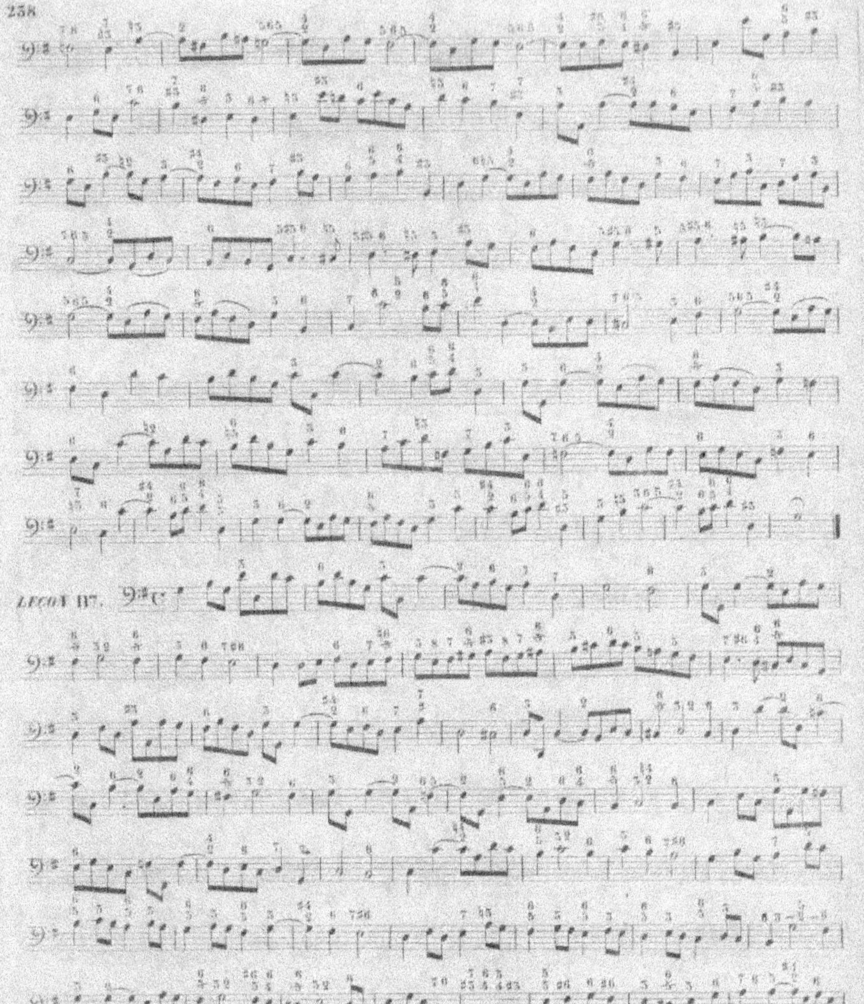

LEÇON 87.

Le Tableau suivant représente les manières les plus usitées d'accompagner les mouvements de la Basse, en prenant chacune de ses notes comme une fraction d'un accord.

MOUVEMENS DE LA BASSE:

BASSE RESTANT
SUR LE
MÊME DEGRÉ.

BASSE MONTANT
D'UN
DEMI-TON.

BASSE DESCENDANT
D'UN
DEMI-TON.

BASSE MONTANT
D'UN TON.

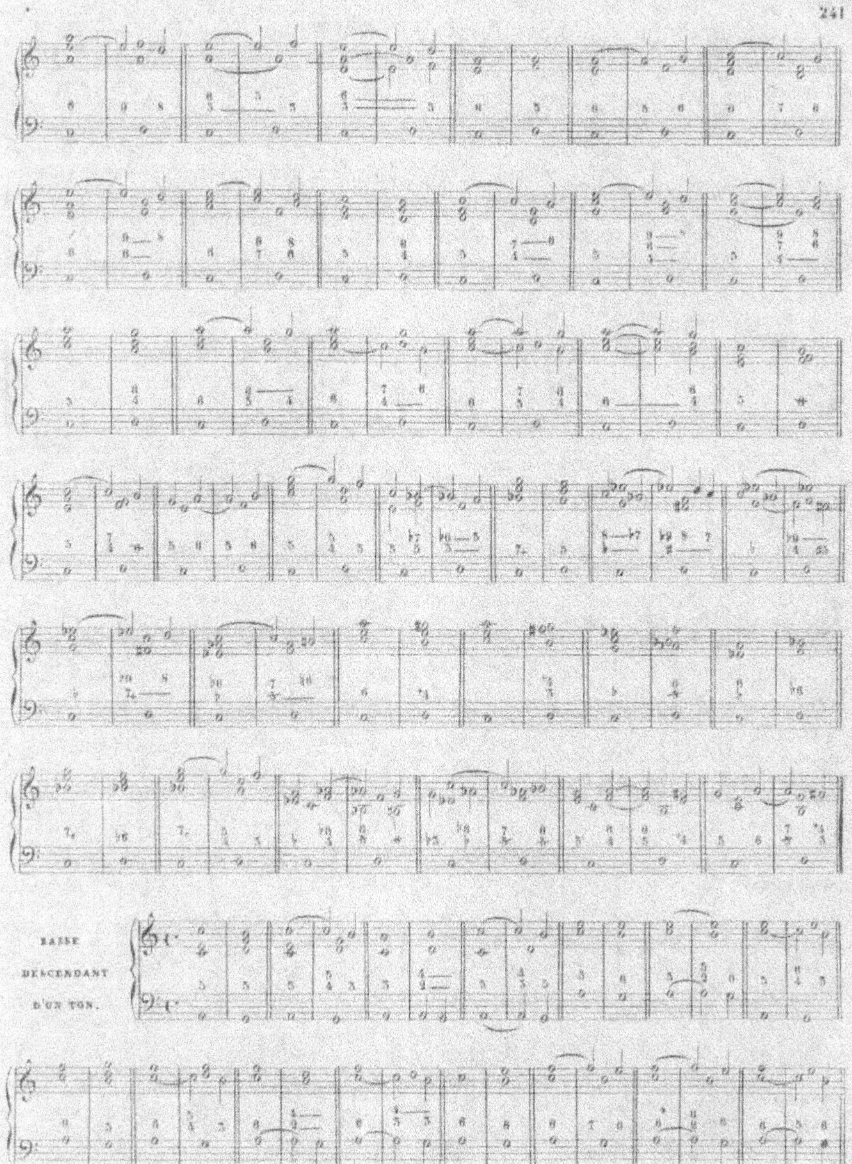
BASSE
DESCENDANT
D'UN TON.

BASSE
MONTANT
DE TIERCE.
BASSE
DESCENDANT
DE TIERCE.

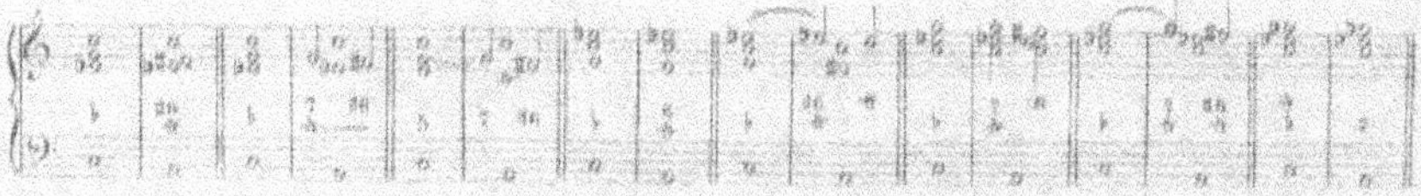

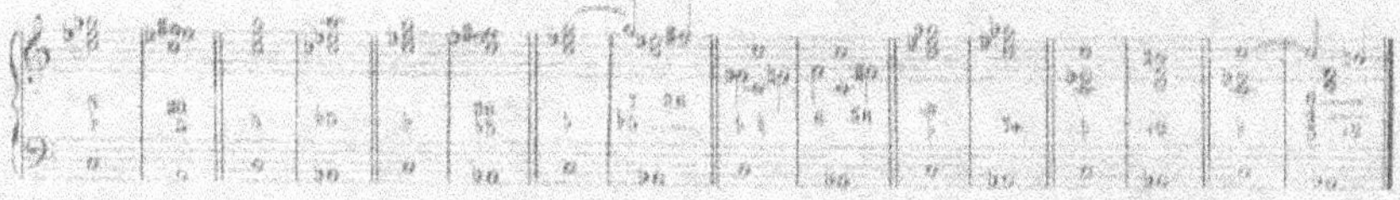

BASSE
MONTANT
DE QUARTE.

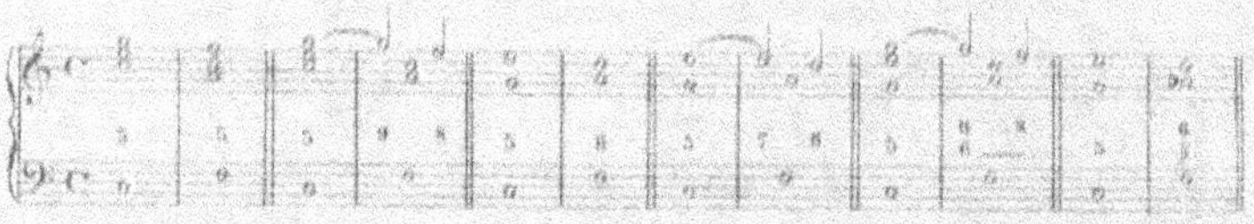

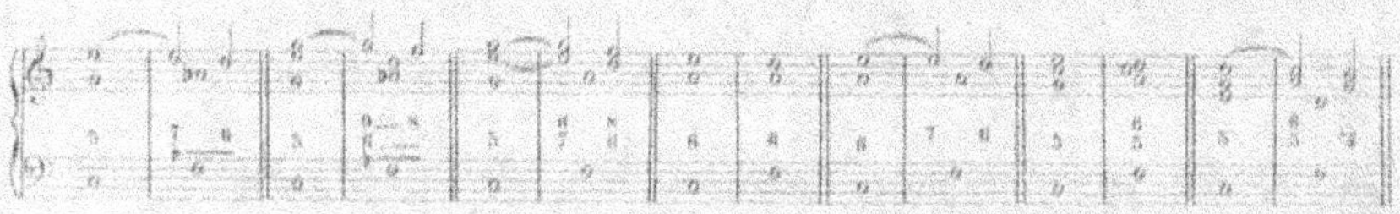

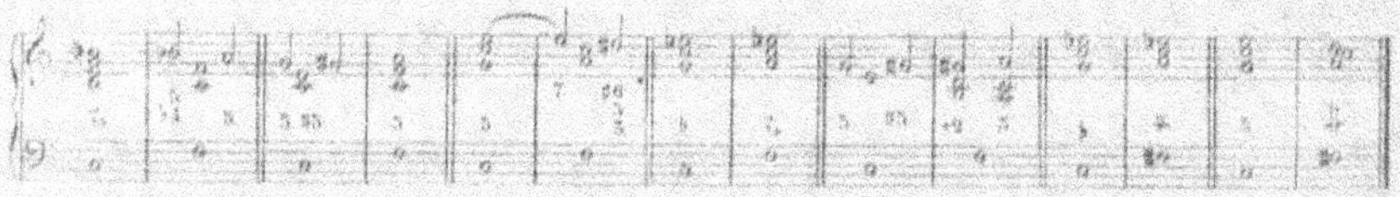

BASSE
DESCENDANT
DE QUARTE.

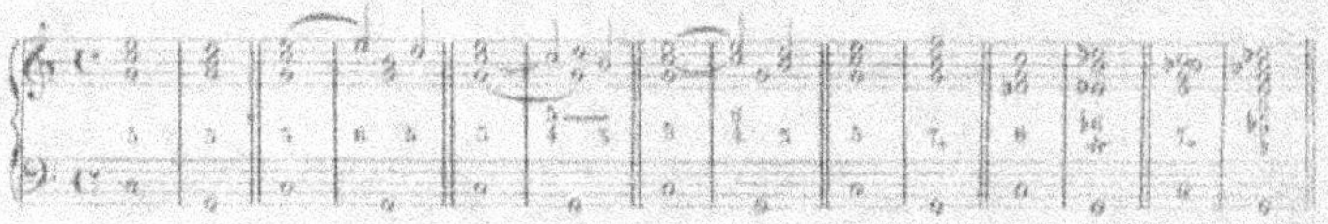

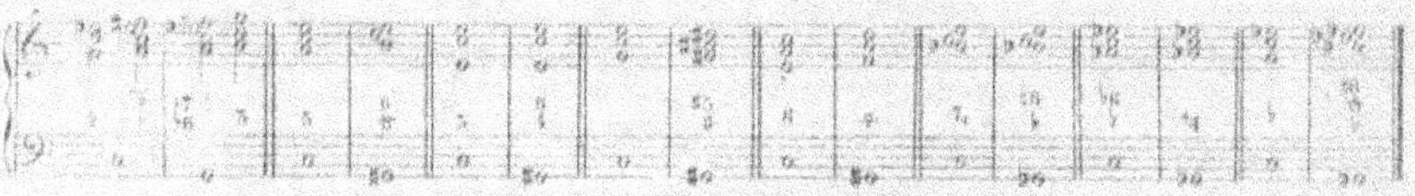

On pourrait sans doute trouver d'autres accords sur ces mouvements de la Basse; ceux que je viens de donner peuvent suffire à l'élève; d'ailleurs il pourra en chercher de nouveaux.

On ne doit accompagner les mouvements de la Basse comme nous venons de le faire que lorsque chaque note porte un accord, mais quand on rencontre des Dessins ou des traits comme ceux qui suivent, par exemple;

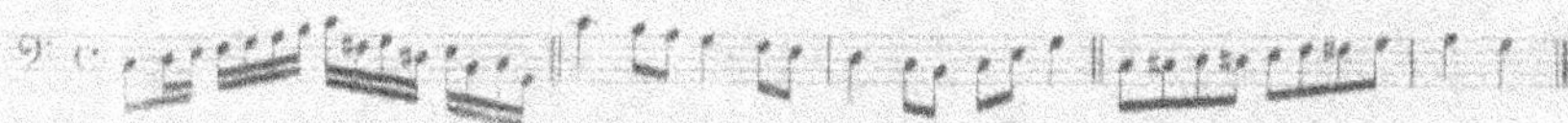

on ne peut placer un accord sous chaque note qu'ils font entendre, parcequ'ils représentent un accord brisé et varié au moyen des notes accidentelles. Il faut alors reconnaître le véritable accord, afin de lui donner l'accompagnement qui lui convient; c'est ce que j'ai démontré au commencement de cet ouvrage, et dans la troisième partie de la Panharmonie musicale.

L'élève peut plaquer simplement les accords, ou bien introduire des *imitations*, comme je viens de le faire dans dans les leçons précédentes écrites à quatre parties, mais il n'est pas toujours nécessaire de réaliser une harmonie à quatre parties pour le Piano, elle peut être plus ou moins nombreuse. Voici du reste comment E. Imbibo réalise quelques *Partimenti* de Fénaroli.

PIANO.
Voyez les Partimenti, pag: 263.
PIANO.

246

Pour les *Partimenti* suivants, écrits sans chiffres, on se conformera à tout ce que nous venons de dire;
on devra les réaliser aussi pour les voix dans le style libre et dans le genre sévère. Dans le style libre on
suit les caprices de son imagination; dans le genre sévère d'école, on écrit presque toujours à quatre parties
réelles.

On rencontrera quelquefois en tête de morceau un fragment de la Basse qu'on va donner avec son accompagnement de la main droite; cela signifie qu'il faut reproduire cet accompagnement à la main droite, chaque fois que la même basse revient, soit dans le même ton, soit dans un ton différent. Ex.

Il faut prendre le Thème de la main droite à l'endroit marqué d'un astérique *, mais en le trans-
posant en *La* majeur. On peut créer un ou plusieurs Thèmes nouveaux sur la même Basse, ou bien accompagner cette Basse avec des accords plaqués. Les Basses dans le genre de cette dernière sont formées
par des imitations.

Je vais donner ici quelques préludes empruntés à Bach et une Sonate de Scarlati, afin que l'élève comprenne bien la
marche qu'il doit suivre pour réaliser les Basses suivantes. Dans un ouvrage que je publierai bientôt, j'enseignerai d'u-
ne manière plus spéciale l'art de composer pour le Piano.

DES PRÉLUDES.

Un Prélude peut avoir depuis 30 jusqu'à 80 mesures, suivant le mouvement et le trait de chant qu'on choisit. Il
est composé d'un dessin mélodique qu'on reproduit dans plusieurs tons, en l'accompagnant souvent d'une manière différente, afin que la variété des accords couvre un peu l'uniformité du chant. On donne quelquefois à la phrase principale un ou deux Contre-sujets qu'on reproduit aussi dans différents tons, comme le motif principal. On peut de temps
en temps altérer légèrement les *sujets* du Prélude, mais il ne faut pas que ces changements empêchent de les reconnaître; il est permis d'introduire passagèrement un trait de chant nouveau pourvu qu'on lui donne le même rhythme qu'au
chant principal, afin qu'il lui ressemble au moins par la valeur et par le nombre des notes. Il n'est pas nécessaire dans
ce genre de composition d'observer une coupe régulière pour la symétrie des cadences, des phrases et des périodes. Il
faut que le motif principal soit intéressant, et facile à comprendre. Le Prélude doit finir dans le ton par lequel il a commencé.

Les Préludes dont je vais donner des exemples sont formés par un ou deux motifs qu'on reproduit dans plusieurs tons
dans le courant du morceau. Les Basses qui commencent à la page **274** de ces Partimenti sont à peu près composées
dans ce genre. Ce travail, fait avec soin et persévérance, familiarisera l'élève avec l'improvisation, et le rendra capable
de composer bientôt pour le Piano.

PRÉLUDES DE JEAN SÉBASTIEN BACH.

PRÉLUDE

PRÉLUDE

PRÉLUDE.

PRÉLUDE.

PRÉLUDE.

SONATE
de
SCARLATTI

PARTIMENTI SANS CHIFFRES

On doit d'abord étudier les *Partimenti* suivants avec les consonnances, et ensuite avec les Dissonnances, selon les règles précédentes.

(1) Le Ténor fait ici la Basse. C'est généralement ainsi qu'il faudra considérer le Ténor chaque fois qu'il se reproduira avec la clé d'Ut 4me ligne.

LEÇON
122.

LEÇON
123.

LEÇON
124.

(A) On peut jouer ces leçons dans les mouvements vifs ou lents, selon sa fantaisie.

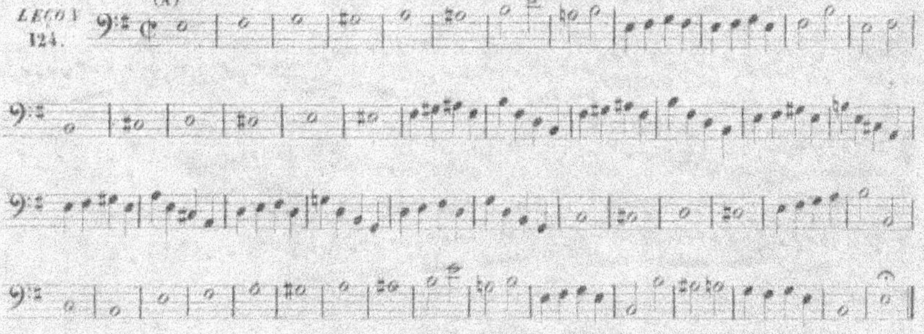

LEÇON 125.

LEÇON 126.

(A)

LEÇON 127.

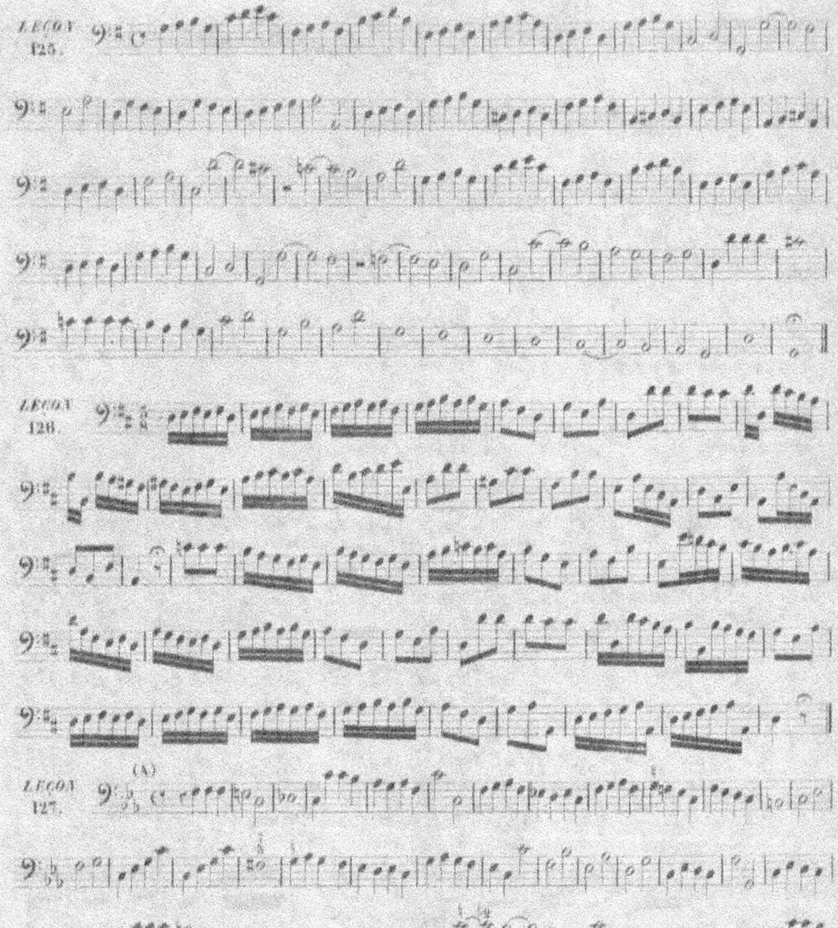

(A) Les anciens compositeurs supprimaient souvent à la clé un des accidents nécessaires au ton où l'on est.

LEÇON
128. 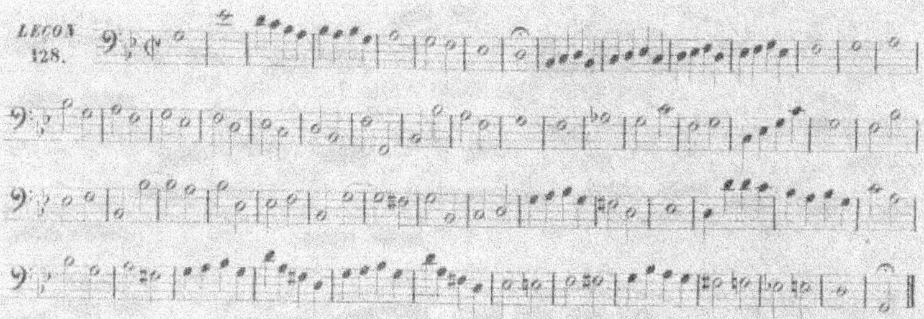
LEÇON
129. 
LEÇON
130.

LEÇON 151.

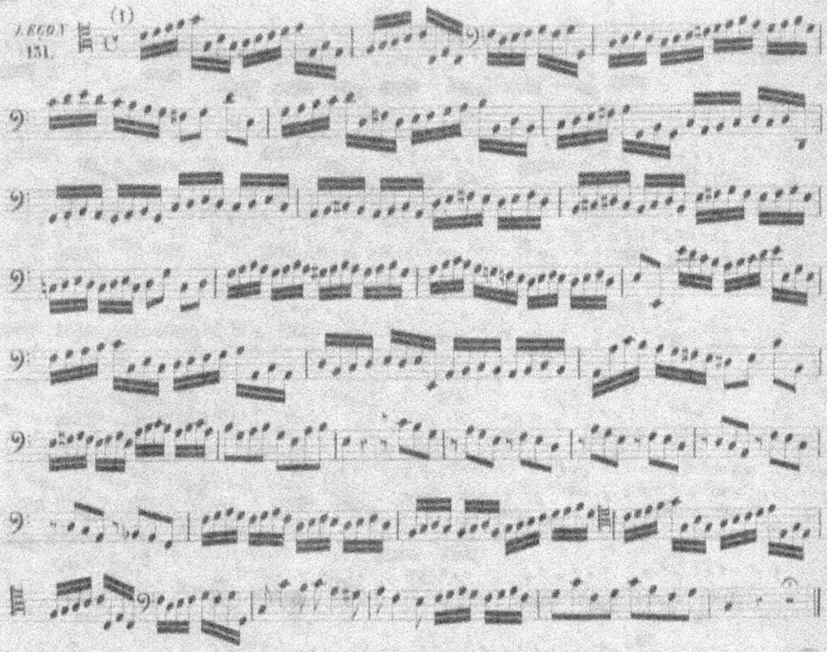

LEÇON 152.

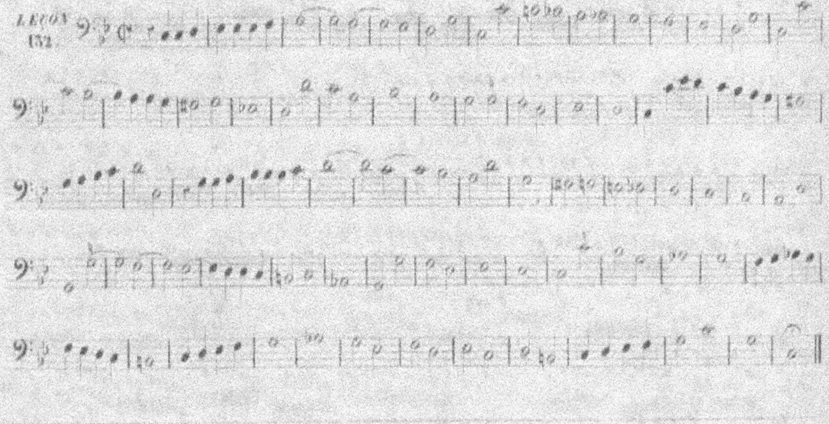

(1) Il est bien important que l'Élève écrive pour le Piano les Partimenti qu'il ne pourrait déchiffrer à cause des difficultés qu'ils présentent.

LEÇON
133.

LEÇON
134.

LEÇON
135.

LEÇON
136.

LEÇON
137.

(1) On ne doit jouer que les deux notes indiquées dans cette mesure, pour faire mieux sentir l'imitation de la leçon.
(2) J'ai déjà dit que les anciens maîtres supprimaient souvent un des accidents qu'on place à la clé dans les tons mineurs, voilà pourquoi il n'y a ici à la clé que deux bémols.

LEÇON 140.

LEÇON 141.

Il n'est pas absolument nécessaire dans les leçons suivantes, depuis cette page jusqu'à la page 297 de s'en tenir au thème proposé ; on peut avant de commencer la leçon au Piano chercher sur les dessins de la Basse d'autres thèmes, selon sa fantaisie. Ainsi l'auteur propose ce motif  sur cette Basse, mais on pourrait trouver d'autres dessins, ceux-ci par exemple :

Il est bien néanmoins de se servir du thème donné par l'auteur, surtout lorsqu'on *déchiffre* la Basse. Chaque fois que le Dessin de la Basse revient, il faut jouer le Thème qu'on aura adopté, on chiffre les autres dessins que renferme la Basse d'après les règles que nous avons données dans la *Pankarmonie* et dans ces Partimenti. Je vais réaliser au Piano deux des Basses suivantes afin de mieux faire comprendre à l'élève comment il doit procéder.

Moderato.

On rencontre dans les études de Piano la plupart des dessins dont ces Basses sont formées; il sera donc facile pour l'élève, de trouver la partie que doit jouer la main droite. On doit se servir ici de la *position libre*, et rarement employer *l'accompagnement divisé*. Il faut que le dernier accord soit frappé dans la *première position* afin que la note la plus élevée dans la main droite soit toujours la *Tonique*. On sait que dans le Piano, la main gauche représente et joue les parties basses, tandis que la main droite fait les parties hautes et la mélodie.

Les Basses suivantes se rencontrent souvent dans les *Partimenti* à l'endroit où se font les cadences; voici comment on doit les chiffrer.

On peut consulter toutes les formules de Cadences que je donne dans cet ouvrage.

Voici encore une des Basses suivantes réalisée pour le Piano.

    L'élève devra déchiffrer d'abord au Piano et devant son maître chacune des Basses suivantes, puis il les chiffrera de différentes manières sur le papier; il cherchera ensuite plusieurs thèmes dont il se servira aussi. Je l'engage surtout à réaliser chaque Basse pour quatre voix, en se conformant alors aux principes de la composition sévère. Lorsqu'il saura bien accompagner une Basse, on exigera avant de passer à la leçon suivante, qu'il en compose une dans le même style. Pour bien exécuter ces *Partimenti*, il est à propos d'avoir étudié les études de Piano composées par les meilleurs maîtres.

PARTIMENTI POUR L'ÉTUDE DU PIANO.

THÈME
PRINCIPAL.

LEÇON 144.

THÈME
PRINCIPAL

LEÇON 145.

(1) Les 2 indiquent que la seconde moitié des notes sur lesquelles ils sont placés sont des retards. Dans l'ancienne école lorsque les chiffres ne sont pas placés sur une note, l'accord désigné se frappe sur la seconde moitié de cette note, la première moitié représente alors un accord non frappé.

Archangelo Corelli dans ses *Sonates* pour le Violon a employé une basse semblable à celle qui précède.

(A) Les chiffres signifient qu'il faut accompagner ces notes avec des tierces, comme il suit

THÈME.
LEÇON 152.
THÈME.
LEÇON 153.

THÈME.
LEÇON 154.
THÈME.
LEÇON 155.

THÈME.
LEÇON 156.
THÈME.
LEÇON 157.

(1) Cette manière de frapper le dernier accord de la Cadence finale est très ancienne, on ne doit pas l'imiter.

THÈME.
LEÇON 160.

THÈME.
LECON 161.
THÈME.

LEÇON 162.
THÈME.
LEÇON 163.

THÈME.

LEÇON 164.

THÈME.

LEÇON 165.

THÈME.
LEÇON 166.

THÈME.

LEÇON 167.

THÈME.

LEÇON 168.

THÈME. 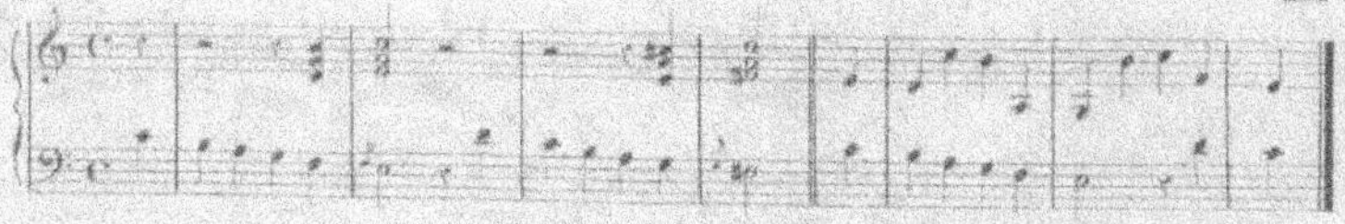
LEÇON 169. 
THÈME. 
LEÇON 170.

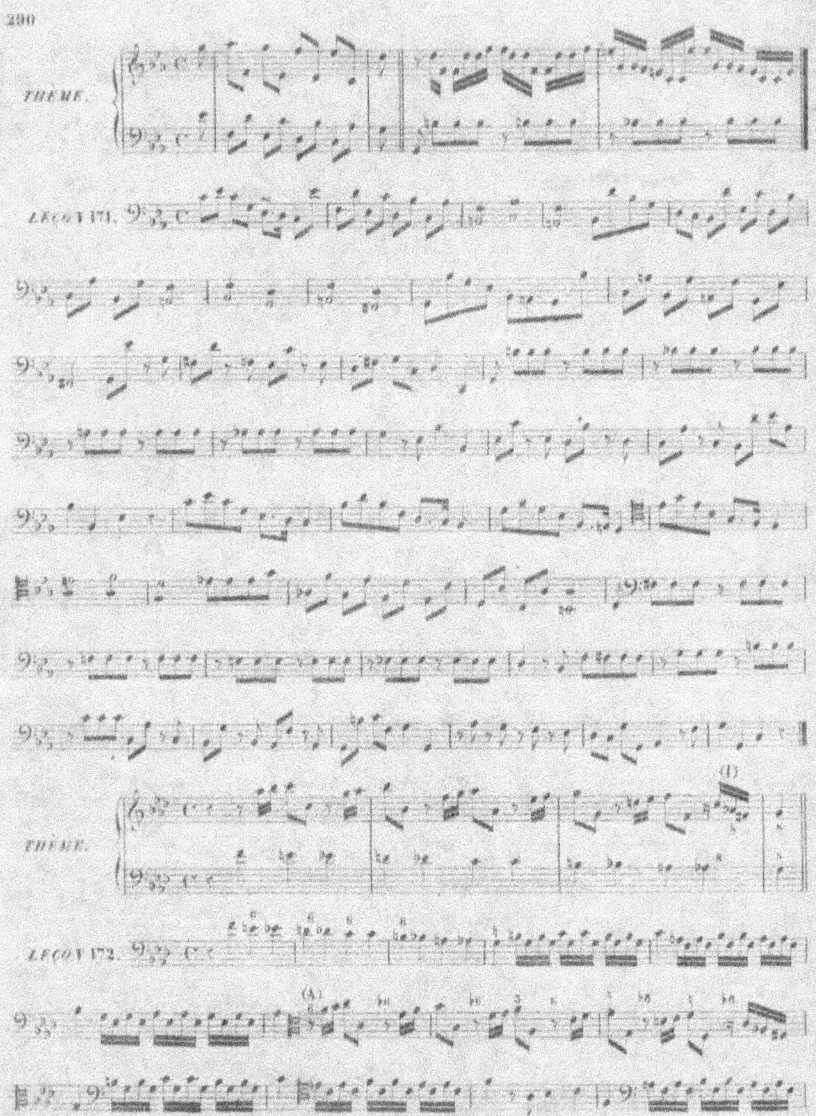

(1) Ces deux notes sont fréquemment employées dans la musique instrumentale. (A) Les chiffres placés sur un temps ou sur une note quelconque expriment le même accord que celui qu'ils indiqueraient s'ils étaient placés sur la note que les suit.

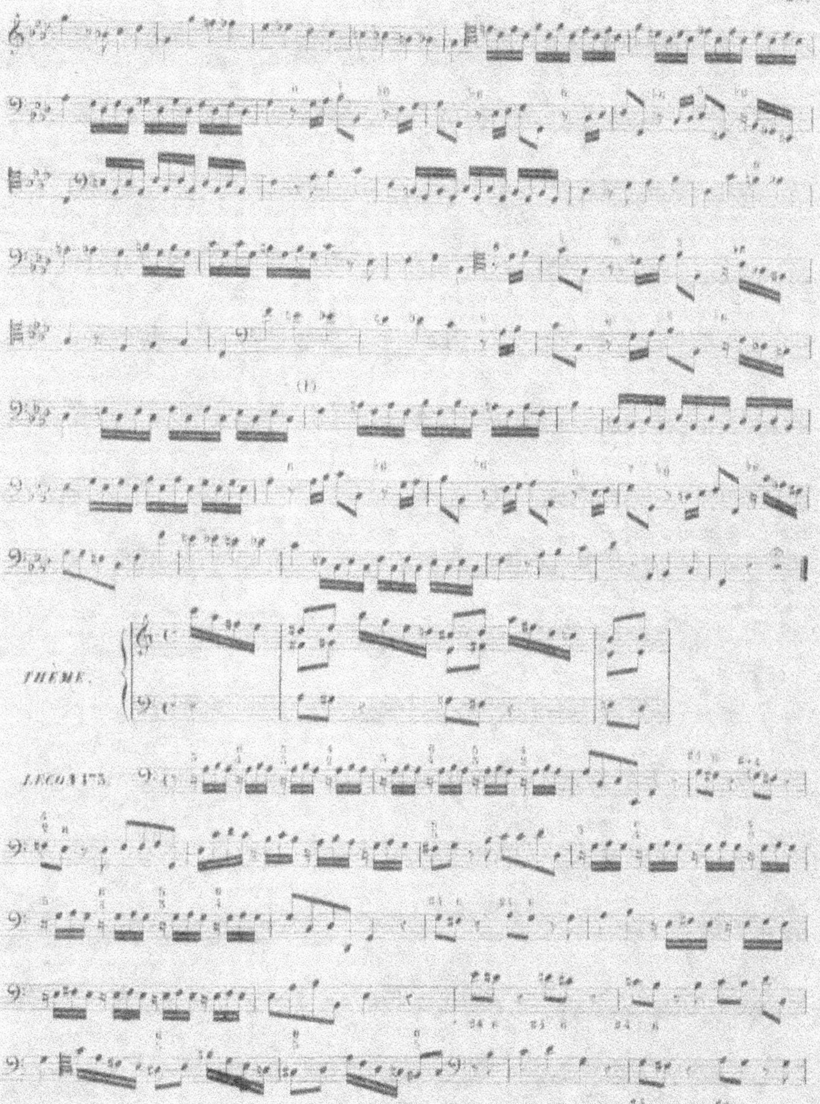

(1) Il faut bien se rappeler que les Gammes avec les changement de positions se jouent par un doigté

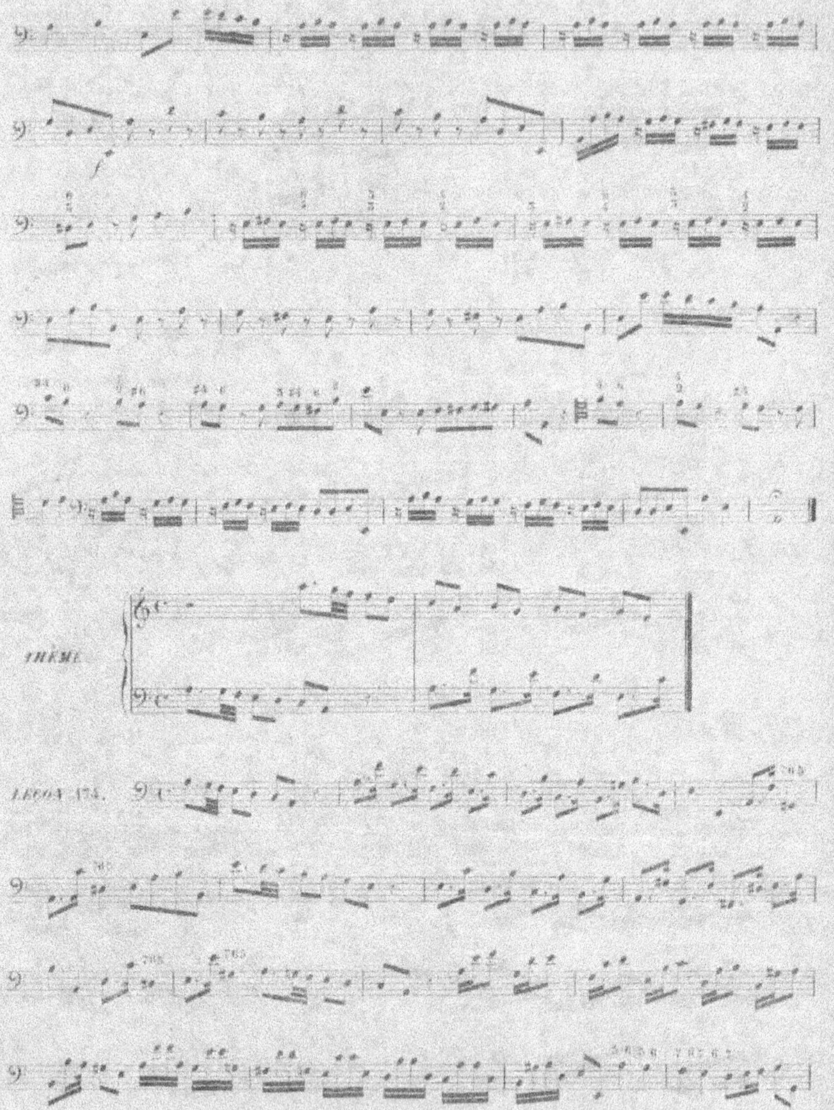
THÈME
LEÇON 174.

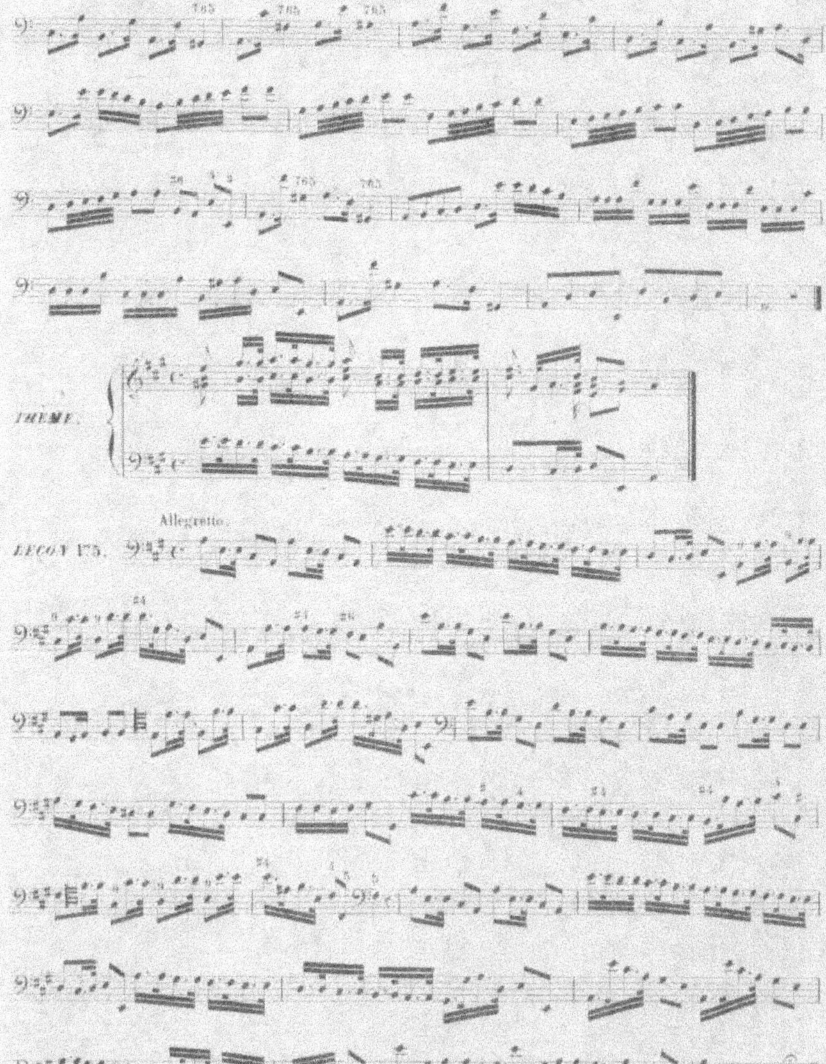
THÈME.
Allegretto.
LEÇON 175.

(*) Ces chiffres ne sont placés là que pour rappeler à l'accompagnateur qu'il faut frapper une dissonance de seconde sur la dernière moitié de ces notes.

THÈME.

LEÇON 178. Largo.

290
THÈME.
LEÇON 179.
Gross.
LEÇON 180.
Solo.

297
THÈME
LEÇON 181.
THÈME 
LEÇON 182.

THÈME
LEÇON
185.
THÈME
LEÇON
184.

Partimento qui parcourt tous les modes tant majeurs que mineurs et qui doit être joué d'abord avec les consonnances, et ensuite avec les dissonances.

304

On donnera maintenant à l'élève quelques-unes des partitions anciennes dont la Basse est toujours chiffrée; on pourra lui faire accompagner aussi les leçons du *Solfège* d'Italie, et de celui du Conservatoire. On prendra ensuite les partitions d'opéra; on commencera par les Opéras-comiques qui sont plus faciles. L'élève devra réduire les accompagnements d'orchestre pour le Piano, d'abord sur le papier, ensuite sur l'instrument, mais sans consulter alors ce qu'il aura écrit sur le papier.

En arrangeant la grande Partition pour le Piano, il faut rendre plutôt l'effet général, que les détails, et mieux encore l'effet général et les détails, s'il est possible. Un moyen de travailler avec fruit c'est de comparer son travail avec les partitions déjà arrangées pour le Piano. On pourra faire tout ce travail avec les *Symphonies* et les *Quatuors* et *Quintetti* d'instruments à cordes.

Je vais donner des motifs que l'élève développera sur le papier et le Piano dans le genre des Préludes de Bach et des Basses précédentes. On doit se rappeler que l'*imitation* est la reproduction plus ou moins exacte, entière ou partielle, d'une phrase entendue d'abord dans une partie quelconque.

On peut imiter un *dessin* composé de quelques notes, et même des chants de 2, 3, 4 mesures et plus, non seulement dans une partie, mais encore dans plusieurs.

L'Imitation peut se pratiquer à tous les intervalles.

L'*Imitation* est dite *Sévère*, *Contrainte* ou *Canonique* lorsqu'elle reproduit le même chant, note pour note, dans toute son étendue, à un intervalle quelconque.

Elle est *irrégulière* ou *libre* lorsqu'elle ne reproduit pas le modèle aux mêmes intervalles, et que les tons et les demi-tons ne se correspondent pas régulièrement. Elle s'appelle aussi *Périodique* ou *Partielle* quand on n'imite qu'une portion du Chant donné.

L'*Imitation* sévère s'emploie surtout dans les *Canons* et les *Fugues*, l'*Imitation libre* convient particulièrement aux morceaux fugués.

L'Imitation sévère n'observe la correspondance exacte des tons et des demi-tons que lorsqu'elle se fait à l'octave ou à l'unisson; car il faut altérer quelques intervalles lors même qu'elle se fait à la *Quarte* ou à la *Quinte*.

MOTIFS À DÉVELOPPER.

Pour s'habituer à composer la Basse sous le Chant, on prendra successivement toutes les parties que nous avons écrites sur les divers mouvements de la Basse à la page 180, et sur les Progressions d'Harmonie, et l'on cherchera la Basse qui leur convient ; puis on comparera son travail avec les exemples que je donne sur les mouvements de la Basse et les Marches Harmoniques. On trouvera dans la Panharmonie, à la page 64, tous les accords que peut porter une même note, on cherchera maintenant tous ceux qui peuvent être placés sous une note supérieure, exemple:

En prenant *Sol* comme note supérieure, on peut frapper les accords suivants:

on fera ce travail avec d'autres notes.

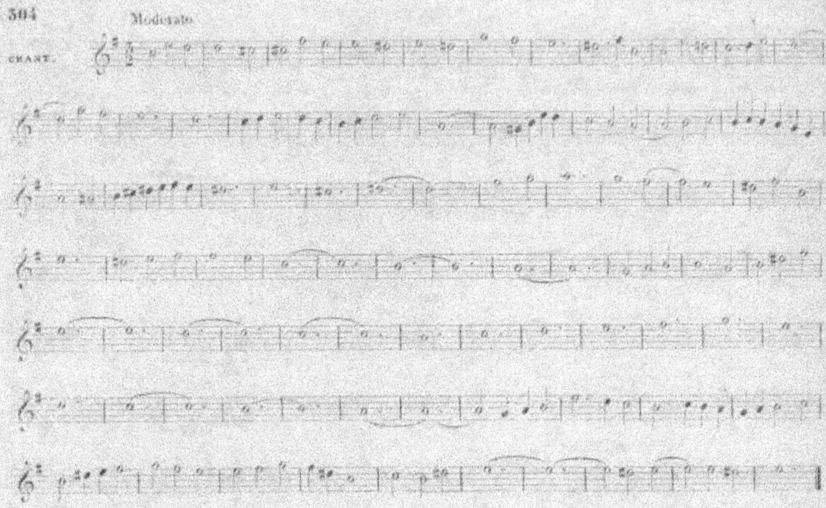

Moderato

CHANT.

Chant donné pour le Concours d'Harmonie, (Année 1844)

Andantino.

Andante.

Mr COLET.

Larghetto.

NICOLET.

Un poco lento.

306
CHANT DONNÉ
PAR M. AUBER
AU CONCOURS D'HARMONIE.
Andante.
Adagio.
DE COLET.

Mr COLET.
Andante.
Mr COLET.
Andante.

308
1er COUPLET.
Adagio.
2me COUPLET.
Adagio.
3me COUPLET.
Andante.

Ce chant donné pour le concours d'Harmonie forme un Canon presque continuel avec la Basse qui lui convient.

Moderato.
VOICI UN CHANT
AVEC LA BASSE
QUI
L'ACCOMPAGNE.

315
Adagio.
CORELLI.
Adagio.
CORELLI.
Largo.
CORELLI.

L'Élève composera d'abord la Basse, puis il complétera les accords. Il prendra des chants dans les Solféges du Conservatoire et d'Italie, et dans les Partitions les plus renommées.

CONCOURS D'HARMONIE.

MUSIQUE VOCALE.

Les leçons suivantes écrites à quatre parties, ont été réalisées par des élèves de ma classe, aux concours d'Harmonie qui ont eu lieu à la fin de chaque année scolaire. Je les donne ici afin de mieux enseigner par les exemples, comment on doit réaliser pour les voix les Basses qu'on trouve dans ce traité, lorsqu'on écrit dans le style sévère de l'école. Je traiterai cette matière d'une manière plus détaillée dans un ouvrage que je publierai bientôt. Voici néanmoins quelques règles générales qui pourront nous guider sûrement.

1°. On écrit toujours à quatre parties pour *Soprano, Contralto, Tenor* et *Basse*, avec ces quatre clés:

2°. On se sert des Chiffres anciens tels que je les donne dans ces *Partimenti* aux pages 10, 15, 16, 17, 18.

3°. On emploie tout ce qui est prescrit dans les trois premières parties de la *Panharmonie*, moins les cas suivants:

4°. Toutes les *Quintes* et toutes les *Octaves réelles* sont défendues; on ne tolère pour les Quintes et Octaves cachées que la première exception, en ayant soin de la placer dans une partie intermédiaire. On ne peut frapper un *Unisson* qu'aux temps faibles, lorsque l'accord est déjà entendu.

5°. Il ne faut pas doubler la Tierce, ni la supprimer.

6°. Il faut distribuer de la manière la plus convenable les notes des accords dans les quatre parties vocales. (Voyez la page 26 de la Panharmonie.)

7°. Il ne faut croiser les parties supérieures entr'elles que lorsque ce croisement est nécessaire pour faire des *imitations canoniques*. On ne croise pas avec la Basse.

8°. Tous les intervalles mélodiques qui portent le nom d'augmentés ou diminués, et tous ceux qui sont plus grands que la *Quinte juste*, sauf l'Octave, sont strictement défendus; on ne peut rigoureusement les employer que dans les *Marches d'Harmonie*, ou dans une *imitation*.

9°. Une ou même deux notes intermédiaires, si elles n'ont pas une grande valeur, ne peuvent pas sauver les fautes de Quintes et d'Octaves, et les intervalles mélodiques défendus, exemple:

10°. Les Quintes et Octaves retardées sont défendues; exemple:

11°. Il faut éviter avec soin les *Liaisons Boiteuses*. (Voyez la Panharmonie, à la page 29.)

On permet de faire la Syncope suivante 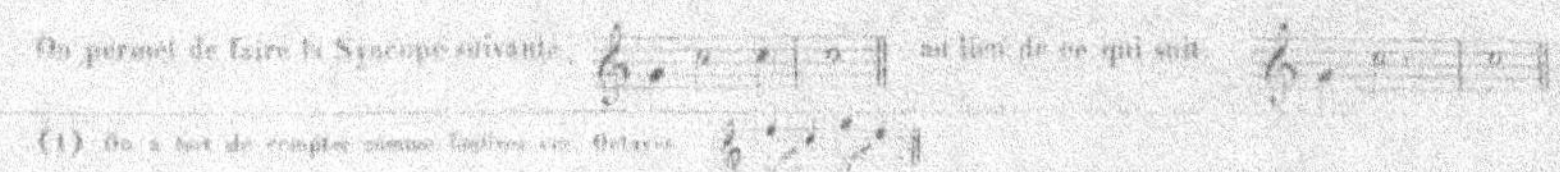 au lieu de ce qui suit

____

(1) On a tort de compter comme fautives ces Octaves

12°. Il faut unir par un trait toutes les notes communes, exemple:

au lieu de

13°. Il faut que la note sensible monte d'un dégré, ou du moins reste en place, au moment où l'on change d'accord.

14°. On emploie beaucoup le premier et le troisième renversements des accords; le second n'est guère usité que dans la formule de Cadence; dans tout autre cas il faut éviter de le frapper au temps fort de la mesure; on doit toujours le préparer et le résoudre, excepté à la Cadence finale, lorsqu'il se fait avec l'accord de Tonique.

15°. On emploie rarement les Cadences interrompues, parceque dans la musique sévère il faut donner le plus souvent aux accords leurs résolutions naturelles. Toutes les autres Cadences sont fréquemment employées.

On préfère cette formule,  à la suivante,

Celle-ci est encore meilleure que la précédente, exemple:

16°. On emploie souvent l'accord de Septième Dominante avec ou sans fondamentale. Il est mieux dans ce style de préparer la Dissonance, surtout lorsqu'elle est placée à la Basse.

17°. Les accords de Neuvièmes ne sont usités que sans leur note fondamentale; encore ne doit-on se servir que rarement de l'accord de *Septième sensible*.

18°. Les Septièmes Dérivées ne sont usitées que dans les Marches d'Harmonie; on emploie pourtant les Septièmes de seconde et troisième espèces dans les formules de Cadences.

19°. On évite généralement l'emploi des accords altérés; on fait pourtant quelquefois ce qui suit avant une Cadence.

20°. On brise souvent les accords, mais on a égard alors à la règle donnée pour la musique sévère à la page 117 de la Panharmonie.

21°. On fait un fréquent usage des Marches d'Harmonie.

22°. On évite les Modulations forcées et toutes les fausses relations d'Octaves. On ne doit jamais doubler une note qui change chromatiquement.

23°. Parmi les notes accidentelles on n'emploie que les *notes de Passage*, les *Broderies*, les *Suspensions* et la *Pédale*, et jamais les *Appogiatures* et les *Retards*.

24°. Les Fautes qu'on fait avec les notes accidentelles sont comptées comme si elles se faisaient avec des notes réelles.

25°. Les Suspensions doivent toujours descendre.

26°. On ne fait de doubles ou triples Suspensions qu'avec les accords de *Neuvième Tonique*, de *Onzième Tonique*, et de *Treizième Tonique*. Ce sont même les seuls accords étrangers qu'on emploie sur la Pédale. (1)

27°. Les notes de Passage et les Broderies ne doivent pas se placer à l'entrée de l'accord.

28°. On évite de faire une trop grande suite de Tierces ou de Sixtes.

29°. Il ne faut pas donner trop de mouvement à une même partie.

30°. On doit frapper tous les temps de la mesure.

31°. Il ne faut jamais placer plus de mouvement au temps fort qu'au temps faible; le contraire est permis.

32°. On doit faire un grand usage des Suspensions.

33°. On se sert le plus souvent des accords placés sur la *Tonique*, la *Sous-Dominante*, et la *Dominante* de la gamme; ce n'est que dans les Marches d'Harmonie que l'on emploie les accords sur tous les degrés de la gamme.

34°. Il faut, en un mot, traiter son Harmonie de la manière la plus sévère et la plus naturelle, et éviter le plus possible les exceptions, quelle qu'elles soient.

35°. Il faut toujours commencer et finir par l'accord de la Tonique.

36°. On ne peut doubler une note suspendue qu'entre une partie supérieure et la Basse.

37°. Ce cas 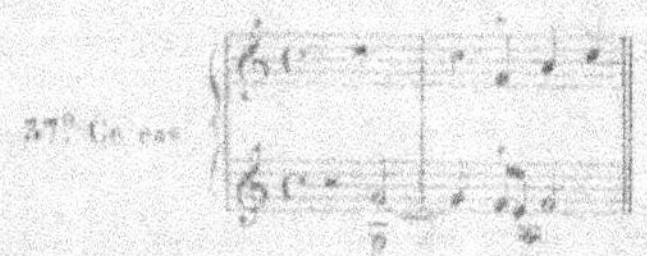 est mauvais, parcequ'on double à l'Unisson la note suspendue, la résolution de *Sol*, suspension, sur le *Fa*, note réelle, ne se faisant qu'au troisième temps. En effet,  remplace 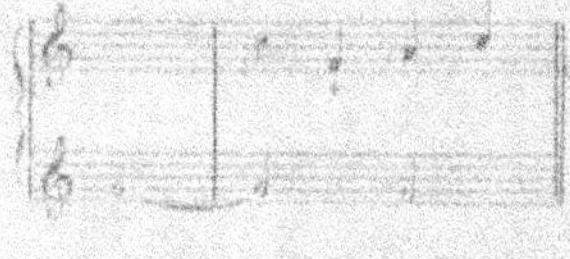 or, dans ce dernier exemple on ne pourrait pas faire ce qui suit:

38°. En général, les Dissonances qui ont besoin de préparation ne doivent pas changer de place pendant la durée de l'accord dont elles font parties; voici comment on les hasarde:

39°. Il ne faut pas oublier qu'on écrit ici pour les voix, et non pour les instruments. On doit donc éviter tout ce qui serait trop sautillant*, et trop difficile pour l'intonation.

40°. Il faut de beaux accords, bien enchaînés, et de riches imitations; les voix doivent toujours chanter d'une manière élégante.

(1) Si ce n'est dans les Marches d'Harmonie.

CONCOURS DE 1840.(1)

HARMONIE.

Basse donnée par Mr CHÉRUBINI pour-être chiffrée et réalisée à quatre parties.

Accessit décerné à Mr H. DECOURCELLE, élève de Mr H^p COLET

SOPRANO

CONTRALTO.

TENOR.

BASSO.

(1) Ce concours a eu lieu le premier de cet hiver.

Imitation
de la Basse
Imit. canonique
tout de la
Imit. canonique
Basse
Imit.

CONCOURS DE 1840.

HARMONIE.

Chant donné par M. CHÉRUBINI pour être accompagné à quatre parties vocales.

Accessit décerné à M. H. DECOURCELLE, élève de M. M. COLET.

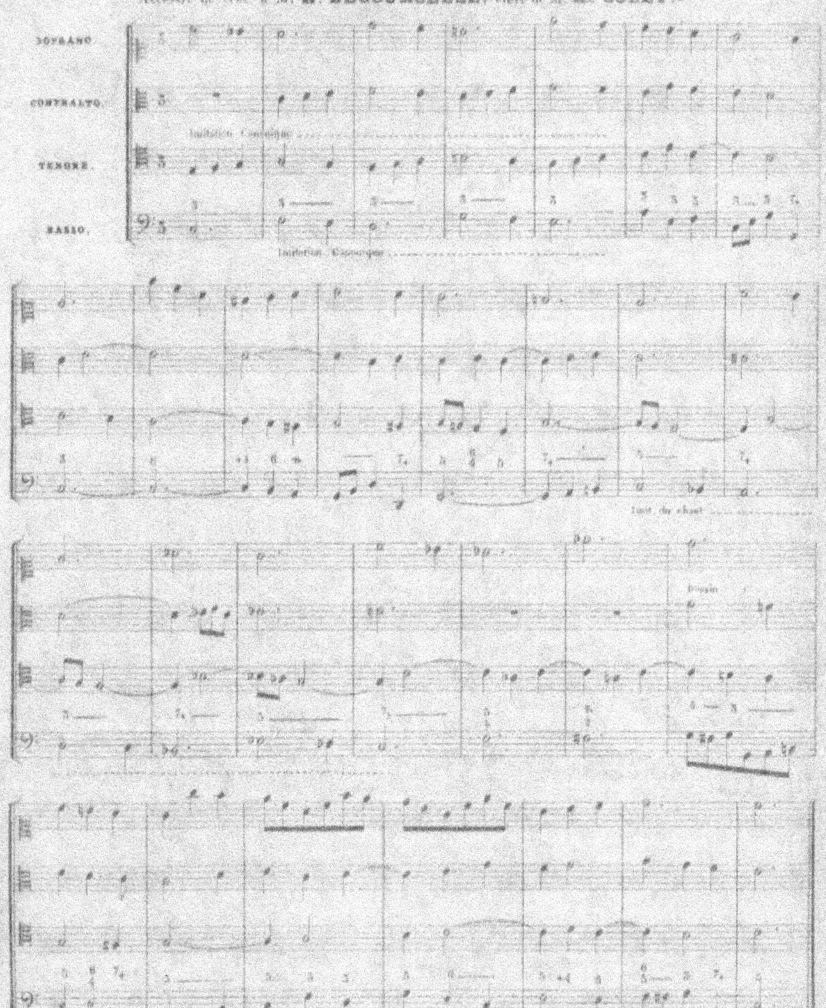

CONCOURS DE 1841.

HARMONIE.

CHANT DONNÉ À ACCOMPAGNER À 4 PARTIES.

Accessit décerné à M. Fred. Kohler, Élève de M. H. Colet.

(1) Il vaudrait mieux commencer par l'accord de la tonique dans les leçons de concours.

CONCOURS DE 1842.
HARMONIE.

CHANT DONNÉ A TRAITER A 4 PARTIES.
2ᵉ Prix décerné à M. A. Guéreau, élève de M. H. Colet.

(1) Il y a ici entre le chant et la Basse [illegible]

(1) la basse, qui ... prolongeait ... [illegible]

CONCOURS DE 1842.

HARMONIE.

CHANT DONNÉ À TRAITER À 4 PARTIES.

Accessit décerné à M. Ch. LEBOUC, élève de M. H. COLET.

CONCOURS DE 1843.

HARMONIE.

BASSE DONNÉE À TRAITER À 4 PARTIES.

1er Prix décerné à M. A. ***GUERREAU***, élève de M. Hte COLET.

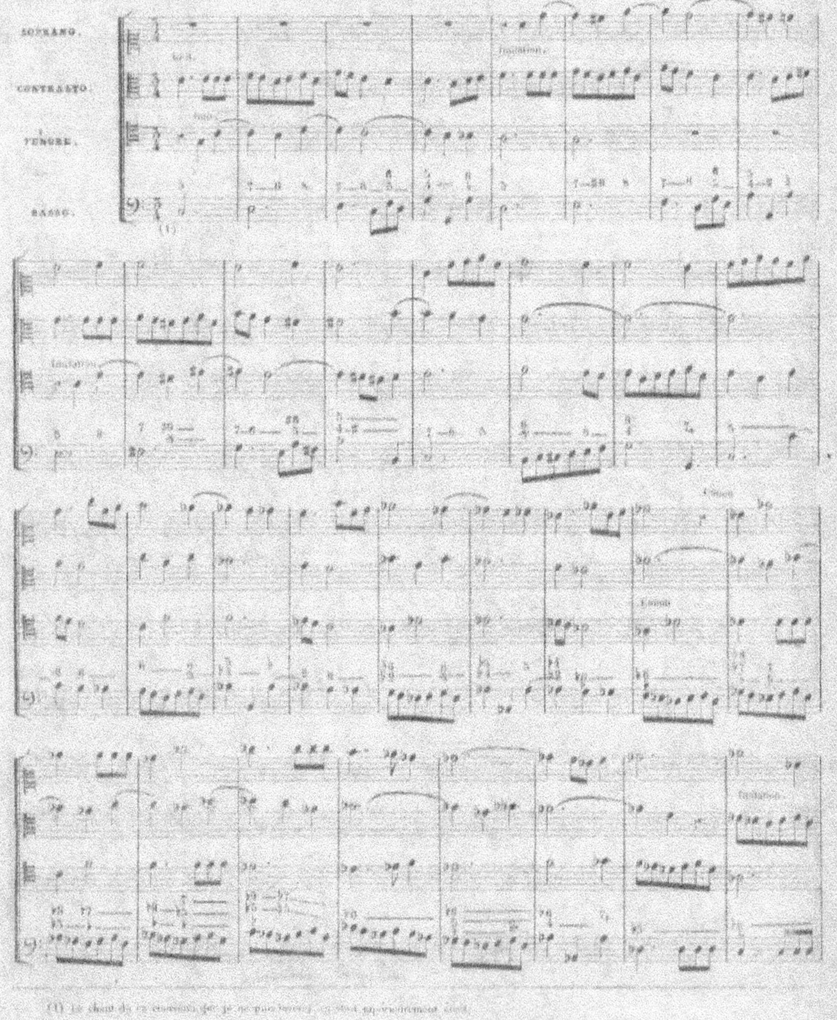

(1) [illegible]

CONCOURS DE 1843.

HARMONIE.

BASSE DONNÉE À TRAITER À 4 PARTIES.

2.º Prix décerné à l'unanimité à M.ª Ch. LEBOUC, élève de M. COLET.

SOPRANO.

CONTRALTO.

TÉNOR.

BASSO.

(1) Cette basse a été une des plus belles productions qu'on puisse trouver dans un jour donné pour composer, et reflète de toute la roideur qui a présidé dans les minutes sont reliées pour les élèves. Le donne cette leçon telle qu'elle a été présentée au Concours.

CONCOURS DE 1843.
HARMONIE.

BASSE ET CHANT DONNÉS POUR ÊTRE RÉALISÉS À 4 PARTIES.
1er Accessit décerné à M. A. **DOIN**, élève de M. Ille COLET.

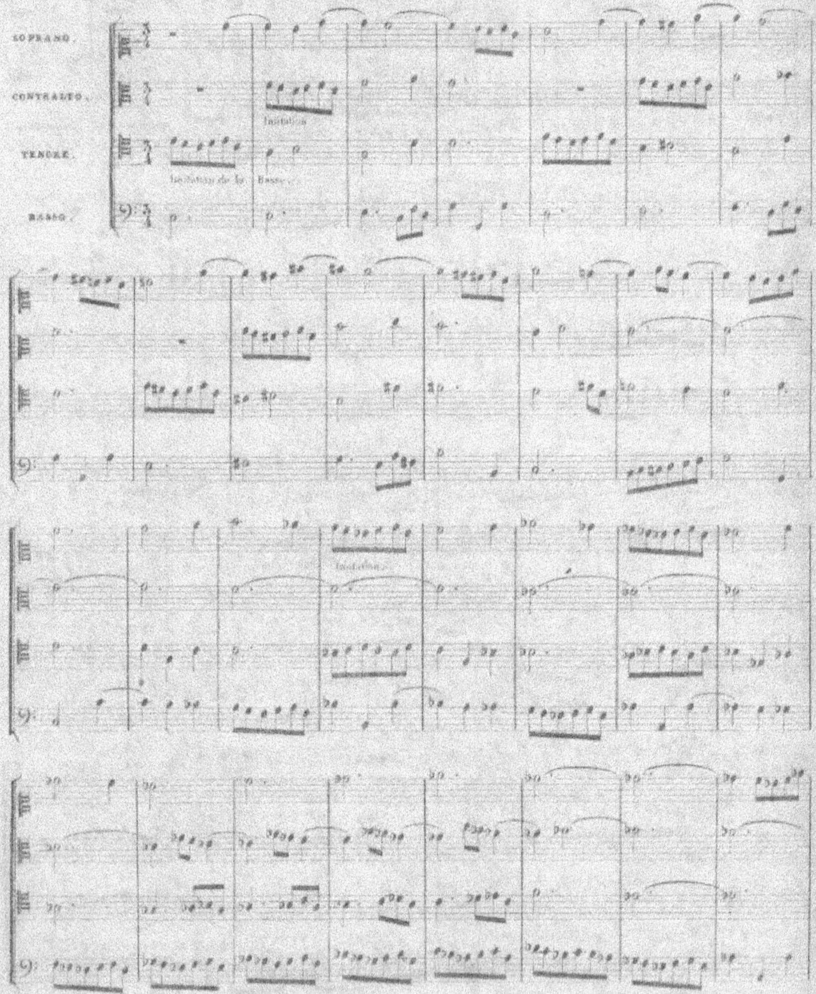

imitation de la flûte
imitation de la flûte
tutti.
tutti.
tutti.
tutti.

CHANT.

SOPRANO.
CONTRALTO.
TENORE.
BASSO.
imitation du Chant.
Canon à l'8.e
imitation du Chant.
Canon.

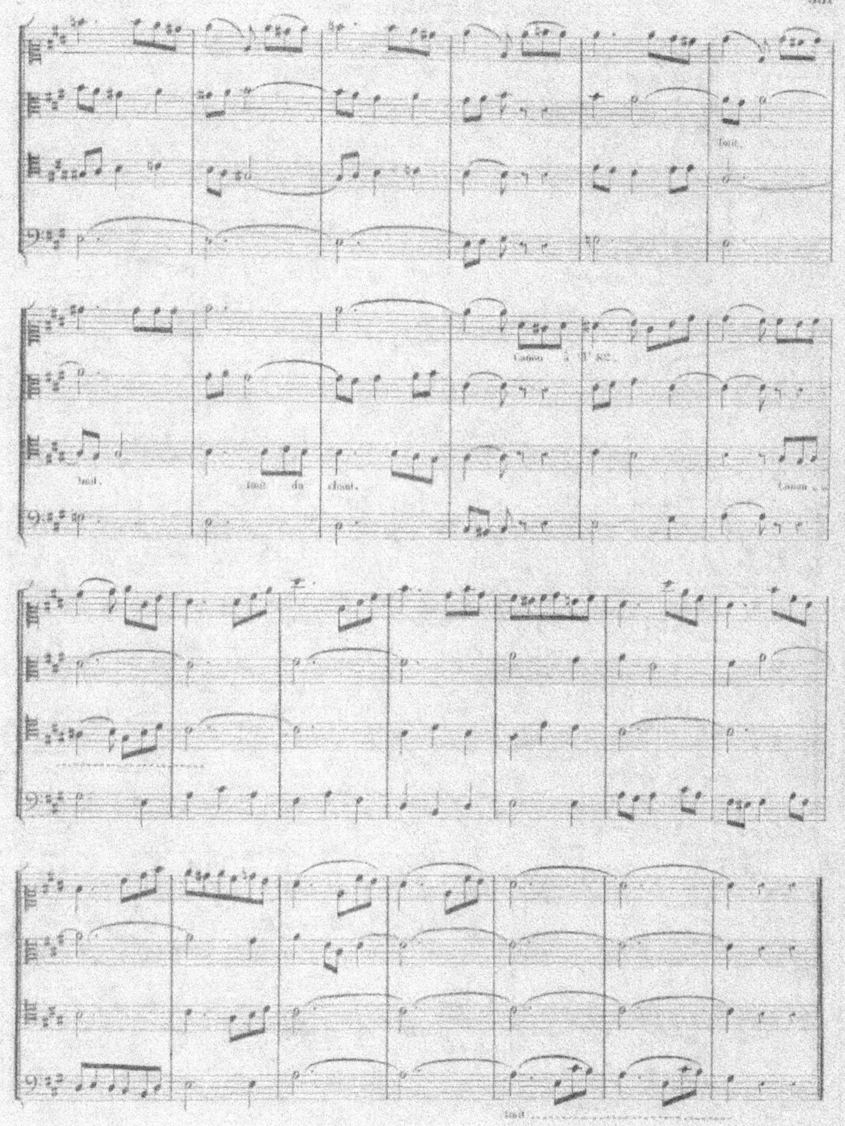
Tutti.
Tutti.
Tutti du chant.
Unisson à 18.82.
Unisson à 8.
Tutti.

CONCOURS DE 1844.

HARMONIE.

BASSE DONNÉE À CHIFFRER ET À ÉCRIRE À 5 PARTIES.

1.ᵉʳ Prix décerné à l'unanimité à M.ᵉ Ch. **LEBOUC**, élève de M.ᵉ H.ᵗ COLET.

CONCOURS DE 1844

HARMONIE.

CHANT DONNÉ À ÉCRIRE À 4 PARTIES.

1ᵉʳ Prix décerné à l'unanimité à Mʳ Ch. **LEBOUC**, Élève de Mʳ Hᵉ COLET.

Andantino.

CONCOURS DE 1844.

HARMONIE.

BASSE ET CHANT DONNÉS POUR ÊTRE RÉALISÉS A 4 PARTIES.

2.ᵉ Prix décerné à l'unanimité à M.ʳ *S. MANGEANT*, élève de M.ʳ COLET.

(1) Le 2.ᵉ prix a été partagé entre Messieurs Mangeant et Crévecœur.

CHANT.

SOPRANO.
CONTRALTO.
TENORE.
BASSO.
Deux parties font entendre avec le chant.
unit.
unit.

Imitation.
Imitation.
Contre.

CONCOURS DE 1844.

HARMONIE.

BASSE DONNÉE POUR ÊTRE RÉALISÉE À 4 PARTIES.

Deuxième prix décerné à l'unanimité à M. L. CREVECŒUR, élève de M. H. COLET. (1)

(1) Le second prix a été partagé.

CHANT.

CONCOURS DE 1844.

HARMONIE.

BASSE DONNÉE À CHIFFRER ET À RÉALISER À 4 PARTIES.
1er Accessit décerné à Mr. Léon **COHEN**. Élève de M. Hte COLET.

CONCOURS DE 1844.

HARMONIE.

BASSE DONNÉE POUR ÊTRE RÉALISÉE A 4 PARTIES.

2ᵐᵉ Accessit décerné à Mʳ Ch. *PASTA*, Élève de Mʳ Hʳ COLET.

CONCOURS DE 1844.

HARMONIE.

BASSE ET CHANT DONNÉS POUR ÊTRE TRAITÉS À 4 PARTIES.

Accessit décerné à M. A. **DOIN**, élève de M. H^e COLET. (1)

(1) M. Doin ayant obtenu un Accessit au concours précédent n'a pu conserver celui qui lui était décerné à ce concours.

CHANT.

Andantino.
SOPRANO.
CONTRALTO.
TENORE.
BASSO.
Canon.
Canon.
Canon.
Canon à 4 parties.

Imit.
Imit. par mouvement contraire.
Imit.
Imit.
Imit.
Imit.

Imit.
Imitation par mouvement semblable.
Imit.
Imitation.
Imit.
Imitation.
Imitation.
Imitation.
Imitation renversée a deux parties.
Imitation.
Imitation du chant.

CONCOURS DE 1844.

HARMONIE.

Basse réalisée par M. H. CASPERS, élève de M. H. COLET. (1)

(1) Cette basse de M. H. Caspers a été remarquée au Concours.

CONCOURS DE 1844,

HARMONIE.

Basse réalisée à quatre parties par M.ʳ V. **PHIBICH**, élève de M.ʳ H.ᵗᵉ COLET.(1)

(1) Cette basse n'a rien obtenu, sans doute parce que l'élève n'avait pas travaillé le Chant.

CONCOURS DU 15 JUILLET, 1845.

HARMONIE VOCALE ET INSTRUMENTALE.

BASSE DONNÉE POUR ÊTRE CHIFFRÉE ET RÉALISÉE À QUATRE PARTIES VOCALES.

1ᵉʳ Prix décerné à l'unanimité à Mᵉ E. **CRÈVECŒUR**, Élève de Mᵉ Hᵉ COLET.

STYLE SÉVÈRE ET FUGUÉ.

CONCOURS DU 15 JUILLET, 1845.

HARMONIE VOCALE ET INSTRUMENTALE.

CHANT DONNÉ POUR ÊTRE ÉCRIT À 4 PARTIES INSTRUMENTALES.

1.er Prix décerné à l'unanimité à M.r E. CRÉVECŒUR, élève de M.r H.r COLET.

COMPOSITION DANS LE GENRE LIBRE.

CONCORS DU 13 JUILLET, 1845.

HARMONIE VOCALE ET INSTRUMENTALE.

BASSE DONNÉE POUR ÊTRE CHIFFRÉE ET RÉALISÉE À QUATRE PARTIES VOCALES.

2.ᵉ Prix décerné à l'unanimité à M. H. CASPERS, élève de M. H.ⁿ COLET.

STYLE SÉVÈRE ET FUGUÉ.

CONCOURS DU 15 JUILLET, 1845.
HARMONIE VOCALE ET INSTRUMENTALE.
CHANT DONNÉ POUR ÊTRE ÉCRIT AVEC QUATRE PARTIES INSTRUMENTALES.
2.º Prix décerné à l'unanimité à M.ª H. CASPERS, élève de M.ª H.ª COLET.
COMPOSITION DANS LE GENRE LIBRE.
Agitato.
1.º VIOLON.
2.º VIOLON.
ALTO.
BASSE.

CONCOURS DU 13 JUILLET, 1845.

HARMONIE VOCALE ET INSTRUMENTALE.

BASSE DONNÉE POUR ÊTRE CHIFFRÉE ET RÉALISÉE AVEC QUATRE PARTIES VOCALES.

1.er Accessit décerné à M.r S MANGEANT, élève de M.r H.r COLET. (1)

STYLE SÉVÈRE ET FUGUÉ.

(1) M.r Mangeant, ayant déjà obtenu un Second Prix, n'a pu concourir cet hiver; car les règlements du Conservatoire ne permettent pas qu'on partage les prix dans nos classes. On admet qu'extraordinairement qu'on peut à donner deux seconds prix l'année dernière, cette concession ne peut lieu répétitoire; car enfin dans un tas de deux pourrait également mériter le prix; il doit y avoir nécessairement entre ces deux élèves assidus à notre dernier réglementaire. C'est évidemment ce qui est arrivé cette année plus ans, et pour d'autres classes que toutes.

(2) Ces passages chromatiques sont difficiles à lire, mais ils donnent une heure harmonie.

558
Imitation.
Imitation.
Imitation.
Imitation.
Imitation.
Imitation.
Imitation.
Imitation.
Imitation.
Imitation.
Imitation.
Imitation à l'octave.
Imitation de Soprano.

CONCOURS DU 13 JUILLET, 1845.

HARMONIE VOCALE ET INSTRUMENTALE.

CHANT DONNÉ POUR ÊTRE TRAITÉ AVEC QUATRE PARTIES INSTRUMENTALES.

1er Accessit décerné à M. S. **MANGEANT**, élève de M. H. COLET.

COMPOSITION DANS LE GENRE LIBRE.

1. Tempo.
1. Tempo.
poco ritan.
riten.
poco riten.

CONCOURS DU 13 JUILLET, 1845.

HARMONIE VOCALE ET INSTRUMENTALE.

BASSE DONNÉE POUR ÊTRE RÉALISÉE À QUATRE PARTIES VOCALES.

2ᵐᵉ Accessit décerné à Mᵀ A. DOIN, élève de Mᵐᵉ Hᵗᵉ COLET. (1)

STYLE SÉVÈRE ET FUGUÉ.

(1) M. Doin, après avoir obtenu un accessit, a été admis au concours l'année suivante.

CONCOURS DU 15 JUILLET, 1845.

HARMONIE VOCALE ET INSTRUMENTALE.

CHANT DONNÉ POUR ÊTRE ÉCRIT AVEC QUATRE PARTIES INSTRUMENTALES.

2ᵉ Accessit décerné à Mᵉ A. **DOIN**, élève de Mᵉ Hᵉ COLET.

COMPOSITION DANS LE GENRE LIBRE.

leggiere.

CONCOURS DU 13 JUILLET, 1845.

HARMONIE VOCALE ET INSTRUMENTALE.

BASSE DONNÉE POUR ÊTRE RÉALISÉE À QUATRE PARTIES VOCALES.

3me Accessit décerné à Mr CH. PASTA, élève de Mr H. COLET.(1)

STYLE SÉVÈRE ET FUGUÉ.

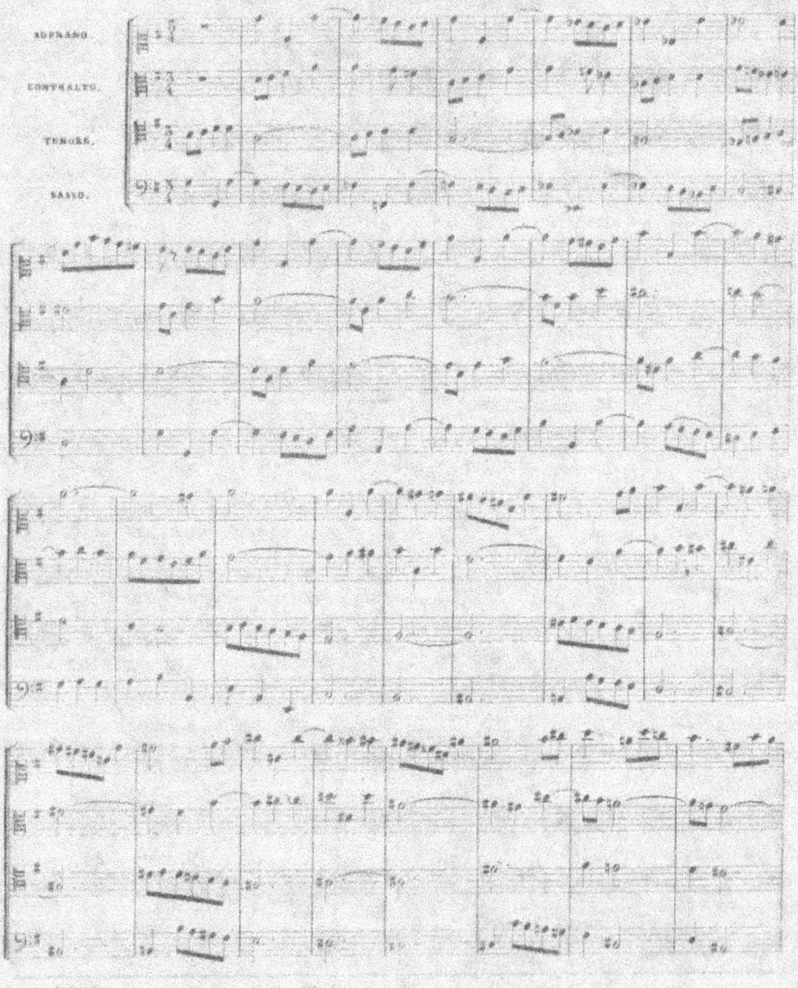
SOPRANO.
CONTRALTO.
TENORE.
BASSO.

(1) Mr Pasta avait obtenu un Accessit l'année précédente.

CONCOURS DU 15 JUILLET, 1845.
HARMONIE VOCALE ET INSTRUMENTALE
CHANT DONNÉ POUR ÊTRE ÉCRIT À QUATRE PARTIES INSTRUMENTALES.
3.me Accessit décerné à Mlle PASTA, élève de M. H. COLET.
MORCEAU COMPOSÉ DANS LE GENRE LIBRE.
1.er VIOLON.
2.e VIOLON.
ALTO.
VIOLONCELLE.
Andante.
dolce

CONCOURS DU 15 JUILLET, 1845.

HARMONIE VOCALE ET INSTRUMENTALE.

BASSE DONNÉE POUR ÊTRE CHIFFRÉE ET RÉALISÉE À QUATRE PARTIES VOCALES.

Cette leçon appartient à M. L. COHEN, élève de M. H. COLET.

STYLE SÉVÈRE ET FUGUE.

(1) ...

CONCOURS DU 13 JUILLET, 1845.
HARMONIE VOCALE ET INSTRUMENTALE.
CHANT DONNÉ POUR ÊTRE RÉALISÉ À QUATRE PARTIES INSTRUMENTALES.
Cette leçon appartient à M. L. COHEN, élève de M. H. COLET.
COMPOSITION DANS LE GENRE LIBRE. 
Agitato.
1er VIOLON.
2e VIOLON.
ALTO.
VIOLONCELLE.
dolce.
C'est un Mi bécarre doux.
(1) On a pas mis au fameux notre remarque, qu'il y avait un Mi ♮ à la clé.

CONCOURS DU 13 JUILLET, 1845.

HARMONIE VOCALE ET INSTRUMENTALE.

BASSE DONNÉE POUR ÊTRE CHIFFRÉE ET RÉALISÉE À QUATRE PARTIES VOCALES.

Cette leçon appartient à M.r E. **BURELLE**, élève de M.r H. COLET.

STYLE SÉVÈRE ET FUGUÉ.

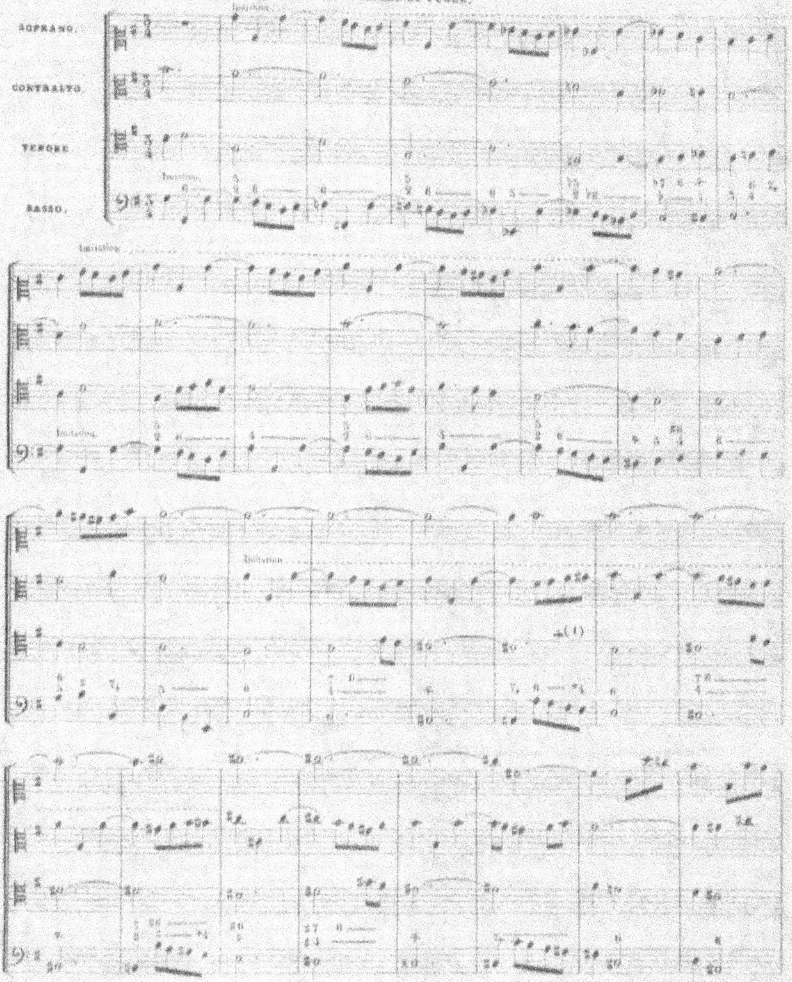
SOPRANO.
CONTRALTO.
TENORE.
BASSO.
Imitation
(1)

(1) Je ne vois pas la faute qu'on a voulu indiquer par cette [illegible]

Imitation
Imitation
Imitation
Imitation

CONCOURS DU 13 JUILLET, 1845.

HARMONIE VOCALE ET INSTRUMENTALE.

BASSE DONNÉE POUR ÊTRE RÉALISÉE A QUATRE PARTIES VOCALES.

Cette leçon appartient à M. **PHIBICH**, élève de M. H. COLET.

STYLE SÉVÈRE ET FUGUE.

FIN.

TABLE
DES MATIÈRES CONTENUES DANS CET OUVRAGE.